Library and Archives Canada Cataloguing in Publication

Abbott, Louise, 1950-
    Eeyou Istchee : land of the Cree / text, Louise Abbott ; photos, Louise Abbott & Niels Jensen = Eeyou Istchee : terre des Cris / texte, Louise Abbott ; photos, Louise Abbott & Niels Jensen.

Subtitle and statement of responsibility also appear on t.p. in
    Cree syllabics.
Includes bibliographical references.
Text in English, French and Cree.
ISBN 978-0-9866652-0-2

    1. Cree Indians--Québec (Province)--Nord-du-Québec--History--Pictorial works. 2. Cree Indians--Québec (Province)--Nord-du-Québec--Social life and customs--Pictorial works. 3. Nord-du-Québec (Québec)--Pictorial works.
I. Jensen, Niels, 1953- II. Cree Outfitting and Tourism Association III. Title. IV. Title: Eeyou Istchee : terre des Cris.

E99.C88A23 2010   971.4'11500497323   C2010-905266-8E

Catalogage avant publication de Bibliothèque et Archives Canada

Abbott, Louise, 1950-
    Eeyou Istchee : land of the Cree / text, Louise Abbott ; photos, Louise Abbott & Niels Jensen = Eeyou Istchee : terre des Cris / texte, Louise Abbott ; photos, Louise Abbott & Niels Jensen.

Le sous-titre et la mention de responsabilité apparaissent
    sur la p. de t. en alphabet cri.
Comprend des réf. bibliogr.
Texte en anglais, en français et en cri.
ISBN 978-0-9866652-0-2

    1. Cris (Indiens)--Québec (Province)--Nord-du-Québec--Histoire--Ouvrages illustrés. 2. Cris (Indiens)--Québec (Province)--Nord-du-Québec--Moeurs et coutumes--Ouvrages illustrés. 3. Nord-du-Québec (Québec)--Ouvrages illustrés. I. Jensen, Niels, 1953- II. Association crie de pourvoirie et de tourisme III. Titre. IV. Titre: Eeyou Istchee : terre des Cris.

E99.C88A23 2010   971.4'11500497323   C2010-905266-8F

EEYOU ISTCHEE

LAND OF THE CREE
TERRE DES CRIS
ᐄᔨᔨᐅᔅᒌ

Text/Texte Louise Abbott
ᑳ ᒥᓯᓈᐦᒃ ᓘᐄᔅ ᐋᐱᑦ
Photos Louise Abbott & Niels Jensen
ᑳ ᒥᓯᓈᐱᔅᑭᐦᐄᒫᒡ ᓘᐄᔅ ᐋᐱᑦ ᑮᔮᐦ ᓃᓪᔅ ᒉᓐᓯᓐ

CREE OUTFITTING AND TOURISM ASSOCIATION
COTA
ASSOCIATION CRIE DE POURVOIRIE ET DE TOURISME

© Louise Abbott and Niels Jensen 2010

All rights reserved. No part of this book may be reproduced, stored in a retrieval system or transmitted, in any form or by any means, without the prior written permission of the copyright owners, except in the case of brief quotations embodied in reviews or, in Canada, in the case of photocopying or other reprographic copying, with a licence from Access Copyright (www.accesscopyright.ca).

Book design and layout: Louise Abbott
Prepress preparation of photos and map: Kent Benson
French translation: Mélanie Grondin
Cree translation: Luci Bobbish-Salt

Published by the Cree Outfitting and Tourism Association (COTA)
Printed and bound in Canada.

Tous droits réservés. On ne peut reproduire, enregistrer ni diffuser aucune partie du présent livre sous quelque forme ou par quelque procédé que ce soit sans avoir obtenu au préalable l'autorisation écrite des détenteurs du droit d'auteur, à l'exception de courtes citations dans un but de critique ou, au Canada, à l'exception de photocopies ou autre reprographie pour tout détenteur d'une licence Access Copyright (www.accesscopyright.ca).

Conception graphique et mise en page : Louise Abbott
Préparation prépresse des photos et de la carte : Kent Benson
Traduction vers le français : Mélanie Grondin
Traduction vers le cri : Luci Bobbish-Salt

Publié par l'Association Crie de pourvoirie et de tourisme (ACPT).
Imprimé et relié au Canada.

·ᐃᔅ·ᐊᐤ ᒥᔅ·ᐊ ᓀᐸᔅᐦᓂᒍᐤ ᐅᓇ ᒐᐁ·ᐊᐅᔨᐦ ᐅᔅ ᒥᓯᐣᐃᐦᐱᓯᓂᐤˣ ᓂᒐᐃ ᓂᓂ·ᐊᔅᐦᒑᑫ ᐅᓐ ᒥᓯᐣᐃᐦᐱᓂ"' ᓅᑯ"ᐤ ᑭᔅ" ᒪᐸᐧᒐᒥ ᓓ ᐦ" ᐅᔅ"ᒐᐸᓂ·ᐃᐤ, ᓓ ᐦ" ᐃ"ᐣᐣᐱᓂ·ᐃᐤ ᐊᓂᐣ ᒥᐧ ᓓ ᐦ" ᐅᐣᓂᐦ ᐊ·ᐊᵓ ᑭᔅ" ᒪᐧ ᓓ ᐊ"ᐣᓂᐦ, ᒥᐧ ᐊᓂᒐᐦ ·ᐊ"ᐳᐣᐦ, ᐊᑳ ᐱᐣᓓ ᒥᓯᐣᐊᐃᒡᑕᒡ ᐊᓂᔅ" ᒐᐁ·ᐊᐅᔨᔅᐃᐦ ᐅᔅ ᒥᓯᐣᐁᓂᔅᐦᵒ, ᒥᐧ ᓓᵇ ᐊᐱᓃ"' ᑭᑭ ᐦ" ᒐᔭᓯᓂ·ᐊᒍᐤ ᐊᓂᔅ ᐊᓂᑕᒼᒐᔅᐤ ᐊ" ᓐᐸᐣᓐᐦ ᐅᔅ ᒥᓯᐣᐊᐦᑲᓂᔅᒼᑭᔅ" ᓓᵇ ᐅᓐ ᑳᐣᐸᒐ" ᑭᑭ ᐦ" ᐅᔅ"ᒐᵒ ᐊᐣᓐᵒ ᒥ"ᐅᒐ, ᐱᓂᓓ ᐅᓐ" ᐊ" ᐅ"ᓐᐅᵇ ᒥᓯᓐᐊᐸᓯᓐᔅ" ᐊ" ᓂ"ᐊᔅ"ᒐᒍᐣᒐ (www.accesscopyright.ca)ˣ

ᑳ ·ᐃᔅᐣᐅ"ᵇ ᓓ ᐃᔅᐊᓄᔅᐤ ᐅᔅ ᒥᓯᐣᐦᐱᓂᔅᵒ : ᒍᐃᔅ ᐊᐱᐨ
ᑳ ·ᐃᔅᐣᐅ"ᵇ ᓓ ᐃᐣᐦᑲᐣᐣᵘᵇ ᒥᔅᐊᔅᐱᐦᑯᒪᵉ ᑭᔅ" ᐊᔅᐅᔅᐦᐱᒪᵉ: ᑫᐣᐟ ᐸᔅᐅᐣ
ᑳ ᐱᐧᐣ·ᑳᔅᐅᐦ·ᐦᓐᒍ·ᐊᐣ"ᵇ: ᒨᓚᓂ ᑭᓖᑳᐣ
ᑳ ᐊᔅᔅᐃᐦ·ᐦᓐᒍ·ᐊᐣ"ᵇ: ᒍᓯ ·ᐸᐱᐦ·ᓯᑊᐨ

ᐊᐃᐧᑲᐣ ᑳ ᐅᔅ"ᒐᐨ ᐅᔅ ᒥᓯᐣᐦᐱᓂᔅᵒ ᐊᓯᐦ ᒥᔅᒍᐱᐦ"ᐦᐱ"' ᐊ" ᐆᒪᓯᒐ·ᐊᓂ·ᐃᔅᐤ
ᐦ" ᐅᔅ"ᒐᐸᓂ·ᐃᐤ ᑭᔅ" ᐦ" ᓂ"ᐣᐃ"ᒐᐸᓂ·ᐃᐤ ᐅᓐ ᑳ"ᓐᒐᐦ"

4

Niels Jensen

Old Factory Island. For generations, Cree families gathered around fur-trading posts on islands at the mouth of Old Factory River in the summertime. Cree from the present-day community of Wemindji continue to attend a short summer gathering, or *maamuuwiitaau*, on Old Factory Island—also known historically as Gilpin's Island—to commemorate their past in the region.

Vieux-Comptoir. Pendant de nombreuses générations, des familles cries se sont réunies l'été autour des postes de traite à l'embouchure de la rivière du Vieux Comptoir. Chaque été, les Cris de la communauté actuelle de Wemindji continuent d'avoir un rassemblement, un *maamuuwiitaau*, à Vieux-Comptoir — jadis connu sous le nom d'île Gilpin — afin de commémorer leur passé dans la région.

ᐹᑭᒥᔑᐁᐧᔅᑎᐦᵡ ᐋᒋᖬ ᐁᔅ ᐅᒑᐦᒥᒡ, ᐋᐱᓯᒥᔅᑳ ᐋᑯᑎᐦ ᑳ ᐦᐁ ᒥᔑᑲᐦ ᐃᐧᔨᐅᑯ ᐅᑎᐦ ᐋᐦ ᐁᐧᐃᐧᐋᔨᒥ ᐹᑭᒥᔑᐁᐧᔅᑎᐦᑦᐋᐦᵒ ᐋᓂᑎᐦ ᒫᒧ ᒦ ᓂᒻᐦᑐᐦᵡ ᐋᓇᐦᵐ ᒦᐦ ᐋᑯᑎᐦ ᒍᐢ ᐋᔑᐱᔅᔨᐅ ᐃᐧᒻᒥᓱᑐᐋᔨᔨᐅ ᐅᒑᐦ ᐹᑭᒥᔑᐁᐧᔅᑎᓐᐦᵐ ᒻᐁ ᒫ ᒻᐁ ᐃᐧᐋᔨᑎᔨᐦᵐ ᐋᓇᐦᵐ ᐃᐧᒋᕗᐢ ᐦᑳ ᐦᐁ ᐃᐧᔨᒋᔨᵡ

Louise Abbott

Mistissini resident Johnny Swallow readies his snowmobile to carry passengers and cargo at a bush camp on Cabot Lake during the Neeposh Family Winter Walk in March of 2008.

Mars 2008. Johnny Swallow, résident de Mistissini, s'apprêtant à transporter des passagers et du matériel en motoneige à un campement au lac Cabot pour la marche hivernale de la famille Neeposh.

ᒥᔅᑲᔅ ᐃᔅᑭᐱᐁᐧᐅ ᐧᐃᓂ ᓴᐋᐧᒍ ᒪ ᐅᑕᐋᒐ ᐊᐧᐋᔨᐢᒥ ᑭᔅᐧᐅᒃᐦᑌᐣᐊᔮᑦᐦ ᐋᓂᑖᐦ ᐁᔾ ᑳᐱᑖ ᓴᑭᐦᐋᑭᓂᐦᐃᒃ ᒥᔅᑲᔅ ᑳ ᐱᒋᐱᐦᐋᐧᐃᐧᔥᐦ ᓂᐦᐋᐣ ᐊᐧᔾ ᐹᐅᑕᐦᑌᑌᐧᔥᐦ ᑳ ᐱᒧᓂᔥᐦ 2008 ᒥᒥᔅᐅᐊᔭᒥᐣ ᑳ ᐊᑎᒥᓂᔥᐦx

CONTENTS

- 8 Preface
- 10 Acknowledgements
- 12 Foreword
- 14 A Short History of the Eeyouch
- 54 The Seasons of Eeyou Istchee
- 100 Cultural Camps
- 110 From Bark to Basket
- 116 Summer Gatherings
- 122 Rod and Reel
- 130 From Rawhide to Leather
- 140 The Net Fishery
- 152 October
- 162 Winter in the Bush
- 174 The Winter Walk
- 184 Working Hides
- 190 The Snowshoe
- 196 The Caribou Hunt
- 202 Trapping
- 218 Fishing Under the Ice
- 224 Goose Break
- 244 The Walking-Out Ceremony
- 252 Selected Bibliography

TABLE DES MATIÈRES

- 8 Préface
- 10 Remerciements
- 12 Avant-propos
- 26 Une brève histoire des Eeyouch
- 68 Les saisons d'Eeyou Istchee
- 100 Les camps culturels
- 110 De l'écorce au panier
- 116 Les rassemblements estivaux
- 122 La canne et le moulinet
- 130 De la peau crue au cuir
- 140 La pêche au filet
- 152 Octobre
- 162 L'hiver en forêt
- 174 La marche hivernale
- 184 Travailler la peau
- 190 La raquette
- 196 La chasse au caribou
- 202 La trappe
- 218 La pêche sous la glace
- 224 Le congé des oies
- 244 La cérémonie des premiers pas
- 252 Bibliographie sélective

PREFACE

In 2007 Niels Jensen and I received a commission from the Cree Outfitting and Tourism Association (COTA) to take three fourteen-day photo tours in Eeyou Istchee. COTA wanted to expand its image bank in order to promote tourism, especially ecotourism and cultural tourism. Niels had visited the Cree village of Whapmagoostui as a young anthropologist in the 1970s, when he worked for the Northern Quebec Inuit Association on the hunting, fishing, and trapping regime of the historic James Bay and Northern Quebec Agreement. He had gotten to know Philip Awashish, Billy Diamond, and other Cree leaders. He had not returned to northern Quebec, however, since that time. I had made a film on the history of the Inuit of Nunavik in the 1990s, but I had never stepped foot inside Cree territory. As a husband-and-wife photography team, we regarded the opportunity to document life in Eeyou Istchee as a dream assignment. COTA later commissioned us to continue our work up north and produce this book. Between August of 2007 and October of 2009, we made nine trips to Eeyou Istchee, photographing in every season.

Sherman Herodier, the president of COTA, once told us: "People down south don't really know us as a people—our history and traditions." We hope that this book will provide an introduction for non-native readers and an incentive to visit Eeyou Istchee. We also hope that it will provide a commemoration for Cree readers of their distinctive heritage and of the magnificent land that they have inhabited since time immemorial.

Louise Abbott

PRÉFACE

En 2007, l'Association Crie de pourvoirie et de tourisme (ACPT) nous a demandé, à Niels Jensen et à moi, de participer à trois excursions photographiques de quatorze jours en Eeyou Istchee. L'ACPT voulait augmenter sa banque d'images afin de promouvoir le tourisme dans la région, particulièrement le tourisme écologique et culturel. Dans les années 1970, alors qu'il était un jeune anthropologue travaillant pour l'Association des Inuits du Nord québécois sur le régime de chasse, de pêche et de piégeage en vertu de la Convention de la Baie-James et du Nord québécois, Niels avait visité le village cri de Whapmagoostui. Il rencontra M. Philip Awashish, M. Billy Diamond et d'autres chefs cris. Il n'était pas retourné dans le Nord québécois depuis ce temps. Dans les années 1990, j'avais tourné un film sur l'histoire des Inuits du Nunavik, mais je n'avais jamais mis les pieds en territoire cri. Partenaires en affaires comme dans la vie, nous avons alors vu cette occasion de documenter la vie en Eeyou Istchee comme une opportunité de rêve. Plus tard, l'ACPT nous a demandé de continuer notre travail dans le Nord et de produire ce livre. Entre août 2007 et octobre 2009, nous nous sommes rendus en Eeyou Istchee neuf fois, prenant des photographies chaque saison.

M. Sherman Herodier, le président de l'ACPT, nous a déjà dit : « Les gens au Sud ne connaissent pas vraiment notre peuple, notre histoire, nos traditions. » Nous espérons donc que ce livre offrira aux lecteurs non autochtones une introduction à cette culture et une motivation pour visiter Eeyou Istchee. Nous espérons aussi qu'il permettra aux lecteurs cris de commémorer l'héritage qui leur est propre et le territoire magnifique qu'ils ont habité depuis la nuit des temps.

Louise Abbott

Niels Jensen

While Matthew Coon Come was campaigning for Grand Chief of the Grand Council of the Crees in July of 2009, he and his wife, Maryann Matoush, posed for pictures in Wemindji with residents who were re-enacting the settlement of the community fifty years earlier. He won the election.

Juillet 2009. Lors de sa campagne pour devenir grand chef du Grand Conseil des Cris, Matthew Coon Come s'est fait photographier avec sa femme Maryann Matoush et les résidents de Wemindji pendant une reconstitution historique de l'établissement de la communauté en 1959. Il remporta les élections.

ACKNOWLEDGEMENTS

During our discovery of Eeyou Istchee, we enjoyed the company of many capable guides. We would like to thank Roger Lacroix of Oujé-Bougoumou; Raymond Blackned of Waskaganish; Jamie Moses of Eastmain; Doug Clark, Earl Danyluk, Jr., Earl Danyluk, Sr., and George Kudlu of Wemindji; Sherman Herodier and Eddie Pash of Chisasibi; Julie Ann Cooper and Robert Saganash of Waswanipi; George Awashish, Andrew Coon, Kevin Neeposh, and Titus Shecapio of Mistissini; and Joshua Iserhoff of Nemaska for hosting us so cheerfully.

We would also like to express our heartfelt appreciation to the extended Neeposh family for inviting us on their "winter walk" northeast of Nemaska; the extended Sheshamush family for welcoming us to their bush camp northeast of Whapmagoostui; and Jean-François Ouellon for enabling us to witness cultural activities in Wemindji that we would otherwise have missed.

Numerous people kindly shared their knowledge of Cree culture and history; their names appear elsewhere in this book. One person deserves special mention—Cree translator Luci Bobbish-Salt, who always found answers to our incessant questions. We are also indebted to Valter Blazevic, Bill Kemp, Caroline Kemp, Catherine Lussier, Beverly Mayappo, Toby Morantz, Alan Penn, and Cesare Tatarelli for research assistance, as well as Mélanie Grondin for the French translation and Kent Benson for graphic arts services. Finally, we owe enormous thanks to COTA, particularly to Robin McGinley and Sophie Bosum, who oversaw this project.

REMERCIEMENTS

Durant notre découverte d'Eeyou Istchee, nous avons pu apprécier la compagnie de nombreux guides d'expérience. Nous aimerions remercier M. Roger Lacroix d'Oujé-Bougoumou; M. Raymond Blackned de Waskaganish; M. Jamie Moses d'Eastmain; MM. Doug Clark, Earl Danyluk père, Earl Danyluk fils et George Kudlu de Wemindji; MM. Eddie Pash et Sherman Herodier de Chisasibi; Mme Julie Ann Cooper et M. Robert Saganash de Waswanipi; MM. George Awashish, Andrew Coon, Kevin Neeposh et Titus Shecapio de Mistissini; et M. Joshua Iserhoff de Nemaska de nous avoir accueilli si chaleureusement.

Nous aimerions aussi offrir nos plus sincères remerciements à la grande famille Neeposh de nous avoir invités à leur marche hivernale au nord-est de Nemaska; à la grande famille Sheshamush de nous avoir accueillis dans leur campement au nord-est de Whapmagoostui; et à M. Jean-François Ouellon de nous avoir permis d'assister aux activités culturelles à Wemindji — activités que nous aurions autrement manquées.

De nombreuses personnes ont gentiment partagé leurs connaissances de la culture et de l'histoire cries. Leurs noms apparaissent ailleurs dans le livre, mais une personne en particulier mérite une mention spéciale : Mme Luci Bobbish-Salt, la traductrice crie, qui a toujours su trouver les réponses à nos questions incessantes. Nous sommes aussi reconnaissants à M. Valter Blazevic, M. Bill Kemp, Mme Caroline Kemp, Mme Catherine Lussier, Mme Beverly Mayappo, Mme Toby Morantz, M. Alan Penn et M. Cesare Tatarelli de leur assistance en recherche, à Mme Mélanie Grondin de la traduction vers le français et à M. Kent Benson de ses services de graphisme. Finalement, nous aimerions adresser d'énormes remerciements à l'ACPT, particulièrement à Mmes Robin McGinley et Sophie Bosum, qui ont supervisé ce projet.

LAC/BAC C-075915

A group of Cree stand outside a dwelling near the Hudson's Bay Company (HBC) trading post of Rupert House—now the site of Waskaganish—circa 1865-1868. The women wear the kind of tartan shawls that Scottish employees of the HBC introduced to the Cree. Such shawls are now considered traditional and are worn for special events.

Vers 1865-1868. Groupe de Cris devant une demeure près de Rupert House, un poste de traite de la Compagnie de la Baie d'Hudson (HBC), aujourd'hui le site du village Waskaganish. Les femmes portent un type de châle tartan que les employés écossais de HBC ont fait connaître aux Cris. Ces châles font maintenant partie des vêtements traditionnels et sont portés lors d'événements spéciaux.

ᐄᔨᔫᒡ ·ᐃᔅ·ᐃᑎᒥᓪᓕ ·ᐊᔅᑿ"ᐃᓯᓂᐊᐤ ᐸᓕᑎᐦ "ᐊᑕᓕ ᓵᑕᒣ ᑳ ᐁ ᐋᑕᐋᐅᑭᒥᓪᓕ ᐲᔅᒡ "ᐊᑕᐦ ᓃᔥᑎᒪ ᑳ ᐁ ᐃᔅᓂᑳᐦᐱᓯ·ᐃᓪ ᐅᔮᐦ ᒣᑊ ·ᐊᔅᑿ"ᐃᔅᓂᓯ ᐃᔅᓂᑳᐦᒡᐤ · ·ᐋ·ᐃᔥ·ᐋ 1865 ᐱ"ᐃᒪ 1868 ᑳ ᐃᔨᓪᑎᓪ ᐋ" ᐱᐳᑦᔥ× ᐅ·ᔥᓂᒎ·ᐃᓪ ᐃᔅ·ᑳᐅᓪ ᐊᓯᒑ" ᐅ"ᒥ ᑲᒥᓕᓯᐹᓪᓕ ᔅᑳᒻᓄᐱ ᐋ" ᑳᔥ ᐅ"ᒥᐱᓯᔅᓯᓪ ᑳ ᐋᒋ·ᐋᔅᓯᓪ "ᐊᑕᓕ ᐸᓕᑎᐦ ᑳᐱᓚᓇ×· ᐊᔑ"ᓯᓕ ᒫ"ᒡ ᒧᑊ ᐋᑯᑎ"᐀·ᐋ·ᔅᓯᓪ ᐃᔅ·ᑳᐅᓪ ᐋ" ᒣᔅᑕ"ᒋᓯᓐᓚ ᒥᑳᐱᔥ ᐋ" ᐃᔅᐱᔅᓯᓪ×

FOREWORD

In *Eeyou Istchee: Land of the Cree*, Louise Abbott and Niels Jensen have created the most comprehensive photo essay ever produced on the Cree people of eastern James Bay. Their sensitive photographs portray our contemporary way of life, which is steeped in traditional culture and practice. The archival images and the trilingual text—based largely on interviews with Cree elders and other Cree residents—offer insight into the history of our people and our evolving relations with the outside world.

The book traces our annual cycle of activities, including summer gatherings, the fall moose hunt, winter wellness journeys (or "winter walks," as they're often called), and the spring goose hunt. It also highlights the flora, fauna, and geography of our beautiful region of northern Quebec throughout the four seasons of the year.

From the first page to the last, *Eeyou Istchee* is a northern adventure that we hope you will enjoy.

Norman Gull,
Director,
Cree Outfitting and Tourism Association

AVANT-PROPOS

Avec *Eeyou Istchee : Terre des Cris*, Louise Abbott et Niels Jensen ont créé l'essai photographique le plus complet sur les Cris de la baie James orientale. Leurs photographies respectueuses représentent notre mode de vie contemporain, empreint de culture et de traditions ancestrales. Ces images à valeur historique et le texte trilingue, basé en grande partie sur des entretiens avec des aînés et des résidents cris, donnent un aperçu de l'histoire de notre peuple et de nos relations, toujours en développement, avec le monde extérieur.

Ce livre illustre le cycle annuel de nos activités, notamment le rassemblement estival, la chasse à l'orignal en automne, le voyage de mieux-être hivernal (communément appelé « marche hivernale ») et la chasse aux Bernaches du Canada au printemps. Il met aussi en valeur la flore, la faune et la géographie de notre magnifique région du Nord québécois à chacune des saisons.

De la première à la dernière page, *Eeyou Istchee* offre une aventure nordique qui, nous l'espérons, saura vous séduire.

Norman Gull,
Directeur,
Association Crie de pourvoirie et de tourisme

Jimmy Neeposh, entrusted with security for the Neeposh Family Winter Walk, leads the snowshoe walkers during their trip on the family trapline northeast of Nemaska.

Jimmy Neeposh, chargé de la sécurité lors de la marche hivernale de la famille Neeposh, guidant les raquetteurs pendant leur expédition sur le territoire de trappe familial au nord-est de Nemaska.

ᒋᒥ ᓀᐳᔥ, ᐊᐅᐨ ᐁᐦ ᑐᑎᐦᐱᓯᐎᑦ ᑯᐃᔥᑯ ᐃ ᓈᓈᑭᒡᐦᐋᑦ ᐊᓂᔮᐦ ᐊᐹᒋᔓᐦ ᐸᒥᐱᔑᑦ, ᓇᑲᓐᑖ ᒫᑲᐦ ᐋᐦ ᐱᒥᐱᓈᓯᐎᐃᔑᐦ ᐊᓂᑎ ᐅᓂᔔᐦᑎᐦᐋᐦ ᓈᐱᔥ ᐊᑎᒫᐸᔨᐦ ᑭᔥ ᐎᐊᐦᓅᒐᐦ ᐊᓪᐊᐅ ᓀᒣᔥᑳᐦ.

Niels Jensen

A SHORT HISTORY OF THE EEYOUCH

On a blustery spring day, Elijah Sheshamush is standing outside a teepee at his hunting camp on a river east of Hudson Bay, patiently answering questions about life in the bush while keeping alert to the sight or sound of Canada geese overhead. When asked the meaning of Eeyou Istchee, he smiles and then says, in English, "Cree land." He smiles again and then repeats the words mellifluously in Cree.

Eeyou Istchee, which translates literally as "the People's Land," comprises nine Cree communities and over three hundred "traplines," or long-standing family hunting and trapping grounds, scattered over a vast area of Quebec north of the 49th parallel. There are five coastal communities, and four inland communities. The farthest south is Waswanipi; the farthest north is Whapmagoostui, where Elijah lives when he is not out on the land. Whapmagoostui and the Cree bush camps around it lie north of the 55th parallel in what is otherwise the Inuit domain of Nunavik.

Each Cree community is a nation with an elected chief who sits on the Grand Council of the Crees. A group of Cree who live in various locations, including the towns of Amos and Val d'Or, have been recognized as the tenth Cree nation; they are in the process of establishing their own community, Washaw Sibi, and securing government recognition.

The last Canadian census in 2006 recorded over fourteen thousand inhabitants in Eeyou Istchee. Since then, the number has risen to close to seventeen thousand. The Cree birth rate is high, and the median age of the Cree population is just over twenty-four. The largest community is Chisasibi, a town with upwards of 4,000 Cree, 250 Inuit, and 300 non-natives. The smallest community is Eastmain, a village with fewer than seven hundred residents at last count.

Elijah Sheshamush, who is in his sixties, did not live at a fixed address as a child. He spent most of the year in the bush, where his family set up new campsites or re-occupied old campsites as they travelled around their trapline. "I can remember the winter when I was seven, I walked on snowshoes and stayed close to my grandmother, who was old and could no longer keep up with the others. She died that year." Elijah's family used to join other family hunting groups for a few weeks in the summer at a meeting place at the mouth of Great Whale River.

His ancestors led much the same nomadic way of life. The Eeyouch, or "the people," as the Cree refer to themselves, followed the receding glacier of the last ice age into Eeyou Istchee at least five thousand years ago. As the climate warmed, boreal forest replaced tundra, and new species of animals appeared. The Eeyouch adapted to their altered environment, surviving by hunting, trapping, fishing, and, to a lesser extent, gathering berries, leaves, and roots. They made scrapers of bone; arrowheads of stone; bows, arrows, cradleboards, snowshoes, spears, and toboggans of wood; dwellings, canoes, and baskets of bark; and clothing, drums, fish nets, and bindings of animal hides. They utilized an assortment of natural substances to heal injuries or illnesses.

Like their material culture, their religion was shaped by their surroundings. They believed in the existence of animal spirits and other supernatural forces that could interact with human beings; they looked to shamans—people endowed with exceptional spiritual powers—to help guide those interactions. They practiced rituals before, during, and after hunting to show respect to the animals on which they relied for sustenance. As they saw it, an animal could choose to "give" itself to the hunter to be killed but could refuse to do so if offended.

Eeyou Istchee's extensive waterways enabled the Eeyouch to become part of a trade network with more southerly native groups. By the early 1600s, they were supplying furs through native middlemen to French traders based at posts on the St. Lawrence River. In 1611 one Eeyou hunter made the first recorded contact with a non-native—English explorer Henry Hudson—on the shore of what would later be named James Bay. According to the only surviving eyewitness account, the hunter received a knife, a hatchet, a mirror, and buttons in exchange for two caribou hides and two beaver pelts. He gave Hudson the second caribou hide begrudgingly and never returned.

Eeyou Istchee is noted for its profusion of rivers, streams, lakes, ponds, and wetlands. This aerial view was taken during a flight northbound from Mistissini to a fishing camp on the Rupert River.

La région d'Eeyou Istchee est reconnue pour sa grande abondance de rivières, de ruisseaux, de lacs, d'étangs et de terres humides. Cette photographie aérienne fut prise lors d'un vol entre Mistissini et un camp de pêche plus au nord sur la rivière Rupert.

ᐊᑯᑦ" ᒫᑊ ᐊᓱᐊᑯ"ᶫ ᐅᐨ" ᐋᔅᔭᐅᑊᑭ"ᶫᶫ ᐊ" ᒥ"ᒥᶷ" ᓯᐱ",
ᓯᐱᔅᶦ"ᶫ, ᓯᑊ"ᐊᑊᐸᶻ, ᓅᑊ"ᐊᑊᐊᶻᶫ, ᑭᓯ" ᓈᶣ ᐊ"
ᒦᒥᔅᐅᔅᑊᶷx ᐅ ᒫᑊ ᒦᔅᐊᐱᑊ"ᐊᑊᐸᶻ ᐅᐨ" ᐊᶷᐱᒦ"ᶫ ᐊᑯᐨ"
ᑭ ᐅ"ᒥ ᒦᔅᐊᐱᑊ"ᐊᒫᓯᐧᐊᶫ ᐅᐨ" ᐅ"ᒥ ᒦᔅᐅᔅᐄᶴ"ᶫ ᓈᐨ"
ᐊᔅ ᐅᐧᑭᐅᑭᐅᑊᑯᶫᶫ ᐧᐊᶴᑊ"ᐊᑊᐊᓯᔅᐅᐅᔭᐧ"ᶫx

Niels Jensen

15

Louise Abbott

The Cree call this outcrop of granite on the shore of Lake Nemiscau "Kaapehpeshapischinikanuuch" in reference to the prehistoric finger paintings in red ochre that adorn it. A scientific study in the late 1990s documented over 150 motifs.

Kaapehpeshapischinikanuuch. Affleurement de granite sur la rive du lac Nemiscau dont le nom fait référence aux pictogrammes préhistoriques tracés à l'ocre rouge qui l'ornent. Une étude scientifique, effectuée à la fin des années 1990, a recensé plus de 150 motifs.

ᐊᓂᑎᐦ ᒣᐢ ᐋᐥ ᐸᐦᐸᑯᐱᔑᐦᑲᐤ ᔑᐊᑲᐦ ᐊᒥᔥᑯ ᔑᑭᐦᐋᐱᓂᐦ, ᐋᑯᑎᐦ ᐆᑎᐦᐦ ᐋᐥ ᐦᐦ ᐎᐊᔨᓂᐦᐋᐤᓯᐎᑯᐎᐋ ᐎᐋᒥᐁ ᐋᐦ ᐋᐱᑎᔦᐨ - ᑲᐯᐦᐯᔕᐱᔅᒋᓂᑲᓅᐦ - ᐋᑯᓂᐦᑲᑎᐦᐢ ᐊᔐᐅᐦᐢᓯ. ᐊᓂᑎᐦ ᒣᐢ ᑲ ᐱᔮᓯᐦ 1990 ᐋᑯᑎᐦ ᑲᐦ ᐋᓂᐣᑭᐢᒐᐦᒐᓂᐢ ᑮᔥ 150 ᓂᐋᐦᐲ ᒪᐧᑲᐋ ᐋᐥ ᐦᐦ ᐎᔥᔨᓂᐦᐋᑭᓂᐊᐎᐋ ᐦᐦ ᐎᐋᐱᐦᑎᑭᓅᐅ ᑮᔥ ᒥᔅᔨᓂᐦᐋᑭᓂᐅ ᒧ ᑭᓂᐎᐋᐧᐦᒐᓄᐦ.

Niels Jensen

Figures of caribou or moose appear among the motifs portrayed at Kaapehpeshapischinikanuuch. In the summer of 2009, a smaller pictographic series was discovered on the side of a huge boulder in the Rupert River.

Des dessins de caribou ou d'orignal font partie des motifs ornant Kaapehpeshapischinikanuuch. À l'été 2009, une série de pictogrammes plus petite a été découverte sur le côté d'un énorme rocher de la rivière Rupert.

In succeeding years, the Eeyouch made exchanges with French traders who followed long-established canoe routes into Eeyou Istchee. The French called the Eeyouch "Cristinaux" from an Ojibwa term, Kirištino. The meaning of this word is uncertain; it may have designated a particular Cree band in Quebec in the seventeenth century. Cristinaux became abbreviated to Cris, or Cree, in English. (The Cree are also referred to in the plural as "Crees.") The term came to denote related groups of Algonquian-Wakashan linguistic stock living not only in Quebec, but also in Ontario, the Prairie Provinces, North Dakota, and Montana.

In 1668 traders representing British interests set up the first trading post in Eeyou Istchee at the mouth of a river that they christened the Rupert after a royal patron. News of the post spread. The following spring, three hundred Cree turned up with a large quantity of furs that they exchanged primarily for practical items, such as guns and ammunition, as well as metal pots and tools, which made life in the bush easier. The furs were shipped to England, where they were snapped up at auction. The profitability of this trading venture prompted the sponsors to form a company that won exclusive trading rights in "Rupert's Land"—the immense watershed of Hudson Bay—and eventually became known as the Hudson's Bay Company (HBC).

For over 150 years, the demand for furs, especially beaver pelts, remained strong in Europe, and the demand for trade goods, especially weapons and implements, remained strong in Eeyou Istchee. The Cree continued to hunt and trap for subsistence but willingly sold pelts that were surplus to their needs. The HBC built additional coastal posts and then inland posts in the region. Other corporate and private traders, both French and Scottish, challenged the HBC monopoly. To outdo each other, competitors sometimes resorted to unscrupulous tactics, attacking opponents' posts and luring hunters with liquor. The Cree used the traders' rivalry to advantage, seeking out the best prices, goods, and services offered. It was not until the 1820s that the HBC finally gained near-exclusive control of the fur trade in Eeyou Istchee. The company maintained its foothold until the end of the nineteenth century.

In the early years of the fur trade, the Cree had minimal contact with the traders: Hunters made only brief trips to the posts or let middlemen make such trips once a year. By the nineteenth century, Cree who lived relatively close to James Bay—the Wiinibaakuuch, or Saltwater People—spent more time at the posts. The HBC called them the Homeguard, or Coasters, and relied on them to supply fish, fowl, and game; build birchbark canoes and snowshoes; guide HBC expeditions into the interior; and do seasonal or even year-round work at the posts, particularly after the company introduced farming operations to bolster its food stocks. Some of the inland Cree, or Nuuhchimiiuiiyiyiuch, also provisioned posts and hosted traders on family hunting trips.

Many HBC employees hailed from the Orkney Islands, and the Cree warmed to their Scottish fiddle music, bannock, black tea, tartans, and tam-o'-shanters, integrating them into their own culture. Cree women sometimes married these Orkneymen or lived with them as common-law spouses. In addition to cooking, raising children, and managing the household, they cleaned skins; tanned hides; sewed moccasins and clothing; laced snowshoes; chopped firewood; drew water; fished; and set snares for rabbits or other small animals. Some of their children became HBC employees; others chose Cree bush life. Many of their descendants are found in Eeyou Istchee today.

During the second half of the nineteenth century, larger groups of Cree gathered around HBC posts for longer periods of time not only to trade or gain employment, but also to attend services held by Christian missionaries. Anglican and, later on, Roman Catholic priests introduced religious material printed in the phonetically based syllabic script that a Methodist minister in western Hudson Bay had invented in collaboration with native speakers. Cree individuals eagerly learned this new mode of communication from missionaries, and then taught others in their family or hunting group. Not all Cree were receptive to a faith that aimed to eradicate their ancestral beliefs and practices. But many accepted Christianity, while retaining their traditional religion in part or in whole.

Today the Anglican Church has the most adherents in Eeyou Istchee. Since the 1970s, there has been a strong Pentecostal and Evangelical Baptist movement in certain communities, and there remains a small Roman Catholic following, too. Some Cree have revived long-standing spiritual rituals, such as drumming and sweat lodge ceremonies. Others continue to blend Christian and traditional religions. Elijah Sheshamush, for example, conducts weekly Anglican prayer services at his bush camp but also observes ancient hunting rites.

In 1837 the HBC set up a post, Fort George, on the largest island at the mouth of the Big River, now commonly called La Grande. Cree trappers transported their furs there every June and put up tents nearby, as shown in this 1899 photo. In the early twentieth century, Cree began to live on the island year-round.

L'île de Fort George, 1899. En 1837, HBC établit un poste, Fort George, sur la plus grande île de l'embouchure de la Grande Rivière. Les Cris y apportaient leurs fourrures au mois de juin et y installaient leurs tentes. Au début du vingtième siècle, les Cris commencèrent à habiter l'île toute l'année.

ᐊᐣ ᒫᒃ 1837 ᑳ ᐃᓯᐸᓕᒃ ᐊᐦ ᐱᔥᑳ ᐊᑐᑦ ᑳ ᐧᐃᐸᐹᐃᐦᒉᒡ "ᐊᒋᕐᐊ ᐸᐃᐦ" ᑳᒃᐱᓂ ᐅᑎᒋᐊᐳᕐᒑ, ᐧᐁᔥᒡ ᐧᒫᔥ, ᐊᓂᑎ ᒫᐳᒃ ᒫᓯᓂᑳᒡ ᒥᓯᓐᑎᑯᐦ ᐅᑎ ᐊ ᐧᐃᓂᐧᐋᐸᒃ ᒋᔐᔮᔥᑎᑯᐦᒑᐦ, ᐅᔥ ᒫᒃ ᐊᐧᑭᓯᓂᐦᐃᐱᐧᓯᐋᐦ ᐊᐦ ᐱᔥᒋᒃᐃᐳᐅᒍᔑᓂᐧᐋᐦ ᑖ ᑭᔥᒐᒃ ᐊᔭ ᔑᐦᐦ ᐊᑐᑦ ᑳ ᓃ ᐱᒧᐦᓂᒋᒃ ᐃᑦᒋᕑᐳᐅ ᐅᐦᑎᐦᐃᓂᐧᐊᐦ ᐊᐊᔨᐦᓱᒃ ᒍᐧᐊᐦᔨᔮᐦᕑᓯᑯ ᐸᔪᒃ ᐊᑐᑦ ᐸᐦ ᑳ ᓃ ᒫᑕᒃᒃᓴᑯ, ᐧᒫᒫ ᐁ ᐊᔑᐋᑭᓐ ᑳ ᒥᒑᐱᐦᑫᒪᑐᐊᐃᐁᐧᐃ 1899ᑫ ᐁᒃ ᒫᒃ ᐸᑎᒾ, ᐃᔭᒃ ᐃᔥᐸᓯᐱᐦᐊᑭᑐᑳ ᐦᒃᑕᐦ ᐊᐦᐃᐱᐸᐦ ᐅᑎᑦ ᒥᓯᓇᒐᐧᐦᐦᓴ

LAC/BAC PA-038278

Beginning in 1980, the Cree living on Fort George Island relocated upstream to what is now Chisasibi on the south bank of the La Grande. Cree and non-native visitors still enjoy a gathering on the island every July to celebrate the traditional Cree way of life and to honour ancestors who are buried there.

Dès 1980, les Cris habitant l'île de Fort George déménagèrent en amont dans le village actuel de Chisasibi sur la rive sud de la Grande Rivière. Cris et visiteurs se réunissent encore sur l'île chaque année en juillet afin de célébrer le mode de vie cri traditionnel et d'honorer les ancêtres qui y sont enterrés.

ᑳ ᐊᑎ ᐱᓯᓂᔨᑦ 1980 ᑳ ᐃᓯᐸᓕᒃ ᐊᑐᑦ ᑳ ᑎᐦᐸᔑᔨᒃ ᐊᐧᑎᐦᐸᓯᐅᐱᐧᐊᐃᐊᑯ ᐊᐦᐃᒐᐦᑎᒋᔥᐸᐅᐅᐃᐧᐃᐅᑦ ᑳᔾᐁᐊᔮᔥᔮᔥ ᐅᑎᑦ ᐁᔅ ᒋᑊᒋᒥᓂᒃ ᓂᒥᐦᒃ ᐅᔾᐦ ᒋᔥᒥᔥᒐᐃᔨᒃᑦ - ᒋᕑᔥᔨᓈ ᐊᑕᒋᒫᐦᑳᓯᑦ ᐊᓂᕑᐦ ᐅᑎᐋᐃᐦᐃᐋᒃᐅᐧᒃ, ᐅᑎᑦ ᐊᐅᐱᑳᒃᐅᕑᔥ ᓯᓯᔾ, ᐊᔅᑎᐅᑦ ᒫᒃ ᐊᑎᒃᐦᐃᑦ ᐅᐧᐋᔥᔮᔦᕑ ᐊᐅᑦ ᒋᕑᒍᐋᔦᓯᓂᐸᔨᐅᐦ ᐅᔾᐦ ᒥᐦᒎᓂᐅᐦ ᒫᑖᑎᐅᐅᕑ ᐊᐦ ᐊᐸᔑᔨᓯ ᐋᔥᔨᐦᑎᒉᐅᒃᐅᐦᐃᐅᐦ ᐊᐦ ᔭᑯᒃᐸᓯᓂᐅᐦ ᐅᔾᐦ ᐊᐦ ᒋᔅᒋᑎᑕᐧᐦᐸᓯᐅᐧᐦ ᐊᓂᐦ ᐊᒃᔨ ᐊᑊᐃᑎ ᐊᔾᔨᐧ ᐦᒃᒑᐧᐦᒃ ᐊᐧᐊᓂᐦ ᒋᕑᔥᔨᓬ ᐸᒥᕑᐸᒃᐦᕑ

Louise Abbott

19

As part of their proselytizing, the early missionaries inaugurated schooling in Eeyou Istchee, usually at trading posts in the summertime. The HBC had offered limited formal education to the children of postmasters and servants but had actively discouraged the Cree at large from learning to read and write in English, fearful that they might pry into company "secrets," as one official put it. Anglican priests or their wives taught basic subjects in English. Roman Catholic priests also taught in English, not switching to French until well into the twentieth century. The content and style of missionary instruction must have been puzzling to children accustomed to living in the bush and learning by observation and participation.

Missionaries were not the only new non-native presence in Eeyou Istchee in the late nineteenth century. The government of the Dominion of Canada became a dim and then increasingly visible force, too. In 1870 it acquired Rupert's Land. Six years later, it passed the Indian Act of Canada, awarding itself almost complete control of native lands and treating natives as wards of the state who needed to be protected, civilized, and assimilated into mainstream Canadian society. In 1898 and 1912, it parcelled out certain parts of Rupert's Land to Quebec. These land transfers were subject to the resolution by the province of native rights and claims in the territories at stake; several decades would pass, however, before Quebec negotiated a treaty with the Cree.

As public consciousness of the north expanded, surveyors, prospectors, non-native hunters and trappers, and adventurers made their way into Eeyou Istchee, putting stress on the land and its occupants. The Cree had more frequent encounters with foreigners and sometimes contracted foreign infectious diseases, like measles, pneumonia, smallpox, and tuberculosis. With no immunity to these illnesses and no traditional medicines to combat them, the Cree turned to the trading posts for aid when and where they could. Postmasters were limited in the health care that they could offer, and hundreds of Cree died in the epidemics that swept through the region.

A decline in the beaver and caribou populations, combined with an upsurge in the demand for fox furs, changed the nature of subsistence and of the fur trade in Eeyou Istchee. The Cree began to trap fox expressly for the market. With the scarcity of beaver and caribou—their two principal sources of nutrition—they caught mostly small game, fish, and fowl. To supplement these country foods, they exchanged furs for imported foodstuffs. When fur returns dropped, the HBC began to dole out relief rations, subsidized by the federal government. The Cree had no choice but to adopt a southern diet, even though it did not nourish them as well as their traditional diet for the rigours of the bush.

The early twentieth century saw a brief boom in the economy of Eeyou Istchee: Fur prices rose, and a Paris-based company, Revillon Frères, built a series of trading posts, going head-to-head with the HBC. By this time, virtually all the Cree were engaged in trapping, even those in northernmost Eeyou Istchee who had always concentrated on hunting caribou. At the Revillon post at Fort George, Frenchman Gaston Herodier hired Inuit to travel by dog team to collect furs and deliver supplies to Cree trappers. The HBC followed suit, and both companies established this practice at other posts, too. Some Cree began to trap more intensively, and the number of non-native trappers grew, further straining animal populations.

The near-extinction of beaver stocks and the Great Depression of the 1930s left more and more Cree facing starvation. Some headed south to look for work. Others remained in the bush, sometimes perishing. A concerned HBC trader at Rupert House named James Watt reckoned that the only way to ensure subsistence for the Cree and preserve the fur trade was to manage the few remaining beaver colonies and replenish the stocks. He enlisted the help of Cree trappers in instigating a system of beaver reserves that restored customary native land tenure and conservation practices, which had broken down during the race for furs. The federal and provincial governments sanctioned this system, and the HBC administered it. Traplines were registered, and "tallymen," or hunters responsible for trapline stewardship, were legally designated. The word tallyman derives from the steward's responsibility for tallying up furs for trading. The Cree prefer their term, *uuchimaau*, which reflects the steward's primary role of managing resources. As *uuchimaau*, Elijah Sheshamush explains, he decides when and where a hunt can take place, who can take part, and how many animals can be harvested.

The provincial government barred non-native hunters and trappers from Cree traplines, and, beginning in 1932, the Cree conducted annual beaver surveys. By 1940 beavers had made a comeback; the Cree returned to trapping them, respecting quotas. The reserve system proved so successful that it inspired other reserves in Canada.

A Cree couple travel to their winter bush camp around Lake Mistassini in January of 1948. The use of dogs to help pull loads was introduced to the Cree by Inuit who were employed at various posts in Eeyou Istchee by the HBC and Revillon Frères.

Janvier 1948. Couple cri se dirigeant vers son campement d'hiver dans la région du lac Mistassini. L'usage de chiens pour aider au transport fut introduit par les Inuits qui étaient employés par HBC et Revillon Frères à différents postes de traite en Eeyou Istchee.

ᒫᑲᓐ ᐱᒥᐱᒋᐧᐃᒃ ᐅᓂ ᐊᓂᒉᐦ ᓂᔔᐦᑑᓕᒡ ᒥᔅᑎᓈᐲᑭᐦᐋᓂᒡᒥ ᒥᔑᔥᑎᓈᓂᐱᓕᒡᐦ 1948ₓ ᐊᓂᐦ ᒫᑲ ᐊᑎᒥᒡᐦ ᐋᐧ ᐊᔭᐱᐦᐋᐧᐃᑦ ᐅᑖ ᐋᓯᓃᓗᐅᔅᑎᓕᒡ ᐊᐧᑕᑦ ᒃ ᐅᐦᑎᓯᓕᒡᐦ ᐃᔑᔅᐅᐃᒡ "ᐊᑦᔅᶦᵃ Vᐃᵃͺᐌͺͺͺͺͺͺͺͺͺͺͺͺͺͺͺͺͺͺͺͺ" ᑲᐸᐱᒋᐦ ᐊᐧᐦ ᓂᐦ ᐊᔭᐱᒉᐦᑕᐤᐦ ᐊᐧ·ᐃᓗᓂᐤ ᐊᐧᐦ ᐋᓲᐦᑦᐊᐧᐦ ᑭᔭᐦ ᓯᐧᐃ·ᔭᶦᵃ ᐃᓂᐅᐃᔅ ᑲᐦ ᐊᐯᓯᐦᑲᓴᐧᐦ ᐊᑦ·ᐊᔭᐦᵒᴵᴵₓ

J. Rousseau, Division des archives de l'Université Laval, P174/E2, 40 : 54487

Cree from Whapmagoostui often travel to their goose hunting camps by bush plane nowadays. An Air Inuit Twin Otter can be seen here on the airstrip that Elijah Sheshamush built at his camp northeast of Whapmagoostui.

Aujourd'hui, les Cris de Whapmagoostui se rendent souvent à leurs camps de chasse à l'oie en avion de brousse. La photographie montre un Twin Otter d'Air Inuit sur le terrain d'atterrissage aménagé par Elijah Sheshamush à son campement au nord-est de Whapmagoostui.

ᐧᐊᐱᒫᑯᔖᐯᐦᑐᐃᐤ ᐊᔨᐦᵒ ᑲᐱᐸᕐᒥᔅᑲᒥᓂᔥ ᐊᔭᐱᐦᒉ·ᐃᒃ ᐊᓂᒡᐦ ᐅᓂᔔᐦᑎᔥᐧᐊᓐ ᐋ ᐃᔅᐱᔥᑲᒡ ᒫᑲᓐ ᐊᐧᐦ ᓂᒋᐱᔖᔨᐧᐊᓂᐤᐃᐤᐦᴵᴵₓ ᐊᐧᔅ ᐅ ᐋᓯᓃᐅᑲᐱᐸᕐᒥᔅᑲᒡᒥᐦ ᐊᓂᑎᐦ ᐊᓂᔥ ᐱᐸᕐᒥᔅᑎᐱᒥᑳᐤᵒ ᐊᒋᐊᐤ ᓈᐦᔭᒡᓯᑦ ᑲ ᐅᑐᦅᶜ ᐊᓂᒡᐦ ᐊᑎᓃᐧᔪᒃ ᑭᔭᐦ ·ᐧᐊᐸᒋᐦᵗᴵᴵ ᐊᒡᐦᵘ ·ᐧᐊᐱᒫᑯᔖᐦᒎᴵᴵₓ

Niels Jensen

In the ensuing years, most Cree families continued to live largely off the land, but some stayed in the settlements that had grown up around the trading posts—agglomerations of tents, shanties, and houses with no indoor plumbing or other amenities. By the 1950s, the fur trade was declining, and there was growing impoverishment in Eeyou Istchee, necessitating different forms of social assistance. Elijah Sheshamush still remembers the hardships of bush life during his youth. He points to small birds that hop around his camp foraging for seeds or other food. "I feel grateful to birds like that," he says. "They kept us alive when we had nothing else to eat."

The federal government began to use subsidies to tighten its grip on Cree affairs. Missionary-run boarding schools, or "residential schools," had opened in western James Bay in the early twentieth century, and formal education had become mandatory for native youth in 1920. Cree children in Eeyou Istchee continued to attend missionary-run summer day schools. But few attended residential schools until the 1940s, when the government began to build and staff such schools, making children's attendance a requisite for family allowance payments. By the 1960s, an increasing number of Cree were sent to federally operated residential schools in Fort George, in other parts of Quebec or in Ontario. They were banned from speaking their own language, and they suffered cultural dislocation. In some instances, they also suffered abuse. As Canadian Prime Minister Stephen Harper acknowledged in an official apology in 2008, "Some sought to 'kill the Indian in the child.' Today we recognize that this policy of assimilation was wrong."

While the federal government had stepped up its intervention in Eeyou Istchee, mining and logging companies had also stepped up their activities in the region. The increasingly nationalistic provincial government refused to take a back seat in the exploitation of the rich natural resources of the north. In 1972, with minimal consultation of native inhabitants, it began construction on the "project of the century"—the La Grande hydroelectric complex, which now accounts for nearly half of the overall electric energy production of the crown corporation called Hydro Quebec.

Young Cree like Philip Awashish and Billy Diamond assumed leadership roles in opposing the hydroelectric project. They used their residential school education to advantage, and, working through the Indians of Quebec Association, found the funds and personnel to assist them in initiating litigation. Ultimately the province offered an out-of-court settlement. After stressful negotiations, the governments of Canada and Quebec; Hydro Quebec and other related crown corporations; the newly formed Grand Council of the Crees; and the Northern Quebec Inuit Association signed the James Bay and Northern Quebec Agreement (JBNQA) in November of 1975. This land claims settlement ensured Cree rights to hunting, fishing, and trapping in Eeyou Istchee, as well as Cree control of local and regional governments, health care, social services, education, justice administration, policing, and environmental protection. It also ensured Cree participation in future development in Eeyou Istchee to enable new kinds of employment but also to maintain traditional occupations. In compensation for the extinguishment of native land title, the federal and provincial governments agreed to transfer funds to the Cree for economic and community advancement.

In 1982 the Canadian Constitution Act officially recognized the JBNQA as a treaty. In recent years, the Cree have entered into two more agreements: *La Paix des Braves*, a 2002 nation-to-nation accord with the Quebec government that clarified aspects of the JBNQA concerning natural resources development, and provided for the sharing of revenues derived from mining, hydroelectricity, and forestry on traditional Cree lands; and the 2008 New Relationship Agreement with the Canadian government that authorized the Cree to assume responsibility for providing designated government services to the individual Cree First Nations.

Although bolstered by their political gains and the modernization of their communities, the Cree face challenges wrought by the rapidity of change in Eeyou Istchee. They are grappling with problems that range from high unemployment to diseases linked to a sedentary lifestyle and southern diet. To confront these problems and move forward, they are finding strength in the bush and in the traditions that originated there. Being out on the land, whether for a few months or a few days, reconnects them with their forebears and reinforces their cultural identity. It brings them back to the fundamentals of life. For Elijah Sheshamush, that means securing enough country food to feed his family. "I also think of other people who need food but can't hunt, like old people." He pauses; his ears prick up at the sound of honking in the distance. He says goodbye, jumps onto his snowmobile, and then rides down to the river. The goose hunt has begun.

Cree families are seen arriving in the summer of 1947 at the HBC trading post in what was formerly called Mistassini and is now called Mistissini at the southwest extremity of Lake Mistassini.

Été 1947. Des familles cries arrivant à Mistissini (anciennement connu sous le nom de Mistassini) à l'extrémité sud-ouest du lac Mistassini.

ᖇ ᓂᐱᓂᖢ 1947 ᖇ ᐃᖅᓴᑕᖢ, ᐊᑯᑎ" ᖇ ᒥᔅᑲ·ᐊᑯᐱᓇ ᐅᕐ ᐊ" ᐊᑎᐸ"ᐸᑯᑕᐅᕐᐢ ᕼᑎᕐᓇᐅᐃᔅᔅᐢ ᐱᕐ·ᒪ"ᑕᐢ ᑭᕐ ᐊᕐᑎᐢ ᐃᑕ"ᒣᑕᐢ ᐊᓂᑎ" ᕼᑎᕐᓇᐅᕐᑭᐱᓇ"ᐢ˟

J. Rousseau, Division des archives de l'Université Laval, P 174/E2,40 : 54211

This aerial view shows present-day Mistissini. Most Cree communities are situated at or near the sites of former trading posts or traditional encampments.

Cette photographie aérienne montre Mistissini aujourd'hui. La plupart des communautés cries se trouvent aux alentours des anciens postes de traite ou des campements traditionnels.

ᐃ"ᐱᒥ"ᐢ ᐊ" ᓐ" ᐅ"ᒥ ᒥᔅᐊᐱᕐᐳ"ᐊᕐᓂ·ᐃᐢ ᐊᐱ"ᐢ ᐊᔅᐱᐊ"ᐢ ᕼᑎᕐᓇ˟ ᓕᖇᑦ ᒣᖇ ᒥᕐ·ᐊ ᐃᔅᔅᐳ ᐃ"ᐸ·ᐃᐸ" ᐊᑯᑎ" ᖇ ·ᐃᔅᖇ>·ᐃ"ᒢᕐ·ᐃᐢ" ᐊᓂᑎ" ᖇ"ᒢᑦ ᐊᒢ·ᐊᕐᐤ ᑭᕐ" ᐸᔪᐸ ᐊᓂᑎ" ᒍᐢ ᐊ" ᓐ" ·ᐃᕼᐊᓂ·ᐃᒤ˟

Niels Jensen

Niels Jensen

In Oujé-Bougoumou the design of the major public buildings was inspired by the *aschiiukimikw*, a traditional Cree structure that has a wooden base; a roof framed by teepee poles; moss insulation; and a stone-pit hearth.

À Oujé-Bougoumou, la conception des bâtiments publics importants s'inspire du *aschiiukimikw*, une structure traditionnelle crie caractérisée par une base en bois, une charpente en poteaux de tipi, un foyer en pierres et isolée avec de la mousse.

ᐊᓂᑖ" ᐅᒋᐳᔅᒍᒧ ᐊᓂ"ᐃ ·ᐊᑳᑉ"ᐃᑭᒪ" ᐊ" ᒥᑎᓕ·ᐃ"ᑯ" ᐊᔍᒍ" ᑳ ᐃᔑᐊᑯ"ᑖᑭᓂ·ᐃᑯ" ᐃᔑᔐᐅᑯ ᐊᔍᐊᑳᒍ ·ᐃᔑ·ᐊᑦ" ᐊᒃᑎᐅᒫᒍᑦ ᑳ ᐃᔍᓂ"ᑳᒥ", ᒫᑎᒃᑦ ᐊ" ᑭ ·ᐃᓓᑦᑦᓂᑳᐃ·ᐊᓂ·ᐃᒃ; ᐊᐱᐢᐊ" ᐊ" ᐊᐱᑎ"ᐃ" ᐅᒍ" ᐃ"ᐱᒥ"ᒃ; ᐊᑳᔥ ᐊ" ᐃᓑᓯᑳᐃ·ᐊᓂ·ᐃᒃ, ᑭᔅ" ᐱ"ᑦᒍᓚ ᐊ" ᐊᐱᑎ"ᒃ ᐃ"ᑎᑎᒫ"ᒃ ᐊᔥᓚᒃ ᐊ" ᐊᐱᑎᔥᒃ.

Louise Abbott

In Wemindji these polygonal homes echo the shape of traditional Cree winter dwellings—*kichiihchaaukimikw*—built of logs and moss.

À Wemindji, ces maisons polygonales rappellent la forme des habitations hivernales traditionnelles — *kichiihchaaukimikw* — construites avec des rondins et de la mousse.

UNE BRÈVE HISTOIRE DES EEYOUCH

Par une journée de printemps venteuse, Elijah Sheshamush, debout devant l'un des tipis de son campement situé près d'une rivière à l'est de la baie d'Hudson, répond patiemment aux questions sur la vie en forêt tout en guettant des Bernaches du Canada. Interrogé sur la signification du terme « Eeyou Istchee », il sourit et dit : « Terre des Cris ». Souriant toujours, il répète les mots en cri d'une voix mélodieuse.

Eeyou Istchee, littéralement « Terre du peuple », abrite neuf communautés cries et compte plus de trois cents territoires de trappe — des zones familiales de chasse et de trappe de longue date — dispersés sur une vaste région du Québec au nord du 49e parallèle. Cinq communautés sont établies sur les côtes et quatre à l'intérieur des terres. La communauté la plus méridionale est celle de Waswanipi, tandis que la plus septentrionale est celle de Whapmagoostui, où Elijah vit lorsqu'il n'est pas en forêt. Whapmagoostui et les campements cris qui l'entourent sont situés au nord du 55e parallèle, dans le territoire inuit du Nunavik.

Chaque communauté crie est une nation dont le chef élu siège au Grand Conseil des Cris. Un groupe rassemblant des Cris résidant à divers endroits, notamment Amos et Val-d'Or, a été reconnu comme étant la dixième nation crie. Il est en train d'établir sa propre communauté — celle de Washaw Sibi — et d'obtenir une reconnaissance de la part du gouvernement.

Le dernier recensement canadien de 2006 avait dénombré plus de 14 000 habitants en Eeyou Istchee. Depuis, la population a atteint les 17 000 habitants. Le taux de natalité chez les Cris est élevé et l'âge moyen de la population crie est d'un peu plus que 24 ans. La plus grande communauté est celle de Chisasibi, une ville de plus de 4 000 Cris, 250 Inuits et 300 non-Autochtones, tandis que la plus petite communauté est celle d'Eastmain, un village de moins de 700 habitants au dernier recensement.

Enfant, Elijah Sheshamush, qui a maintenant une soixantaine d'années, n'avait pas d'adresse fixe. Il passait la majeure partie de l'année dans la forêt, parcourant le territoire de trappe familial, s'installant avec sa famille dans de vieux campements ou en érigeant de nouveaux. « Je me souviens de l'hiver de mes sept ans, je marchais en raquettes près de ma grand-mère qui était vieille et qui ne pouvait plus suivre les autres. Elle mourut cette année-là. » L'été, la famille d'Elijah se joignait à d'autres groupes de chasse familiaux, pendant quelques semaines, en un lieu de rassemblement situé à l'embouchure de la Grande rivière de la Baleine.

Ses ancêtres avaient un mode de vie nomade similaire. Il y a au moins 5 000 ans, les Eeyouch — littéralement « le peuple » comme les Cris se nomment — suivirent le recul des glaciers jusqu'en Eeyou Istchee. Avec le réchauffement du climat, la forêt boréale remplaça la toundra et de nouvelles espèces animales firent leur apparition. Les Eeyouch s'adaptèrent à leur nouvel environnement, subsistant grâce à la chasse, la trappe, la pêche et, dans une moindre mesure, la cueillette de baies, de feuilles et de racines. Ils fabriquaient des grattoirs avec des os; des pointes de flèches avec des pierres; des arcs, des flèches, des planches porte-bébé, des raquettes, des lances et des toboggans avec du bois; des habitations, des canoës et des paniers avec de l'écorce; et des vêtements, des tambours, des filets de pêche et des courroies avec des peaux d'animaux. Ils utilisaient diverses substances naturelles pour guérir blessures et maladies.

Tout comme leur culture, leur religion fut modelée par leur environnement. Ils croyaient en l'existence d'esprits animaux et autres forces surnaturelles pouvant interagir avec les humains et se tournaient vers les chamans — des gens possédant des pouvoirs spirituels exceptionnels — pour faciliter ces interactions. Ils pratiquaient des rituels avant, pendant et après la chasse pour témoigner du respect qu'ils vouaient aux animaux dont dépendait leur subsistance. Selon eux, un animal pouvait choisir de se « donner » au chasseur pour être tué ou refuser de le faire s'il était offensé.

Suzanne Wapachee, an elder in Nemaska, 2007. Elders have played a crucial role in Eeyou Istchee as repositories of traditional knowledge and wisdom. They preserve history through their storytelling, and they provide moral guidance through their experience and understanding. Advanced age alone does not confer the status of elder on an individual.

Suzanne Wapachee, une aînée de Nemaska, 2007. Possédant un bagage des connaissances sur les traditions et la sagesse crie, les aînés jouent un rôle important en Eeyou Istchee. Ils protègent l'histoire à travers des contes et donnent des conseils basés sur leur expérience et leur compréhension. Toutes les personnes âgées ne sont pas nécessairement des aînés.

ᓲᓴᓐ ᐗᐹᒋ, ᐋᒥᖅᐳᓰᔅᑉᓂᒃᐦ ᐊᓂᒐ" ᐋᒥᖅᐦᑳ, 2007 ᑲ ᐋᔅᐧᐋᑖᑉ ᐋ" ᐱᑯᓂᑉᵁ ᒌᵁ ᒥᑫ ᒃ" ᐸᑭ ᒐᓐᒑᒦᑭᓄᐅᐧᐃᐧᐃ ᒐᓰᔅᔅᐅᑉ ᐊᒐ" ᐋᔅᔅᐅᔅᓃᵁᵁ ᐅ"ᒐ ᐅᒐᓰᓯ"ᑎᑖᐧᐃᐧᐋᵒ ᑭᔅ" ᐅᒐᓰᔅᔅᐅᐋᓯ"ᑎᑖᐧᐃᐧᐋᵒˣ ᐧᐋᔅᐧᐋᵒ ᓃ" ᑭᓄᐧᐋᐧ"ᑎᒐᵁ ᐧᐋᵁᔎᵁ ᑲ ᐸᑉ ᐋᔅᔅᐱᓯᔅᵁ ᐅᑎᐸᒐᑎᐧᐃᐧᐋᵁᵁ, ᑭᔅ" ᓃ" ᐧᐋᒥ"ᐧᐋᐧᐃᵁ ᐧᐋᐧᐋᔅᵒ ᐅ"ᒐ ᐊᓂᔔ ᑲ ᐋᔅ ᓂᒋᒃᵁᵁ ᐅᐱᔅᑎᔖᐧᐃᐧᐋᵁᵁ ᑭᔅ" ᐅᐅᑐᔔ"ᑎᑖᐧᐃᐧᐋᵁᵁˣ ᓂᒥᔔᵒ ᒥᒋᔅᵒ ᑲ ᓂᐧᐋᓯ"ᑎᔎᐃᐧᐃᐧᐋᔅᵁ ᐊᐧᐋᵃ ᐧᐋᔅᐱ"ᑎᔅᵃ ᑭᔅ" ᐧᐋᔎᐃᴰ ᑲ ᓂᐧᐋᓯ"ᑎᔎᐃᐧᐃᐧᐋᔅᵁ ᐊᓂᔔ ᐊᐧᐋᵃ ᐧᐋᔐᔅ ᒐᓰᔅᔅ"ᑎᵁˣ

Louise Abbott

Louise Abbott

Businessman Elijah Awashish in the video rental store that he operates adjoining his convenience store and gas bar in Mistissini, 2007.

Mistissini, 2007. Elijah Awashish, homme d'affaires, dans son club vidéo, adjacent au dépanneur et au poste d'essence dont il est aussi propriétaire.

ᐊᐅᐨ ᐆ ᐄᒐᐄ ᐊᐧᐊᔑᔥ ᐸᒥᐱᔨᐦᑖᔨᑦ ᑲᑎᐯᔅᑖᑎᓂᔨᐤ ᐊ" ᐊᐅ"ᐊᔨᐊᓂᐧᐃᐧᐃᐧᐃᔨᓗ" ᑭᔨ" ᐊᒐᐧᐊᐅᒥᒉᔨᐳ ᐊᔪᑎᒪᐳ ᑭᔨ" ᐱᒥᐅᒥᒉᑯᐳ ᐊᓂᑦ" ᒥᔅᑎᓯᓂᑦᓗ, 2007 ᑳ ᐃᓯᔥᒐᔨᒃ ᐊ" ᐱᐳᓂᔨᒃ.

Louise Abbott

Judy Trapper, a police officer in Waswanipi, 2007. Each Cree community has its own police force. There is also a regional Eeyou-Eenou Police Force.

Judy Trapper, agente de police à Waswanipi, 2007. Chaque communauté crie possède son propre service de police en plus du service de police régional Eeyou-Eenou.

Grâce aux nombreuses voies navigables d'Eeyou Istchee, les Eeyouch purent faire partie d'un réseau de traite comprenant des groupes autochtones situés plus au sud. Au début des années 1600, ils fournissaient des fourrures aux marchands français du fleuve Saint-Laurent par l'intermédiaire d'autres Autochtones. En 1611, le premier contact attesté entre un chasseur eeyouch et un non-Autochtone — l'explorateur anglais Henry Hudson — eut lieu sur la rive de ce qui allait devenir la baie James. Selon le seul témoignage existant, le chasseur reçut un couteau, une hachette, un miroir et des boutons en échange de deux peaux de caribou et deux peaux de castor. Le chasseur donna sa deuxième peau de caribou à contrecœur et ne revint jamais.

Dans les années qui suivirent, les Eeyouch traitèrent avec les Français qui empruntaient jusqu'à Eeyou Istchee les routes de canotage établies depuis longtemps. Les Français nommèrent les Eeyouch « Cristinaux » d'après le terme ojibway, Kirištino. Peut-être s'agissait-il du nom d'une bande crie du dix-septième siècle, mais le sens du mot demeure incertain. « Cristinaux » fut ensuite abrégé et devint « Cris ». Le terme désigne maintenant toutes les bandes appartenant au groupe linguistique algonquien-wakashan vivant non seulement au Québec, mais aussi en Ontario, dans les provinces des Prairies, au Dakota du Nord et au Montana.

En 1668, des marchands représentant les intérêts britanniques établirent les premiers postes de traite en Eeyou Istchee à l'embouchure d'une rivière qu'ils nommèrent Rupert, du nom d'un commanditaire royal. La nouvelle se répandit et, au printemps, trois cents Cris se présentèrent avec une grande quantité de fourrures qu'ils échangèrent surtout contre du matériel comme des fusils et des munitions ainsi que des pots et des outils en métal qui facilitaient la vie en forêt. Les fourrures furent expédiées en Angleterre et vendues aux enchères où les acheteurs se les arrachèrent. Le profit tiré de ce risque commercial encouragea les commanditaires à fonder une compagnie qui obtint l'exclusivité des droits commerciaux sur la Terre de Rupert — l'immense bassin hydrographique de la baie d'Hudson — et qui sera par la suite connue sous le nom de la Compagnie de la Baie d'Hudson (HBC).

Pendant plus de 150 ans, la demande de fourrure, particulièrement celle de castor, resta forte en Europe, et la demande d'objets d'échange, surtout des armes et de l'équipement, demeura importante en Eeyou Istchee. Les Cris continuèrent de chasser et de trapper pour leur subsistance et vendirent volontiers les peaux qu'ils avaient en trop.

HBC construisit des postes de traite supplémentaires le long de la côte puis à l'intérieur des terres. D'autres compagnies et commerçants privés, français et écossais, tentèrent de briser le monopole de HBC en utilisant parfois des tactiques malhonnêtes comme attaquer ses postes de traite ou fournir de l'alcool aux chasseurs. Les Cris tirèrent avantage de cette rivalité en marchandant de meilleurs prix, de meilleurs produits et de meilleurs services.

Ce n'est qu'au cours des années 1820 qu'HBC prit le contrôle quasi exclusif du commerce de la fourrure en Eeyou Istchee. La compagnie garda son emprise jusqu'à la fin du dix-neuvième siècle.

Les premières années de la traite de la fourrure, les Cris n'entrèrent que très peu en contact avec les négociants : les chasseurs n'effectuaient que de courts voyages jusqu'aux postes ou laissaient des intermédiaires faire le voyage une fois par année. À compter du dix-neuvième siècle, les Cris vivant relativement près de la baie James — les Wiinibaakuuch, littéralement « le peuple de la mer » — commencèrent à rester plus longtemps aux postes de traite. HBC les nomma « Cris Homeguard » ou « Coasters » et s'en remit à eux pour l'approvisionner en poisson, en volaille et en gibier; pour construire des canoës en écorce de bouleau et des raquettes; pour guider les expéditions de la compagnie à l'intérieur des terres; et pour faire des travaux saisonniers ou permanents au poste de traite, particulièrement après que la compagnie eut commencé des activités agricoles pour accroître ses réserves de nourriture.

Certains Cris de l'intérieur, les Nuuhchimiiuiiyiyiuch, approvisionnaient aussi les postes et accueillaient les marchands lors de voyages de chasse familiaux.

Louise Abbott

Jeanette Coonishish holds a freshly caught walleye. Jeanette and her husband, George Awashish, are the hosts of Awashish Outdoor Adventures, outfitters on the Rupert River.

Jeanette Coonishish exhibant un doré jaune frais pêché. Jeanette et son mari, George Awashish, sont les hôtes des Aventures Plein-air Awashish, une pourvoirie située sur la rivière Rupert.

De nombreux employés de HBC venaient des Orcades, et les Cris s'attachèrent peu à peu à leur violon écossais, leur banique, leur thé noir, leurs tartans et leurs bonnets, les intégrant à leur propre culture. Certaines femmes cries devinrent l'épouse ou la conjointe d'Orcadiens. En plus de cuisiner, d'élever les enfants et de gérer la maisonnée, elles nettoyaient et tannaient les peaux, cousaient mocassins et vêtements, tressaient les raquettes, coupaient le bois de chauffage, puisaient de l'eau, pêchaient et tendaient des pièges à lapins et autres petits animaux. Quelques-uns de leurs enfants devinrent des employés de HBC tandis que d'autres choisirent la vie en forêt. Nombre de leurs descendants vivent aujourd'hui en Eeyou Istchee.

Dans la seconde moitié du dix-neuvième siècle, des groupes de Cris de plus en plus importants commencèrent à se rassembler aux alentours des postes de HBC pour de plus longues périodes de temps, non seulement pour faire la traite ou pour travailler, mais aussi pour assister aux services religieux célébrés par les missionnaires chrétiens. Les anglicans puis les catholiques introduisirent un corpus religieux imprimé qui utilisait une écriture syllabique basée sur la phonétique et inventée par un ministre méthodiste en collaboration avec les Cris de la baie d'Hudson occidentale. Certains Cris apprirent ce nouveau mode de communication avec enthousiasme et l'enseignèrent aux membres de leur famille ou de leur groupe de chasse. Bien que tous les Cris n'acceptèrent pas cette religion qui cherchait à éliminer leurs croyances et leurs traditions ancestrales, nombre d'entre eux embrassèrent le christianisme tout en conservant leur religion traditionnelle en tout ou en partie.

De nos jours, la plupart des Cris en Eeyou Istchee sont anglicans, mais un petit nombre de catholiques perdure. De plus, dans les années 1970, des mouvements pentecôtistes et baptistes importants firent leur apparition au sein de certaines communautés. Certains Cris ont rétabli des rituels spirituels, comme les cérémonies de tambours et d'étuves, tandis que d'autres continuent de marier religion chrétienne et religion traditionnelle. Comme Elijah Sheshamush qui célèbre chaque semaine à son campement un service religieux anglican, mais qui respecte toujours les anciens rituels de chasse.

Afin de mieux convertir les Cris, les premiers missionnaires établirent des écoles en Eeyou Istchee, généralement aux postes de traite, en été. HBC avait dispensé une éducation formelle limitée aux enfants des maîtres de poste et des employés, mais avait catégoriquement découragé tous les Cris d'apprendre à lire et à écrire l'anglais de peur qu'ils ne cherchent à découvrir les « secrets » de la compagnie, comme un représentant de l'époque déclara. Les prêtres anglicans et leurs épouses enseignaient des matières de base en anglais. Les prêtres catholiques enseignaient aussi en anglais. Ils ne commencèrent à enseigner en français qu'au vingtième siècle. Les enfants, habitués à vivre dans la forêt et à apprendre en observant et en participant, devaient trouver la matière enseignée par les missionnaires et leur méthode d'enseignement bien curieuses.

À la fin du dix-neuvième siècle, les missionnaires n'étaient pas les seuls non-Autochtones en Eeyou Istchee. La présence du gouvernement canadien commençait à se faire sentir graduellement. En 1870, le gouvernement acquit la Terre de Rupert et, six ans plus tard, adopta la Loi sur les Indiens, s'octroyant ainsi un contrôle presque total des terres autochtones et traitant les Autochtones comme des pupilles de l'État devant être protégés, civilisés et assimilés à la société canadienne conventionnelle. En 1898 et en 1912, le gouvernement divisa en lots certaines parties de la Terre de Rupert et les céda au gouvernement du Québec. Comme condition au transfert des terres, le Québec devait reconnaître des droits aux Autochtones et entendre certaines de leurs revendications concernant les terres transférées, mais plusieurs décennies s'écoulèrent avant que le Québec ne négocie un traité avec les Cris.

Plus le public prenait conscience de l'existence du Nord, plus la terre et les habitants d'Eeyou Istchee se voyaient envahis d'arpenteurs, de prospecteurs, d'aventuriers ainsi que de chasseurs et de trappeurs non autochtones. Les Cris, de plus en plus fréquemment en contact avec les étrangers, contractèrent des maladies infectieuses étrangères comme la rougeole, la pneumonie, la variole et la tuberculose. N'étant pas immunisés contre ces maladies et ne possédant pas de médecine traditionnelle pour les combattre, les Cris se tournèrent vers les postes de traite pour recevoir de l'aide quand ils le pouvaient. Les maîtres de poste ne pouvaient dispenser que des soins limités, et des centaines de Cris succombèrent aux épidémies qui ravagèrent la région.

Cree trappers and HBC employees gather for a group portrait outside the Mistassini Post in 1884.

1884. Des trappeurs cris et des employés de HBC se faisant photographier devant le poste de Mistassini.

ᐃᔅᔅᐅ·ᐃᓂᐦᐋᒐᕐᑐᑲᐤ ᑭᔾᐦ ᑲᒪᐱᓅᐅᐊᐱᕐᐦᐊᑭᓭᑲᓄᐤ ᒪᒍ ᓀ ᒥᕐᐁᐱᔅᐦᐸᑫᐅᐅᐊᐦ ·ᐃᔅᐃᐱᑎᒢᓕ ᐊᑕ·ᐊᐅᑭᒑᦁ ᒥᔅᑎᕐᓯᓂᓕ, 1884 ᑲ ᐃᕐᐸᒑᕕ ᐊᐦ ᐱᐳᓂᔅᕓ.

An employee stands outside a Cree-owned business in Mistissini in 2007. The store has subsequently changed locations and expanded.

Mistissini, 2007. Un employé devant un commerce cri. Depuis, le magasin a déménagé et s'est agrandi.

ᐃᔅᔅᐤ ᐱᒥᐸᔅᑖᕖᕐ ᐅᔾ ᐊᑕ·ᐊᐅᑭᒑᐤᕐ ᐅᒡᐦ ᒥᔅᑎᕐᓯᓂᓕ, 2007 ᑲ ᐃᕐᐸᒑᕕ ᐊᐦ ᐱᐳᓂᔅᕓ ᐊᔕᦀᐦ ᒫᑲ ᐃᔾᐦ ᐊᓯᐦ ᐊᓂᒡ ᒦᒐᐤ ᑭᔾᐦ ᓀ ᓂᕐᐦᐳᓄᐅᐤ.

Louise Abbott

La décroissance de la population de castors et de caribous conjuguée à une croissance de la demande de fourrures de renard changea le mode de vie et la traite des fourrures en Eeyou Istchee. Les Cris commencèrent à trapper les renards pour des raisons purement commerciales. À cause du manque de castors et de caribous — leurs deux sources alimentaires principales — ils subsistèrent surtout de petit gibier, de poisson et de volaille. Pour compléter cette alimentation traditionnelle de base, ils échangeaient les fourrures contre de la nourriture importée. Quand la rentabilité de la traite de la fourrure diminua, HBC commença à donner des rations de secours, subventionnées par le gouvernement fédéral. Les Cris n'avaient plus le choix : il leur fallait adopter l'alimentation du Sud, même si elle ne les nourrissait pas aussi bien que leur alimentation traditionnelle pour faire face à la dureté de la forêt.

Au début du vingtième siècle, l'économie d'Eeyou Istchee connut une prospérité transitoire : le prix des fourrures augmenta et une compagnie basée à Paris, Révillon Frères, construisit une série de postes de traite, entrant en compétition directe avec HBC. À cette époque, presque tous les Cris trappaient, même ceux qui vivaient dans la partie la plus septentrionale d'Eeyou Istchee et qui s'étaient concentrés jusqu'alors sur la chasse au caribou. Au poste de Revillon, à Fort George, le Français Gaston Herodier engagea des Inuits pour aller chercher les fourrures et livrer des biens aux trappeurs cris en traîneau à chiens. HBC les imita, et les deux compagnies adoptèrent cette pratique à d'autres postes. Certains Cris commencèrent à trapper de façon intensive et le nombre de trappeurs non autochtones crût, drainant d'autant plus les populations animales.

La quasi-disparition des castors et la grande dépression des années 1930 menèrent de plus en plus de Cris au bord de la famine. Certains se dirigèrent vers le sud pour y trouver du travail, tandis que d'autres demeurèrent en forêt où ils périrent. James Watt, un négociant de HBC à Rupert House, s'inquiéta et comprit que le seul moyen d'assurer la subsistance des Cris et de préserver la traite de la fourrure était de gérer les quelques colonies de castors restantes et d'en rétablir la population. Avec l'aide des trappeurs cris, il instaura un système de réserves de castors qui rétablissait le mode de tenure et les pratiques de conservations traditionnelles des Autochtones, qui s'étaient perdus dans la course aux fourrures. Les gouvernements fédéral et provincial approuvèrent ce système, et HBC le géra. Des territoires de trappe furent enregistrés, et des maîtres de trappe — des chasseurs responsables de l'intendance d'un territoire de trappe — furent légalement choisis. Les Cris préfèrent leur terme, *uuchimaau*, qui reflète le rôle principal de l'intendant, c'est-à-dire gérer les ressources. À titre de *uuchimaau*, Elijah Sheshamush explique qu'il décide quand et où une chasse peut avoir lieu, qui peut participer et combien d'animaux peuvent être abattus.

Le gouvernement provincial interdit l'accès aux territoires de trappe cris aux chasseurs et aux trappeurs non autochtones, et, à compter de 1932, les Cris procédèrent à un relevé annuel des castors. Les castors revinrent en 1940 et les Cris recommencèrent à les trapper en respectant les quotas établis. Le système de réserve fut couronné d'un tel succès que d'autres réserves furent établies au Canada.

Durant les années qui suivirent, la plupart des familles cries continuèrent de vivre en forêt, mais certaines restèrent dans les établissements qui s'étaient développés aux alentours des postes de traite — des agglomérations de tentes, de baraques et de maisons sans plomberie intérieure ou autres commodités. À compter des années 1950, le déclin de la traite de la fourrure et l'appauvrissement de la population en Eeyou Istchee firent en sorte que les Cris nécessitèrent différentes sortes d'aide sociale. Elijah Sheshamush se souvient de la dureté de la vie en forêt dans sa jeunesse. Il pointe du doigt un petit oiseau sautillant autour de son campement, cherchant des graines ou autre nourriture. « Je suis reconnaissant aux oiseaux comme celui-là, dit-il. Ils nous gardaient en vie quand nous n'avions rien d'autre à manger. »

Peu à peu, le gouvernement fédéral commença à utiliser les subventions pour serrer l'étau sur les affaires cries. Des pensionnats gérés par les missionnaires avaient déjà ouvert leurs portes à l'ouest de la baie James au début du vingtième siècle, et une éducation formelle était devenue obligatoire pour les enfants autochtones en 1920. Les enfants cris continuèrent à fréquenter les écoles estivales gérées par les missionnaires et peu d'entre eux fréquentèrent les pensionnats jusqu'à ce que, dans les années 1940, le gouvernement commence à en construire dans la région et rende les allocations familiales conditionnelles à la fréquentation de ces écoles.

Cree children receive instruction in 1938 at an outdoor school run by an Oblate father at Old Factory.

Vieux-Comptoir, 1938. Enfants cris fréquentant une école en plein air gérée par un père oblat.

ᐃᔅᐳᐊ·ᐊᔅᒉᒡ ᒫᓐᑲᒡ ᒃᔥᑎᒥᑯ·ᐃᒃ ᐱ"ᒦ"ᑭᔪ"ᒧ ᐊᓂᒡ" ᐸᑕᒋᒍ·ᐊᑉᑎᒡ" 1938 ᑳ ᐃᒧ'ᒑᔅᒃ ᐊ" ᐱᐳᓂᔅᒃ.

Archives Deschâtelets

Cree children play during recess outside the public school in Waskaganish in 2007. Public schools in Eeyou Istchee are operated by the Cree School Board and include the teaching of the Cree language and culture in their curriculum.

Waskaganish, 2007. Enfants cris jouant pendant la récréation à l'extérieur de l'école publique. Les écoles publiques d'Eeyou Istchee sont gérées par la Commission scolaire crie et les enfants y apprennent la langue et la culture cries.

ᐃᔅᐳᐊ·ᐊᔅᒉᒡ ᒫᓐᑲᒡ ·ᐊᔅᐱᔅᐲᓐ ᐊ" ·ᐊᑉ·ᐋᒡ ᒫᓐᑲᒡ ᐊ" ᒃᔥᑎᒍᑊᐊᐸᓂ·ᐊᒡ ᐊᓂᒡ" ·ᐊᒃᑲ"ᐊᑲᓂᔫᒧ 2007 ᑳ ᐃᒧ'ᒑᔅᒃ ᐊ" ᐱᐳᓂᔅᒃ. ᐃᔅᔅᐤ ᒃᔥᑎᒥᒦᐊᐃ ᐊᐅᑦ ᐸᒥᐱᔅᒎᒉ ᒃᔥᑎᒥᔫᐱᒥᑦ" ᐅᒡ" ᐃᔅᔅᐳᔾᐱᑊᒪ ᒥᔅ" ᒃᔥᑎᒥᓦᓄᐅ ᐃᔅᔅᐤᐊᒍ·ᐃᒪ ᒥᔅ" ᐃᔅᔅᐳᐊᔅᐱ·ᐃᒪ ᐊᐱᑎᓯᓄᐅ ᐊ" ᒃᔥᑎᒥᓦᓄ·ᐊᒡ.

Louise Abbott

35

À compter des années 1960, un nombre croissant de Cris fut envoyé à ces écoles fédérales à Fort George, ailleurs au Québec ou en Ontario. Ils n'avaient pas le droit de parler leur langue et ils souffrirent d'une dislocation culturelle. Dans certains cas, ils furent même victimes de mauvais traitements. Comme l'admit le premier ministre canadien Stephen Harper lors d'excuses officielles en 2008 : « Certains cherchaient " à tuer l'Indien au sein de l'enfant ". Aujourd'hui, nous reconnaissons que cette politique d'assimilation était erronée. »

Tandis que le gouvernement fédéral intervenait de plus en plus en Eeyou Istchee, des compagnies minières et forestières augmentèrent aussi leurs activités dans la région. De plus, le gouvernement provincial — qui devenait de plus en plus nationaliste — refusa d'être laissé pour compte dans l'exploitation des riches ressources naturelles du Nord. En 1972, après avoir consulté les résidents autochtones de façon sommaire, il commença la construction du « projet du siècle » : le complexe hydroélectrique La Grande qui génère actuellement presque la moitié de l'électricité produite par la société d'État Hydro-Québec.

De jeunes Cris comme Philip Awashish et Billy Diamond devinrent les chefs de l'opposition au projet d'Hydro-Québec. Ils tirèrent profit de l'éducation qu'ils avaient reçue au pensionnat et, en collaboration avec L'Association des Indiens du Québec, trouvèrent les fonds et le personnel nécessaires pour intenter un procès.

En fin de compte, la province leur offrit un règlement à l'amiable. Après d'âpres négociations, les gouvernements canadien et québécois, Hydro-Québec et d'autres sociétés d'État connexes, le tout nouveau Grand conseil des Cris et l'Association des Inuits du Nord québécois signèrent la Convention de la Baie-James et du Nord québécois (CBJNQ) en novembre 1975. Ce règlement des revendications foncières assura le droit des Cris à chasser, pêcher et trapper en Eeyou Istchee et leur donna le contrôle sur les gouvernements locaux et régionaux, les soins de santé et les services sociaux, l'éducation, la justice, la police et la protection de l'environnement.

Il garantit aussi la participation des Cris à de futurs développements d'Eeyou Istchee dans le but de créer de nouveaux types d'emplois tout en conservant la viabilité des activités traditionnelles. Pour compenser la disparition de titres fonciers autochtones, les gouvernements fédéral et provincial acceptèrent de transférer des fonds aux Cris pour leur développement économique et communautaire.

La Loi constitutionnelle de 1982 octroie à la CBJNQ le statut de traité. Au cours des dernières années, les Cris ont conclu deux autres conventions : la Paix des Braves, un accord de nation à nation signé en 2002 avec le gouvernement québécois qui clarifie certains aspects de la CBJNQ concernant le développement des ressources naturelles et qui accorde un partage des revenus de l'exploitation des ressources minières, forestières et hydroélectriques sur les terres traditionnelles cries; et l'Entente concernant la nouvelle relation conclue en 2008 avec le gouvernement canadien qui autorise les Cris à fournir à chaque première nation crie les services normalement offerts par le gouvernement.

Bien que raffermis par leurs gains politiques et par la modernisation de leurs communautés, les Cris font quand même face à des problèmes créés par la rapidité des changements en Eeyou Istchee, comme le haut taux de chômage et les maladies liées à un mode de vie sédentaire et à une alimentation du Sud. Mais la forêt et les traditions qui y sont nées leur donnent la force d'affronter ces problèmes et d'aller de l'avant. Être en forêt, que ce soit pour quelques mois ou quelques jours, leur permet de renouer avec leurs ancêtres et renforce leur identité culturelle. Cela leur permet de retrouver l'essence de la vie. Pour Elijah Sheshamush, cela signifie s'assurer qu'il y ait assez de nourriture traditionnelle pour sa famille. « Je pense aussi aux autres gens qui ont besoin de nourriture, mais qui ne peuvent pas chasser, comme les aînés. » Il se tait; l'oreille tendue au son des Bernaches au loin. Il dit « au revoir », saute sur sa motoneige et s'éloigne vers la rivière. La chasse à l'oie est commencée.

In traditional Cree culture, a bear hunt and the feast after a kill involved sacred rituals, including divination, drumming, and singing. This bear feast was held by Mistassini Cree around 1900. HBC officials and their families can be seen seated at a table.

Selon la tradition crie, une chasse à l'ours et le festin qui suivait une mise à mort comportaient des rituels sacrés notamment de la divination, des battements de tambour et des chants. Ce festin a été organisé par les Cris de Mistassini vers 1900. Des représentants de HBC et leur famille sont assis à la table.

ᒍᓐ ᑳ" ᐸᕐᓯᑎᑦ ᐃᔨᔨᐅᑦ ᐊᓄᑦ" ᐘᔨᕆ ᐊᐦ" ᒥᑐᔨᑦ ᐃᐸᐦᐧᐊᑦᐅᐤ" ᒥᔑᑎᑦ" ᑭᔨ" ᐦᒻ" ᐃᐦᑎᑐᐦᑎᒽ ᒧᐸᕐᐤ ᐊᐦ ᐃᦪᑐᑎᐦᐧᐤ" ᐊᐦᐳᒪᑦᐤ" ᒥᑖᓴᓂᐃᐧᐊᐧ ᐊᐦ" ᐘᐦᐃᑎᑦᐤ" ᐃ ᐃᔅᐦᐃᔨᐤ ᒨᐸᕐᐤ ᐊᓄᑦ" ᐃᔥ ᓂᔥᑖᒥᑦ", ᐊᐦ" ᑖᐘᐘᐦᐃᑦ ᑭᔨ" ᐊᐦ" ᓂᑭᒧᔨᦪ ᐅ ᒧᑳ ᑳ ᒥᑎᑦᓴᓂᐃᐅᐃᐧᐦ ᐘᐃᐧᑯᔨᐘ 1900 ᑳ ᐃᐦᑎᑭᑖᑦ ᐊᐦ" ᐸᐅᐧ", ᐦᐅᑖᐃᑦ ᑭᔨ" ᐊᓄᑉ ᐅᒣᒪᐤ "ᐊᒻᒑ ᐯᐃ" ᑳᐸᔓᦪ" ᐊᐦ" ᐊᐸᒡᐦᐃᑎᐤ ᑭᔨ" ᐘᐃᐧᐘᐘᐦ" ᐊᐦ" ᐊᐸᐤ ᐊᓄᑎ" ᒦᒣᐧᐦᑎᐦᐤ.

LAC/BAC PA-135706

A parishioner enters St. Mark's Anglican church in Eastmain to attend a Sunday morning service in October of 2009.

Eastmain, octobre 2009. Paroissienne entrant dans l'église anglicane St. Mark un dimanche matin pour entendre la messe.

ᐱᐦᒋᔾᐤ ᐅ ᐃᔅᑳᐦ ᐊᔨᒥᐦᐊᐅᐲᑯᒽ ᓴᐃᐧᐦᒡ ᒧᖅ ᑳ ᐃᔑᓂᦪᑲᑖᑦ ᐊᓄᑦ" ᐃᔨᒧᔾ" ᐊᐦ" ᐃᑐᐦᑖᑦ ᐊᐦ" ᓈᑐᧈᐊᒥᐦᐊᐧᐃᐃᐧᐊᐦ ᐊᐦ" ᐊᔨᒥᐦᐊᐅᐦᓯᑳᔨᦪ, ᐘᧈᔯᐱᑉᒡ 2009 ᑳ ᐃᕐᧈᑖᔨᦪ ᐊᐦ" ᐸᐅᓅᔨᦪ.

Louise Abbott

Niels Jensen

The crosses or other markers at Cree grave sites, such as this one in Mistissini, are often decorated, and possessions that belonged to the deceased are sometimes displayed.

Les croix et les pierres tombales des cimetières cris, comme cette croix à Mistissini, sont souvent ornées, et certains objets ayant appartenu au défunt sont parfois exposés.

ᐊᓂᑭ ᒫᒃ ᔑᒋᐦᑖᐦᑎᑯᑦ ᑭᔮᐦ ᑯᑎᒃ ᓇᐯᑳ ᐋᐦ ᑫᐦ ᒋᔕᓂᐙᒋᐦᒋᑳᓂᐎᐅᑉ ᐊᓂᑎ ᐋᐦ ᑫᐦ ᓂᐦᐃᑭᐙᐦᑭᐅᐎᐅᑉ ᐊᐘᓂᒋ, ᒥᔮᒫᐦᒌᑲᓂᓲ ᑭᔮᐦ ᓂᑲᓇᑐᓐᐊᓐ ᐊᓐᒉᓂᐎᓐᓲ ᓕᑳᓐᐲ ᐋᐦ ᑫᐦ ᑎᐱᐋᑐᔨᒡ ᐊ ᐋᐋᐦ ᐊᓂᑎ ᐹᒐᔑᐦᑲx

Neeposh family members and friends gather for the graveside service for beloved family patriarch Tommy Neeposh in Mistissini in April of 2008.

Avril 2008. Les membres de la famille Neeposh et leurs amis sont rassemblés à Mistissini pour les obsèques du patriarche bien-aimé Tommy Neeposh.

ᐊᓂᑊ ᒨᕙ ᒉ ᐅᐦᒑᐧᐃᕝ, ᒉ ᐅᒍᓛᒥᑊ ᑭᔾᐦ ᒉ
ᐅᒌᓂᔥᑭᐧᐃᔅᒌᒥᑊ ᐧᒌᒉ ᓂᐧᐋᔥᑊ ᑫᐦ ᓇᑎᐧᒫᐃᒡ ᐊᓂᑌᐦ ᒉ
ᐱᒥᔑᑭᓂᐧᐃᐧᐃᐱᒡᐦ ᐅᑖᐦ ᒥᔥᑎᓯᓃᐦ ᓂᔅᑊᐋᔐᐦ ᒉ
ᐊᑯᑎᓂᐱᐦ 2008ₓ

Niels Jensen

ᐊᐱᔒᔥ ᐋᐦ ᑎᐹᒋᒫᑭᓂᐅᐧᐃᒡ ᐄᔨᔨᐅᒡ

ᒌᐦ ᔫᑎᓂᔨᐤ ᐊᓂᔮ ᑳᔑᑳᔨᒡ ᐋᐦ ᓰᑯᓂᔨᒡ, ᐧᐃᔨᐧᐄᑎᒥᐦᒡ ᒦᒋᐧᐋᐦᐱᔑᐦᒡ ᓃᐴ ᐄᑖᐃᒑ ᔒᔑᒥᔫᔥ ᐊᓂᑖᐦ ᐅᓂᑑᐦᐆᑭᒥᑯᐦᒡ ᐊᓂᑖᐦ "ᐊᑦᓯᓐ ᐯᐃ", ᐋᐦ ᓂᓂᔥᐧᑳᐅᔑᐦᑖᑦ ᐋᐦ ᑯᐧᑲᒋᒫᑭᓂᐧᐃᑦ ᐅᐦᒋ ᐅᐱᒫᑎᓰᐧᐃᓐ ᒫᐧᑳᒡ ᑭᓯᐧᐹ ᐊᔮᐱᒡ ᐋᐦ ᓂᑑᐦᑎᐧᐋᑦ ᓂᔅᒃᐦ ᒑ ᐹᐧᑖᑎᒥᔨᒡᐦ᙮ ᑯᐧᑳᒋᒫᑭᓂᐆ ᒫᒃ ᒑ ᒌᐦ ᐧᐄᐦᑎᐦᒃ ᐋᔥᒌᐧᔑᒥᑭᓂᔨᒡ ᐄᔨᔨᐅᔅᒌ, ᐱᔮᐦᐱᐦᐧᑳᔨᑦ ᑭᔮᐦ ᐊᑯᔮᑦ ᐋᐦ ᐧᐋᒥᔥᑎᑯᔒᐅᔨᒥᑦ, "ᑭᓈ ᒑᓐ᙮" ᒦᓐ ᐱᔮᐦᐱᐦᐧᑳᔨᑦ ᑭᔮᐦ ᒦᓐ ᐧᐋᐦᑎᐦᒃ ᐊᓂᔮ ᑳᐦᐄᑦ ᐋᐦ ᐄᔨᔨᐅᔨᒥᑦ, ᐄᔨᔨᐤ ᐅᔮ ᐅᑎᔅᒌ᙮

ᐊᓐ ᒫᒃ ᐄᔨᔨᐅᔅᒌ ᐋᐦ ᐄᓈᓂᐧᐃ ᓅᐦᒋᒦᐦᒡ ᐄᑖᐦᒑ ᐊᐦᑎᑯᐦᒡᐦ᙮ ᐊᓐ ᒫᐅᒡ ᐅᑖᐦ ᐲᔨᐧᒫᐦᑖᐦᒡ ᐋᐦᑎᑯᐦᒡ ᐋᐅᒄ ᐧᐋᐧᓵᓂᐲ; ᐊᓐ ᒫᐅᒡ ᐊᑎᒫᐲᔨᒻ ᐋᐅᒄ ᐧᐋᐱᒫᑯᔥᑐ, ᐋᑯᑎᐦ ᒫᒃ ᐧᐋᒋᑦ ᐄᑖᐃᒑ ᐋᑳ ᐋᐦᑖᒡᐦ ᐊᓂᑖᐦ ᐅᓂᑑᐦᐆᔅᒌᐦᒡ᙮ ᐊᓐ ᒫᒃ ᐧᐋᐱᒫᑯᔥᑐ ᑭᔮᐦ ᐊᓂᐦᐄ ᐊᓂᑎᐦ ᐧᐋᔅᑳ ᐋᐦᑎᑯᐦᒡᐦ ᓂᑑᐦᐅᔅᒌᐦ ᐊᑎᒫᐲᔨᒻ 55 ᐋᑎᓯᓈᑖᒡ ᐋᐦ ᐹᓯᓯᓈᑖᒡ ᐊᔅᒌ ᑭᔮᐦ ᐋᑯᑎᐦ ᐊᐦᑎᑯᐦᒡ ᓅᓈᑲᒃ ᐋᔑᓂᐦᑳᑖᒡ ᐄᔥᒌᒪᐅᔅᒌ᙮

ᐊᓂᐦᐄ ᒫᒃ ᐹᐦᐹᔨᒄ ᐄᔨᔨᐤ ᐃᐦᑖᐧᐃᓐᐦ ᒥᔨᐧᐋ ᐧᐄᔨᐧᐋᐤ ᐧᐃᔮᔨᒪᐧᐃᒡ ᐊᐧᐋᔨᐤᐦ ᒑ ᐅᒋᒫᐦᑳᓂᒥᒡ ᐊᓂᑎᐦ ᐋᔥᑎᐱᔨᒡᐦ ᐧᐄᓂᐹᑯᐦ ᑭᔮᐦ ᓅᐦᒋᒦᐅᐄᔨᔨᐤᐦ ᐋᐦ ᓈᑎᒫᑐᔨᒡᐦ᙮ ᐃᐦᑖᐧᐃᒡ ᒫᒃ ᐄᔨᔨᐅᒡ ᓈᓂᔥ ᐋᐦ ᐋᑎ ᐅᐧᐄᒋᒡ ᐅᑖᐦ ᑭᔮᐦ ᐁᐃᒥᔅ ᑭᔮᐦ ᐹᐤᓪ ᐧᑖᕽ - ᐋᐅᑯᓂᒡ ᒫᒃ ᐅᒌ ᒫᐧᑲᒡ ᐧᐄᐦ ᐧᐃᔨᐱᔨᐦᑖᐧᐃᒡ ᑎᐹᓐ ᑭᔮᐦ ᒑ ᐧᐄᒋᒡ, ᐧᐋᔒᐅᓰᐲᐅᐄᔨᔨᐅᒡ, ᑭᔮᐦ ᒫᐧᑳᒡ ᐱᒦᐦᑭᒧᒡ ᐅᑖᐦ ᑎᐹᔨᐦᒋᑳᓰᓈᐦᒡ ᒑ ᐅᐦᒋ ᒌᐦᑳᔮᐱᒫᑭᓂᐅᐧᐃᒡ ᑭᔮᐦ ᐋᐅᒄ ᒫᒨ ᒑ ᒥᑖᐦᑎᑎᐦᒡᐦ ᐄᔨᔨᐤ ᐃᐦᑖᐧᐃᓐᐦ᙮

ᐅᑎᐦ ᒫᒃ ᒫᐦᒋᒡ ᑳ ᐋᒋᒫᑭᓂᐅᐧᐃᒡ ᐊᐧᐋᓂᒌ ᐅᑎᐦ ᑳᐦᓈᑖᐦ 2006 ᑳ ᐄᑎᓯᓈᑖᒡ ᐋᐦ ᐱᐳᐦᒡ ᐊᐅᔅᑖᐦ ᓈᐅᔑᐧᐹᐤ ᑎᐦᐧᑖᐤ ᒋᔑᒥᑖᐦᑐᒥᑎᓂᐤ ᒌᐦ ᐃᐦᑎᔑᐧᐃᒡ ᐊᐧᐋᓂᒌ ᐅᑖᐦ ᐄᔨᔨᐅᔅᒌᐦᒡ᙮ ᐊᓅᐦᒡ ᒫᒃ, ᔒᔥ ᒑᑲᑦ ᓃᐧᓵᐧᓵᐤ ᑎᐦᐧᑖᐤ ᒋᔑᒥᑖᐦᑐᒥᑎᓂᐧᐋᐧᐃᒡ ᐊᐧᐋᓂᒌ᙮ ᒥᐦᒑᑐ ᒫᒃ ᐄᔨᔨᐅᐧᐃᒡ ᐊᐧᐋᔑᔑᒡ ᐋᔑᑯᒥᐱᐳᓐᐦ, ᑭᔮᐦ ᐊᓂᔮ ᒫᐅᒡ ᒫᐦᒑᑎᒡ ᐋ ᐄᔅᐱᐦᑎᓰᒡ ᐊᐧᐋᓂᒌ ᐋᔪᐧᐃᒄ ᐊᐅᔅᑖᔒᔥ ᓃᔥᑎᓂᐅᓈᐅᔑᑉ᙮ ᐊᓐ ᒫᒃ ᒫᐅᒡ ᒫᔑᒡ ᐃᐦᑖᐧᐃᓐ ᐋᐅᒄ ᒋᔅᓰᐲ, ᐊᐅᔅᑖᐦ ᓈᐧᐋᐤ ᒋᔑᒥᑖᐦᑐᒥᑎᓂᐤ ᐄᐦᑎᔑᐧᐃᒡ ᐄᔨᔨᐅᒡ, 250 ᐄᔥᒌᒫᐅᒡ, ᑭᔮᐦ 300 ᐊᐧᐋᓂᒌ ᐃᔨᐦᒡ ᐋᐦ ᐄᑎᔅᑳᓈᔨᒡ᙮ ᐊᓐ ᒫᐅᒡ ᐋᐱᔑᔑᒡ ᐃᐦᑖᐧᐃᓐ ᐋᐅᒄ ᐄᓯᒫᓐ, ᓅᐦᑖᔑᔥ ᓃᐧᓵᐧᓵᐤ ᑎᐦᐧᑖᐤ ᒥᑖᐦᑐᒥᑎᓂᐤ ᐃᐦᑎᔑᓈᓂᐆ ᐅᑎᐦ ᑭᔨᐧᐹ ᒫᐦᒋᒡ ᑳ ᐊᒋᒫᑭᓂᐅᐧᐃᒡ ᐊᐧᐋᓂᒌ᙮

ᐄᑖᐃᒑ, ᐊᐅᔅᑖᐦ ᑯᐧᑖᔑᒥᑎᓂᐤ ᐃᐦᑐᐳᐧᓈᓯᐤ, ᑭᔮᐦ ᓂᒧᐃ ᐹᔨᑯᓂᐦᒡ ᒫᓐ ᐅᐦᒋ ᐃᔨᐦᑖᐤ ᒫᐧᑲᒡ ᑳ ᐊᐧᐋᔑᔒᐅᐧᐃᑦ᙮ ᒑᑲᑦ ᒫᒃ ᐃᔅᑭᓂᐱᐳᓐᐦ ᒫᓐ ᒌᐦ ᐃᐦᑖᐤ ᐊᓂᑖᐦ ᐅᓂᑑᐦᐅᔅᒌᐦᒡ, ᐊᓂᑎᐦ ᑳ ᐅᔑᐦᑖᒡ ᐋᐦ ᐅᔥᑳᔨᒡ ᐧᐄᒋᐧᐋᐤ ᑭᔮᐦ ᓂᔮᓂᑯᑑᓐᐦ ᐊᓂᑎᐦ ᔒᔥ ᐋᐦ ᒌᐦ ᐧᐄᒋᓈᓂᐧᐃᐧᐃᔨᒡ ᐋᑯᑎᐦ ᑳ ᒌ ᐧᐄᒋᒡ ᐋᑎ ᐱᐹᒥᐱᒋᐧᑖᐤᐦ᙮ *ᓂᒋᔅᒋᔨᓐ ᐊᓐ ᓃᐧᔑᔥᒡ ᑳᐦᑐᐳᐧᓈᓯᔮᓐ, ᑳ ᒋᑭᓵᒪᔮᓐ ᑭᔮᐦ ᓈᔥᒡ ᐹᔓᒡ ᓅᐦᑯᒻ ᐋ ᐃᐦᑖᑦ ᐋᑯᑎᐦ ᑳᐦᑖᔮᓐ, ᒌᐦ ᒋᔒᔨᔥᐧᑲᔑᐆ* ᑭᔮᐦ ᓂᒧᐃ ᓈᔥᒡ ᐅᐦᒋ ᒌᐦ ᒪᒌᐤ ᑳᐦᑎᔨᒡᐦ ᐊᓂᔮᐦ ᑯᑎᒃᐦ᙮ ᐋᔪᐧᐃᒄ ᐊᓂᔮ ᐹᐳᓂᔨᒡ ᑳ ᐴᓂᐱᒫᑎᓰᑦ᙮ ᐊᓂᔮ ᒫᒃ ᐋᐦ ᐹᔨᑯᑖᐅᓰᑦ ᐄᑖᐃᒑ ᒨᔥ ᑯᑎᒃᐦ ᐊᐧᐋᔨᐤᐦ ᑭᔮᐦ ᒌᐦ ᐧᐄᒋᒪᐧᐃᒡ ᐅᑖᐦ ᒥᔮᒧᐧᐄᐧᑖᐤᐦ ᐋᐦ ᐧᐃᔨᐧᐋᔨᒡ ᐊᓂᔮ ᓰᐲᔨᐤ ᐧᐋᐱᒫᑯᔥᑐᐦᒡ᙮

ᐊᓂᔮᐦ ᒫᒃ ᐅᑖᓂᔥᑭᐧᐃᔒᒻᐦ ᐋᔪᐧᐃᒄ ᑭᔮᐦ ᑲ ᐄᔑ ᐱᒫᑎᓯᔨᒡᐦ ᐋᑳ ᓈᐅᔥ ᐹᔨᑯᓂᐦᒡ ᐃᐦᑖᔨᒡᐦ᙮ ᐅᒌ ᒫᒃ ᐄᔨᔨᐅᒡ ᐊᓂᔮ ᐋᑎ ᐊᔑᐱᔨᔨᒡᐦ ᒥᔅᑯᒦᐦ ᐋᑯᑖᐦ ᑳᐦ ᐋᑎ ᐃᔨᐦᑖᒡ ᐅᑖᐦ ᐄᔑ ᐅᑖᐦᒡ ᓂᔮᐧᔮᐤ ᑎᐦᐧᑖᐤ ᒋᔑᒥᑖᐦᑐᒥᑎᓂᐧᐋᐱᐳᓐᐦ ᑭᔮᐦ ᐋᑯᑎᐦ ᑳᐦ ᐋᑎ ᐃᔨᐦᑖᒡ ᐅᔮ ᐊᔅᒌᔨᐤ, ᐄᔨᔨᐅᔅᒌ ᐋᔑᓂᐦᑳᑎᐦᒡᐦ᙮ ᐄᔅᑯᑎᒃ ᒫᒃ ᑲ ᐋᑎ ᒌᔓᐧᐹᔮᔨᒡ, ᐊᓂᑎᐦ ᐋᑳ ᐅᐦᒋ ᓂᐦᑖᐅᒋᒡ ᒥᔥᑎᑯᒡ ᑳᐦ ᐋᑎ ᓂᐦᑖᐅᒋᒡ, ᑭᔮᐦ ᑳᐦ ᐋᑎ ᐃᐦᑖᒡ ᓂᓈᐦᑭᐤ ᐊ ᐄᓯᓈᑯᓯᒡ ᐋᐧᐋᓯᓯᒡ᙮ ᒥᒄ ᐊᓂᔮ ᐋᑎ ᐃᔨᑖᔨᐦᑖᑯᓂᔨᒡ ᐊᓂᑎᐦ ᐋᐦᑖᒡ ᐋᑯᑎᐦ ᑳᐦ ᐋᑎ ᒋᔅᒑᐦᑎᐦᒡ ᑭᔮᐦ ᐧᐄᔨᐧᐋᐤ ᐄᔨᔨᐅᒡ ᐊᓂᑖᐦ ᒑ ᒌ ᐄᔑ ᐱᒫᒋᐦᐅᒡ, ᐋᐦ ᓂᑑᐦᐅᒡ, ᐋᐦ ᓂᑑᔪᐧᐃᓈᒡ, ᐋᐦ ᓅᑎᒫᓯᒡ, ᑭᔮᐦ ᐋᔪᐧᐃᒄ ᑳ ᒌ ᐃᐦᑎᒡ ᐋᐦ ᒫᐅᒋᐦᑖᒡ ᒦᓂᔥᐦ, ᓅᐲᐦ, ᑭᔮᐦ ᐅᑎᐲᐦ᙮ ᐋᑯᑎᐦ ᑳᐦ ᐅᐦᒋ ᐅᔑᐦᑖᒡ ᐊᓂᔮ ᒑᐧᑳᔨᐤ ᒑ ᐃᔮᐱᒋᐦᑖᒡ ᐅᔅᑭᓐᐦ ᐋᐦ ᐋᐱᒋᐦᑖᒡ; ᐊᑐᔅᐦ ᐊᓯᓃᐦ ᐋᐦ ᐋᐱᒋᐦᐋᒡ, ᐊᐦᒑᐲᐦ, ᐊᑭᔅᒄᐦ, ᐊᐱᔥᑎᐧᐋᔑᔥ ᐋᐦ ᓂᔪᒫᑭᓂᐧᐃᑦ, ᐋᓵᒻᐦ, ᐊᔑᒫᑭᓐᐦ, ᑭᔮᐦ ᐄᔨᑖᐸᓈᔅᒄᐦ; ᓂᓈᐦᑭᐤ ᐊ ᐄᔑᓈᑯᐦᑖᒡ ᐧᐄᒋᐧᐋᐤᐦ, ᐆᑐᑎᐧᐋᐤᐦ, ᑭᔮᐦᑭᔅᒋᐦᐧᑳᐧᐋᓂᐧᐃᑦᐦ; ᑭᔮᐦ ᐅᑎᑭᐦᐅᐧᐃᓂᐧᐋᐤᐦ, ᐅᑖᐧᐋᐦᐄᑭᓂᐧᐋᐤᐦ, ᐅᑎᐦᐄᐲᐧᐋᐤᐦ, ᑭᔮᐦ ᐲᔑᑭᓈᐲᐦ ᓂᓈᐦᑭᐤ ᐲᔑᑭᓂᔨᐤ ᐋᐦ ᐋᐱᒋᐦᑖᒡ᙮ ᓂᓈᐦᑭᐤ ᒫᒃ ᒌᐦ ᐄᔑᓈᑯᓂᔨᐤ ᒑᐧᑳᔨᐤ ᐋᐦ ᓂᐦᑖᐅᒋᓂᔨᒡ ᐋᐦ ᐋᐱᒋᐦᑖᒡ ᐃᔮᐦᑯᔨᐧᑖᐤᐦ ᑭᔮᐦ ᒫᒃ ᐧᐋᔑᑯᐦᐄᔨᐧᑖᐤᐦ᙮

ᐧᒫᐦᒡ ᐊᓂᔮ ᒑᐧᑳᔨᐤᐦ ᑳ ᐄᔑ ᐃᔮᐱᒋᐦᑖᒡ, ᐊᓂᔮ ᑳ ᐄᔑ ᓅᑯᐦᑖᒡ ᒥᔨᐧᐊ ᒑᐧᑳᔨᐤ ᐋᐦ ᒋᔥᑖᔨᐦᑎᐦᒡᐦ ᐋᑯᑎᐦ ᑳ ᐅᐦᑎᓂᐦᒡᐦ ᐊᓂᑎᐦ ᐊᓂᔮ ᑳ ᐄᔑᓈᑯᓂᔨᒡ ᑭᔮᐦ ᑳ ᐄᑖᔨᐦᑖᑯᓂᔨᒡ ᐧᐋᔅᑲ ᐊ ᐃᐦᑖᒡ᙮ ᒌᐦ ᑖᐧᐹᐦᑎᒧᒡ ᒥᔨᐧᐊ ᐊᐧᐋᓯᔅᐦ ᐋᐦ ᐅᑎᐦᒑᐦᑯᓯᐤᐦ ᑭᔮᐦ ᒌᐦ ᑖᐧᐹᐦᑎᒧᒡ ᐋᐦ ᐄᐦᑎᑯᓂᔨᒡ ᓈᔥᒡ ᐋᐦ ᒍᐦᒑᐦᑖᑯᓂᔨᒡ ᐋᐦ ᐅᑎᐦᑎᑯᒡ ᓂᔮᓂᑯᑑᓐᐦ ᐋᑳ ᐅᑎ ᐊᔅᒌᐦ ᐅᐦᒋᐱᔨᔨᒡ; ᒌᐦ ᐋᐱᒥᐦᐋᐧᐃᒡ ᒥᑖᐤᐦ - ᒑ ᒌᐦ ᐧᐄᒥᐦᐄᑯᒡ ᑯᐃᔅᒄ ᒑ ᒌ ᐄᔑ ᑲᐳᐧᐃᔥᑎᐦᒡᐦ ᐊᓂᔮ ᒑᐧᑲᔨᐤ ᐧᐊᐦᒋᔅᒑᐦᑎᔮᑭᓂᐅᐧᐃᒡ᙮ ᒌᐦ ᐃᐦᑎᑯᓂᔨᐤ ᒑᐧᑲᔨᐤ ᔮᔨᑖ ᐋ ᐄᐦᑐᑎᐦᒡᐦ ᐋᐦᐧᒫᔮᐦ, ᒫᐧᑲᒡ, ᑭᔮᐦ ᑳ ᒌᔑ ᓂᑑᐦᐅᐧᑖᐤᐦ ᐊᓂᑎᐦ ᒑ ᒌ ᐅᐦᒋ ᐧᐋᐱᐦᑎᔮᒡ ᐋᐦ ᒋᔓᑖᔨᒫᒡ ᐊᓂᔮᐦ ᐊᐧᐋᔨᐤᐦ ᑳ ᐱᒋᔅᑎᓃᒍᔨᒡᐦ ᐊᓂᑎᐦ ᐧᐄᔨᐧᐋᐤ ᒑ ᒌ ᐅᐦᒋ ᐱᒫᒋᐦᐅᒡ᙮ ᐋᑯᑖᐦ ᒫᒃ ᑖᐧᐹᐦ ᑳ ᐄᔑ ᐧᐋᐱᐦᑎᐦᒡᐦ, ᐊᓂᔮ ᒦᒋᒥᔨᐤ ᑳ ᓂᐱᐦᑖᒡ ᐃᔨᐦᐱᓂᒡ ᒌᐦ ᐱᒋᔅᑎᓃᒍᔨᐤᐦ ᐊᓂᔮᐦ ᐊᐧᐋᓯᔅᐦ ᑭᔮᐦ ᒌᐦ ᒋᔅᒑᔨᐦᑎᒧᒡ ᐋᑲ ᑯᐃᔅᒄ ᐃᐦᑐᑎᐧᐊᐧᑖᐧᐊ ᐊᓂᔮᐦ ᐊᐧᐋᓯᔅᐦ ᐋᑯᑎᐦ ᒑ ᒌ ᐅᐦᒋ ᐄᔑᓈᑯᓂᔨᒡ ᐋᑳ ᒑ ᐱᔅᒋᓃᒍᔨᒡᐦ ᒑ ᒌᐦ ᓂᐱᐦᐋᒡ᙮

ᐅᑖᐦ ᒫᒃ ᐄᔨᔨᐅᔅᒌᐦᒡ ᓈᔓᑖᐧᐹᐦ ᔨᐲᔅᑳᐤ ᐋᑯᑎᐦ ᒫᒃ ᐧᐊᐦᒋ ᒌᐦ ᐄᔑᓈᑯᓂᔨᐤ ᐄᔨᔨᐤ ᑭᔮᐦ ᒑ ᒌᐦ ᐧᐄᒥᐦᐄᐧᐊᑦ ᐋᐦ ᓅᒋᔪᐧᐃᓈᓂᐧᐃᐧᐃᔨᒡ ᐧᒫᐦᒡ ᑭᔮᐦ ᐊᓂᔮᐦ ᑯᑎᒃᐦ ᐄᔨᔨᐤᐦ ᐅᑖᐦ ᐲᔨᐧᒫᐦᑖᒡ ᐊᐦᑖᔨᒡᐦ᙮ ᐄᔅᑯᑎᒃ ᒫᒃ ᑲ ᐊᑎ ᐅᑎᐦᒋᐱᔨᒡ 1600 ᑳ ᐄᒥᔓᑖᒡ ᐋᐦ ᐱᐳᐦᒡ, ᐋᑯᑖᐦ ᑳᐦ ᐄᑎᔑᐦᐋᒡ ᐅᑎᔪᐧᐃᓂᐧᐋᐤ ᒑ

Stephanie Sheshamush stands at the entrance to the cooking tent at her family's bush camp northeast of Whapmagoostui during goose break in May of 2009.

Mai 2009. Stephanie Sheshamush devant l'entrée de la tente cuisine du campement familial au nord-est de Whapmagoostui lors du « congé des oies » (*goose break*).

ᑯᐸᐃᓇ ᔅᓇᐴᒋᓐ ᐸᑊ ᒥᐱᑯᐸ ᐊᓇᑎ" ᐅᒦᕆ·ᐊ"ᐱᒋᔅ·ᐊ"ᕐ ᐅᑦ" ᐊᑎᒸᐌᕈ ᑭᕐ" ·ᐊᒡᓄᑦ" ᐊᑦ"ᒥ ·ᐊᐱᒡᑐᐤ" ᒫᑊᑊ ᐊ" ᓅᕐᐱᕐᓲ·ᐊᓇ·ᐃ·ᐃᕐ ᐊᓅ·ᒪᑯᐱᒻ" ᑴ ᐊᑯᕐᓇᕐ" 2009 ᑴ ᐃᕐᔡᕐ ᐊ" ᐱᐳᓇᕐ.

Louise Abbott

Louise Abbott

Canoeists arrive in Wemindji in July of 2009 after a trip to retrace the route that settlers of the community followed in 1959. While motorboats have largely replaced canoes for water transportation, the canoe still holds an important place in Cree culture. Some communities hold annual canoe brigades that follow historic routes and enable youth to learn survival skills and cultural traditions in the bush.

Wemindji, juillet 2009. Des canoéistes reviennent d'une expédition retraçant la route suivie par ceux qui établirent la communauté en 1959. Bien que les bateaux à moteur aient pratiquement remplacé les canoës, ces derniers demeurent importants à la culture crie. Certaines communautés forment des brigades de canoës annuelles qui suivent des routes historiques et permettent aux jeunes d'apprendre la survie et les traditions culturelles en forêt.

ᐯ ᒥᔅᑲᓂᐧᐃᐤ ᐅᑕᐦ ᐧᐃᒦᓂᔥᒡᐦᐤ ᐅᐱᔥᑯᐲᓯᒻ 2009 ᐯ ᐃᓯᔅᒑᐤ ᐋᐦ ᐱᔾᐳᐤ ᓂ̇ᐦᒑᐤ ᐊᓂᒑᐦ ᐧᐋᔥᐲ ᐯ ᓃ ᐱᒥᔥᑳᓂᐧᐃᐃᓯᐤ ᐋᐦ ᓀᐦ ᐱᒥᔥᒡ ᐯ ᐋᐦᑎᐱᐦᐋᑉᓂᐅᐧᐃᐤ ᐊᓂᒡᐦ ᐋᔭ ᐧᐃᒦᓂᔥᒡᐦᐤ 1959 ᐯ ᐃᓯᔅᒑᐤ ᐋᐦ ᓂ̇ᐱᓯᓂᔥᐤₓ ᐋᒡ ᒫᐯ ᒫᐯᒡ ᐢᐱᐦ ᒨᔥ ᐋᐱᐦᒡᐋᑌ ᐋᔅᐯᐤ ᐯᐱᑎᐱᒦᔥᐦᐃᔭᐤ, ᐋᔑᐲᐤ ᐁ̇ ᐢᐦ ᓯᑕᒫ·ᐋᐦᒡᑖᐋ ᐋᐦ ᐱᒦᒦᓂ·ᐃᐤₓ ᐱᔥᐦ ᒫᐯ ᐅᑕᒡ ᐃᔅᔦᐅᔥᑲᐧᐦᒡ ᐋᔅᒡᒥᒑ·ᐦᐋᐋ ᐱᒣᔥᐦᒪ·ᐅ ᐋᓂᒡᐦ ᐱᔾ·ᐋ ·ᐋᔥᐱᐤ ᐯ ᓃ ᐱᒣᔥᐦᑯᐅᐃᐤ ᐱᐢᐦ ᐋᑎᐦ ·ᐋᐦᒥ ᓯᔅᒡᐢᑎᓕᔥ ᐅᔥᓃ̇ᒦᔥᔥᐅᐤ ᑌᐋᒡᐦ ᒫ ᐃᐦᐱ ᐋᓂᒡᐦ ᐱᐧᐦᒥᔥᑭᒦᐦᑐᒡ ᐋᐱ ·ᐁ̇ᐦ ᐱᓯᒦᐅᐳᐋᓂ·ᐋ·ᐃᐤₓ

Louise Abbott

Guitarist Randy Kakabat and fiddler David Ratt perform in Wemindji during the community's fiftieth-anniversary celebrations in 2009.

Wemindji, 2009. Le guitariste Randy Kakabat et le violoniste David Ratt jouant lors des célébrations du cinquantième anniversaire de la communauté.

ᖁ ᒋᔫᐦᑭᐤ ᕐᐊᓅ ᑳᖃᐸᒡ ᑭᔫᐦ ᑌᐃᕝᒡ ᕐᐊᒼ ᒫᐧᑲᐤ ᖁ ᒦᒥᑑᐧᐃᐦᐅᔨᒥᐧᐋᐤ ᐅᑕᐦ ᐧᐃᒥᓅᐦᒡ ᖁ ᐅᑎᐦᕐᐃᓐᑖᒋᑦ ᓂᔫᒀᒋᓂᐧᐊᐳᐦ ᐋᐦ ᒋᐦᒋᔑᐦᑎᐦᒡ ᖁ ᐋᐦᐱᔅ ᐋᐦᑎᐳᐦ 2009 ᖁ ᐃᕐᐧᑖᔥ ᐋᐦ ᐱᐳᓂᔥᒡ

ᐄᑎᔑᐦᐄᑭᓂᐧᐃᐧᐃᔨᒡ ᐊᓂᑖᐦ ᐱᔥᑎᐧᑳᔮᐅᐊᑖᐧᐋᔨᐤᐦ ᐋᐦᑖᔨᒡᐦ ᐅᑖᐦ ᓴᐃᓐᑦ ᐧᓛᓇᓂᔅ ᔩᐲᐦᒡ᙮ ᐊᓂᔮ ᐹᐳᓂᔨᒡ 1611 ᐹᔨᒄ ᐄᔨᔨᐤ ᒌᐦ ᓂᒋᔥᑭᐧᐋᐤ ᐧᐋᒥᔥᑎᑯᔒᐅᐊᑖᐧᐋᔨᐤᐦ - ᐅᑖᐦ ᑳᒥᒋᐦᒋᐦᑭᒦᐦᒡ ᐋᐦ ᒌᐦ ᐅᐦᒋᐱᔨᔨᒡᐦ "ᐁᓐᓅ "ᐊᑦᓯᓐ" - ᐅᑖᐦ ᔮᔮᐤ ᐋᐦ ᐧᐋᔒᔨᒡ ᒐᒃ ᒉᐃᒥᔅ ᐯᐃᐦ ᑳ ᐄᔑᓂᐦᑳᑎᑭᓂᐧᐃᐧᐃᔨᒡ᙮ ᑳᐦ ᐄᑖᒋᒧᔨᒡᐦ ᒫᒃ ᐊᓂᔮᐦ ᐊᐧᐋᔨᐤᐦ ᑳ ᐃᐦᑖᔨᒡᐦ ᑳ ᐧᐋᐱᒥᑯᑦ, ᐆ ᓂᑑᐦᐆᔨᐤ ᐹᔨᒄ ᒨᐦᑯᒫᓂᔨᐤ ᒌᐦ ᒥᔨᑰ, ᒌᐦᑭᐦᐄᑭᓂᔨᐤ, ᐧᐋᐱᒦᓯᐧᐃᓂᔨᐤ, ᑭᔮᐦ ᔨᒋᐹᔒᓐᐦ ᐋᔭᐧᐃᑯᓐᐦ ᑳ ᒥᔨᑯᑦ ᑳ ᒥᔮᑦ ᓃᔓ ᒦᔥᑎᐦᑰᐃᐦ ᑭᔮᐦ ᓃᔓ ᐊᒥᔅᑯᔮᓐᐦ᙮ ᒐᑲᑦ ᓂᒥ ᐅᐦᒋ ᒥᔮᐤ ᐊᓂᔮᐦ ᒦᓐ ᐊᑎᐦᑯᔮᓐᐦ ᐄᔅᑯᑎᒃ ᐹᔨᒄ ᑳᐦ ᒥᔮᑦ, ᒐᒃ ᑭᔨᐧᐹ ᑳᐦ ᒥᔮᑦ ᒥᒄ ᒫᒃ ᓂᒧᐃ ᒦᓐ ᐅᐦᒋ ᓂᑎᐧᐋᐱᒫᐤ ᒐ ᒌᐦ ᐱᒋᔅᑎᓂᐦᒃ ᒦᓐ ᐅᑎᔭᐧᐃᓐ᙮

ᒐᒃ ᒫᒃ ᑳᐦᑎᒡ ᐄᔨᔨᐅᒡ ᐋᐦ ᐊᑖᐧᐋᔥᑎᒧᐧᐋᒡ ᐅᑎᔭᐧᐃᓂᐧᐋᐤ ᐱᔥᑎᐧᑳᔮᐤᐦ ᓈᑖᐦ ᐋᐦ ᐋᑎ ᐃᔨᐦᑖᒡ ᐋᐦ ᒌᐦ ᐹᒋ ᐄᔑᒋᒫᔨᒡᐦ, ᐋᐦ ᐱᒥᔥᑲᔨᒡᐦ ᐊᓂᑎᐦ ᓈᐦᐋᐤᐦ ᔖᔥ ᒨᔥ ᑳ ᒌ ᐱᒥᔥᑳᓂᐧᐃᐧᐃᔨᒡ᙮ ᑭᓇᔅᑏᓂᐤ ᒫᒃ ᒌᐦ ᐄᔑᓂᐦᑳᑖᐧᐃᒡ ᐊᓂᒌ ᐱᔥᑎᐧᑳᔮᐅᒡ ᐊᓂᔮᐦ ᐄᔨᔨᐤᐦ᙮ ᐅᑖᐦ ᐅᒋᐱᐧᐁᐃ ᐄᔨᔨᐤᐦ ᐄᑖᐦᒐ ᐋ ᐃᔨᐦᑖᔨᒡᐦ ᐋᑯᑖᐦ ᑳ ᐅᐦᒋᐱᔨᔨᒡ ᐊᓂᔮ ᑳ ᐄᔑᓂᐦᑳᑖᒡ᙮ ᒥᒄ ᓂᒧᐃ ᐧᐄᐦᑖᑯᓂᔨᐤ ᐋᔥᒌᐧᔖᒥᑭᓂᔨᒡ; ᐋᔭᐧᐃᑯᓐᐦ ᐋᑖᔨᒫᑭᓂᐅᐧᐃᒡ ᐊᓂᔮᐦ ᐄᔨᔨᐤᐦ ᐹᔨᑯᔨᒡ ᐋᐦᑖᔨᒡᐦ ᐅᑖᐦ ᑯᐯᒃ ᑳ ᐄᔑᓂᐦᑳᑖᒡ᙮ ᐋᑯᑎᐦ ᒫᒃ ᒥᒄ ᑭᓈ ᑳ ᐄᔑᓂᐦᑳᑖᑭᓂᐅᐧᐃᒡ, ᐋᐦ ᐧᐋᒥᔥᑎᑯᔒᐅᓂᐦᑳᑖᑭᓂᐅᐧᐃᒡ᙮ (ᐋᑯᑖᐦ ᑭᔮᐦ ᐋᔑᓂᐦᑳᑖᑭᓂᐅᐧᐃᒡ ᑭᓈᔅ ᐋᐦ ᒥᐦᒐᑎᒡ᙮) ᐋᑯᑎᐦ ᑳ ᐅᐦᒋᐱᔨᔨᒡ ᑭᔮᐦ ᐅᑖᐦ ᑯᐯᒃ ᒐ ᐄᔑᓂᐦᑳᑖᑭᓂᐅᐧᐃᒡ ᑭᔮᐦ ᐅᑖᐦ ᐅᓐᑌᓈᔨᐤ, ᒫᓂᑐᐹ, ᓵᔅᑲᒋᐧᐋᓐ ᑭᔮᐦ ᐧᒫᓐᑖᓈ ᐅᑖᐦ ᒥᔑᒨᐦᑯᒫᓂᔅᒌᐦᒡ᙮

ᐊᓂᔮ ᒫᒃ ᑳ ᐱᐳᓂᔨᒡ 1668 ᐅᒌ ᐅᑖᐦ ᑳᒥᒋᐦᒋᐦᑭᒦᐦᒡ ᑳ ᐅᐦᒋᐧᐄᔓᒫᑭᓂᐅᐧᐃᒡ ᒌᐦ ᐧᐃᔨᑳᐳᐧᐃᐦᑖᐧᐃᒡ ᐅᑎᑖᐧᐋᐅᑭᒥᑯᐧᐋᐤ ᐅᑖᐦ ᐄᔨᔨᐅᔅᒌᐦᒡ ᐊᓂᑎᐦ ᐋᐦ ᐧᐃᔨᐧᐋᔨᒡ ᐧᐋᔅᑳᐦᐄᑭᓂᔑᔒᐅᔩᐱᔨᐤ ᐊᓂᔮ ᑳ ᐄᔨᓂᐦᑳᓱᔨᒡᐦ ᐊᓂᔮᐦ ᐹᔨᒄ ᐅᒋᒫᒥᐧᐋᐤᐦ ᐆᐱᕐᑦ ᐅᑖᐦ ᒋᔥᒧᒋᒫᐅᐧᐃᓂᓈᐦᒡ ᑳ ᐄᔑ ᐧᐄᐦᒋᔨᐦᑎᐦᒡᐦ᙮ ᓈᔥᑖᐧᐹᐦ ᒫᒃ ᒌᐦ ᒋᔑᐱᔨᐤ ᐊᔨᒧᐧᐃᓐ ᐄᔅᑯᑎᒃ ᑳ ᐹᒋ ᐃᐦᑖᑦ ᑳᒻᐱᓃ ᐅᑖᐦ᙮ ᐊᓂᔮ ᐋᑎ ᔩᑯᓂᔨᒡ, ᓂᔥᐧᑖᐤ ᒥᑖᐦᑐᒥᑎᓂᐤ ᒌᐦ ᑎᑯᔑᓂᒡ ᐄᔨᔨᐅᒡ ᐋᐦ ᐊᑖᐧᐋᒡ ᐅᑎᔭᐧᐃᓂᐧᐋᐤ, ᒦᔥᑯᒡ ᑳᐦ ᒥᔮᑭᓂᐅᐧᐃᒡ ᒐᐧᑳᔨᐤ ᐋᐦ ᒋᔥᑖᐱᒋᐦᑖᒡ, ᐱᑯᓂᒐ ᐹᔅᒋᔨᑭᓐᐦ ᑭᔮᐦ ᐹᔅᒋᑭᓈᐱᒋᐦᑖᐧᐃᓂᔨᐤ, ᒋᒡ ᑭᔮᐦ ᐱᐧᔮᐱᔅᐧᑲᐱᒋᐦᑖᐧᐃᓐᐦ ᑭᔮᐦ ᐧᐄᔥᑭᒐᓈᐱᒋᐦᑖᐧᐃᓐᐦ, ᐊᑎᑎᐤ ᑳᐦ ᐧᐋᒋᔨᑯᒡ ᒐᐧᑳᔨᐤ ᐋᐦ ᐅᔑᐦᑖᒡ᙮ ᐊᓂᑖᐦ ᒫᒃ ᑳᒥᒋᐦᒋᐦᑭᒦᐦᒡ ᐋᑯᑖᐦ ᑳ ᐄᑎᔑᐦᐄᑭᓂᐧᐃᒡ ᐊᓐ ᐊᔭᐧᐃᓐ, ᑭᔮᐦ ᐋᑯᑎᐦ ᓈᔥᒡ ᑳᐦ ᒋᔨᐱᐦᐄᑭᓂᐧᐃᒡ ᐋᐦ ᐅᑎᓂᒐᓂᐧᐃᒡ᙮ ᐊᓂᔮᐦ ᒫᒃ ᑳ ᐄᔥᐱᔥ ᐅᔑᐦᐋᒡ ᔓᐧᐃᔮᓐᐦ ᑭᔮᐦ ᑳᐦ ᒋᔅᒐᔨᐦᑎᐦᒃ ᒐ ᒌᐦ ᐅᐦᑎᔩᐧᐋᒐᑦ ᐊᓂᔮ ᐊᔭᐧᐃᓂᔨᐤ ᐋᑯᑎᐦ ᑳ ᐄᑖᔨᐦᑎᐦᒃ ᒐ ᐅᔑᐦᑖᑦ ᑳᒻᐱᓃᔨᐤ ᐧᐄᔨ ᒐ ᓃᑳᓃᑦ ᐋᐦ ᐅᑎᓂᐦᒃ ᐊᔭᐧᐃᓂᔨᐤ ᐅᑖᐦ ᐆᐱᕐᑦᔅ ᓛᓐ - ᐅᑖᐦ "ᐊᑦᓯᓐ ᐯᐃᐦ" - ᑭᔮᐦ ᐋᑯᑖᐦ ᑳ ᐄᔑᓂᐦᑳᑖᒡ ᐆ "ᐊᑦᓯᓐ ᐯᐃᐦ" ᑳᒻᐱᓃ᙮

ᐊᐅᔅᑖᐦ ᒫᒃ 150 ᑎᐦᑐᐱᐳᓐᐦ, ᐊᓐ ᑳ ᐄᔥᐱᔥ ᓂᑎᐧᐋᔨᐦᑖᑯᐦᒡ ᐊᔭᐧᐃᓐ, ᒫᔑᐅᐦᐋᑲ ᐊᒥᔅᑯᔮᓐ, ᓈᔥᑖᐧᐹᐦ ᒌᐦ ᒧᒋᒋᐦᐄᐧᐋᐤ ᐅᑖᐦ ᔭᓇᐸ, ᐋᑯᐦ ᐊᓂᔮᐦ ᑭᔮᐦ ᒦᔥᑯᒡ ᑳ ᐅᑎᓂᐦᒡᐦ ᐄᔨᔨᐅᒡ, ᐹᔅᒋᔨᑭᓐᐦ ᑭᔮᐦ ᐊᓂᔮ ᒐᐧᑳᔨᐤ ᒐ ᐃᔮᐱᒋᐦᑖᒡ, ᒌᐦ ᒧᒋᒋᐦᐄᑯᐧᐃᒡ ᑭᔮᐦ ᐅᑖᐦ ᐄᔨᔨᐅᔅᒌᐦᒡ᙮ ᐊᓂᒌ ᒫᒃ ᐄᔨᔨᐅᒡ ᓂᒧᐃ ᐅᐦᒋ ᐴᓃᐧᐃᒡ ᐋᐦ ᓂᑑᐦᐅᒡ ᑭᔮᐦ ᐋᐦ ᐧᐃᓂᐦᐄᒐᒡ ᐊᓂᑎᐦ ᒐ ᒌ ᐅᐦᒋ ᐱᒫᒋᐦᐅᒡ ᒥᒄ ᒫᒃ ᐊᓂᔮ ᐋᔥᑯᓂᐦᒡ ᐋᔭᐧᐃᒄ ᑳᐦ ᐊᑖᐧᐋᒡ ᐊᔭᐧᐃᓂᔨᐤ᙮ ᐊᓐ ᒫᒃ "ᐊᑦᓯᓐ ᐯᐃᐦ" ᑳᒻᐱᓃ ᒦᓐ ᒌᐦ ᐅᔑᐦᑖᐤ ᐊᑖᐧᐋᐅᑭᒥᒄᐦ ᐅᑖᐦ ᐧᐄᓂᐹᑯᐦᒡ ᑭᔮᐦ ᐅᑖᐦ ᓅᐦᒋᒦᐦᒡ᙮ ᑯᑎᑭᒡ ᒫᒃ ᑳᒻᐱᓃᒡ ᑭᔮᐦ ᐸᐦᐹᔨᒄ ᐊᐧᐋᓂᒌ ᒌᐦ ᐅᑎᓂᒧᒡ ᐊᔭᐧᐃᓂᔨᐤ, ᐱᔥᑎᐧᑳᔮᐅᒡ ᑭᔮᐦ ᐊᓂᒌ ᔅᐧᑳᑦᓚᓐ ᑳ ᐅᐦᒌᒡ, ᐋᐦ ᑯᒋᐦᑖᒡ ᑭᔮᐦ ᐧᐄᔨᐧᐋᐤ ᐧᒫᐦᒡ ᐊᓂᔮᐦ "ᐊᑦᓯᓐ ᐯᐃᐦ" ᑳᒻᐱᓃᐦ, ᓃᔥᑎᒻ ᒥᒄ ᑳ ᐹᔨᑯᔨᒡᐦ ᐊᔭᐧᐃᓂᔨᐤ ᐋᐦ ᐅᑎᓂᒥᔨᒡᐦ᙮ ᐊᓂᔮ ᒫᒃ ᐋᐦ ᒌᐦ ᐧᐄᐦ ᐱᔅᒌᔮᑐᒡ, ᑯᑎᑭᒡ ᓂᒧᐃ ᑯᐃᔅᒄ ᐅᐦᒋᔥᑐᑎᐧᐋᐧᐃᒡ ᐄᔨᔨᐤᐦ, ᐋᐦ ᐧᐃᓈᒋᐦᑖᐧᐋᒡ ᑯᑎᒃᐦ ᐊᐧᐋᔨᐤᐦ ᐅᒑᐧᑲᓂᒥᔨᐤᐦ ᐅᑎᑖᐧᐋᐅᑭᒥᑯᔨᐦᒡ ᑭᔮᐦ ᐋᐦ ᒥᓂᐦᐋᒡ ᐊᓂᔮᐦ ᓂᑑᐦᐅᔨᐤᐦ ᐃᔥᑯᑖᐧᐋᐳᔨᐤ᙮ ᐋᑯᐦ ᐧᐄ ᐊᓂᒌ ᐄᔨᔨᐅᒡ ᑳᐦ ᒋᔅᒐᔨᒫᒡ ᐅᔮ ᐋ ᐄᐦᑐᑖᑐᔨᒡᐦ, ᐋᑯᐦ ᐊᓂᑖᐦ ᐊᓂᔮᐦ ᒫᐅᒡ ᑖᐱᐦᐋᒥᔨᒡᐦ ᐊᔭᐧᐃᓂᔨᐤ ᐋᔭᐧᐃᑯᓐᐦ ᑳᐦ ᒥᔮᒡ, ᐊᓂᔮᐦ ᒫᐧᔮᔨᒡᐦ ᐅᒑᐧᑲᓂᒥᔨᐤᐦ ᑭᔮᐦ ᐊᓂᔮ ᐋᑎ ᐃᔨᐦᑐᑎᒫᑯᒡ ᒐᐧᑳᔨᐤ᙮ ᐹᑎᔥ ᒫᒃ ᐊᓂᔮ ᑳ ᐅᑎᐦᒋᐱᔨᔨᒡ 1820 ᐋᐦ ᐱᐳᓂᔨᒡ ᐋᑯᑎᐦ ᐄᔮᒄ ᒐᑳᑦ ᐧᐄᔨ ᒥᔨᐧᐊ "ᐊᑦᓯᓐ ᐯᐃᐦ" ᑳᒻᐱᓃ ᑳᐦ ᐅᑎᓂᐦᒃ ᐊᔭᐧᐃᓂᔨᐤ ᐅᑖᐦ ᐄᔨᔨᐅᔅᒌᐦᒡ᙮ ᐹᑎᔥ ᒫᒃ ᓈᔥᒡ ᐹᑎᒫ ᐋᑯᐦ ᑯᑎᑭᒡ ᐊᑖᐧᐋᔨᐅᒡ ᑳ ᐃᐦᑖᒡ᙮

ᓃᔥᑎᒻ ᑳ ᐋᑎ ᐅᐧᐃᑎᓂᑭᓂᐧᐃᒡ ᐊᔭᐧᐃᓐ, ᓂᒧᐃ ᓈᔥᒡ ᐅᐦᒋ ᓂᒋᔥᑭᐧᐋᐧᐃᒡ ᐧᐄᔨᐧᐋᐤ ᐄᔨᔨᐅᒡ ᐊᓂᔮᐦ ᑳᐦ ᐅᑎᓂᒥᔨᒡᐦ ᐅᑎᔭᐧᐃᓂᐧᐋᐤ; ᒥᒄ ᐋᑯᑎᐦ ᑳ ᐄᔅᐱᔨᔨᒡ ᐊᓂᑖᐦ ᐧᐋᔅᑳᐦᐄᑭᓂᐦᒡ ᑭᔮᐦ ᒫᒃ ᑯᑎᒃᐦ ᐊᐧᐋᔨᐤᐦ ᑳ ᒌ ᐄᑖᐱᒋᐦᐋᒡ ᒐ ᐄᑐᐦᑎᑖᔨᐦᒡᐦ ᐅᑎᔭᐧᐃᓂᐧᐋᐤ ᐹᔨᐧᑳᐤ ᐹᔨᑯᐱᐳᓐᐦ᙮ ᒫᐧᑲᒡ ᒫᒃ ᑳ ᐱᒥᐱᔨᔨᒡᐦ ᐊᓂᔮᐦ ᐋᐦ ᐱᐳᓂᔨᒡᐦ ᓂᔮᓈᓈᐅᔖᑉ ᑎᐦᐧᑖᐤ ᒥᑖᐦᑐᒥᓂᐤ ᑳ ᐄᒋᔥᑖᔨᒡᐦ, ᐊᓂᒌ ᐊᓂᑖᐦ ᔮᔮᐤ ᐧᐄᓂᐹᑯᐦᒡ ᑳᐦ ᐃᐦᑖᒡ ᐄᔨᔨᐅᒡ - ᐧᐄᓂᐹᑯᒡ, ᐋᐅᑯᓂᒡ ᐊᑎᑎᐤ ᑳᐦᑖᒡ ᒫᓐ ᐊᓂᑖᐦ ᐧᐋᔅᑳᐦᐄᑭᓂᐦᒡ᙮ ᐊᓂᔮᐦ ᒫᒃ ᐄᔨᔨᐤᐦ ᐧᐄᓂᐹᑯᒡ ᒌᐦ ᐄᔑᓂᐦᑳᑑᐤ ᑳᒻᐱᓃ ᑭᔮᐦ ᐋᔭᐧᐃᑯᓐᐦ ᑳ ᐄᑖᐱᒋᐦᐋᑦ ᐋᐦ ᓈᑭᑎᐧᐋᔨᐦᑎᒥᔨᒡᐦ ᐊᓂᔮ ᐅᐧᐋᔅᑳᐦᐄᑭᓂᒻᐦ, ᑭᔮᐦ ᐋᔭᐧᐃᑯᓐᐦ ᑳ ᒥᒥᔒᑎᑎᐧᐋᑦ ᒐ ᐅᐦᑎᓂᒫᑯᑦ ᒦᒋᒥᔨᐤ ᓂᒫᔅᐦ, ᐱᔮᔨᐤᐦ, ᑭᔮᐦ ᑯᑎᒋᔨᐤ ᒦᒋᒥᔨᐤ ᒐ ᓂᐱᐦᑖᑭᓂᐧᐃᐧᐃᔨᒡ; ᑳ ᐅᔑᐦᑎᒫᑯᑦ ᐧᐃᔥᐧᑳᐅᑦᐦ ᑭᔮᐦ ᐊᓵᒻᐦ; ᑳ ᒌ ᐧᐄᒐᐧᐋᒡ ᐊᓂᔮᐦ "ᐊᑦᓯᓐ ᐯᐃᐦ" ᐋᐱᒋᐦᐋᑭᓐᐦ ᐋᐦ ᐱᐹᒥᐱᔨᔨᒡᐦ ᐅᑖᐦ ᐄᔑ ᓅᐦᒋᒦᐦᒡ; ᓂᔮᓂᑯᑐᓐᐦ ᑭᔮᐦ ᒫᒃ ᐃᔅᑭᓂᐱᐳᓐᐦ ᒌᐦ ᐋᐱᒋᐦᐋᐤ ᒫᓐ ᐊᐧᐋᔨᐤᐦ ᓂᓈᐦᑭᐤ ᒐᐧᑳᔨᐤ ᒐ ᐃᐦᑐᑎᒫᑯᑦ ᐅᑎᐦ ᐧᐋᔅᑳᐦᐄᑭᓂᐦᒡ, ᐋᑯᑎᐦ ᓈᔥᒡ ᑳᐦ ᐋᐱᒋᐦᐋᑦ ᐄᔅᑯᑎᒃ ᑳ ᐅᔑᐦᑖᑦ ᐅᓂᐦᑖᐅᒋᐦᒋᑭᓐᐦ ᐊᓂᑎᐦ ᒦᓐ ᒐ ᒌ ᐅᐦᒋ ᐃᐦᑎᑯᓂᔨᒡ ᒦᒋᒥᔨᐤ᙮ ᐱᔥᒡ ᒫᒃ ᐊᓂᒌ ᓅᐦᒋᒦᐅᐄᔨᔨᐅᒡ, ᒌᐦ ᐋᐱᑎᔒᔥᑎᒧᒡ ᐊᓂᔮᐦ ᑳᒻᐱᓃᐅᐧᐋᔅᑳᐦᐄᑭᓐᐦ ᒦᒋᒥᔨᐤ ᐋᐦ ᓂᐱᐦᑖᒡ ᑭᔮᐦ ᐋᐦ ᐧᐄᒐᐧᐋᒡ ᐊᐧᐋᔨᐤᐦ ᒫᐧᑲᒡ ᑭᔮᐦ ᐧᐄᔨᐧᐋᐤ ᐋᐦ ᐧᐄᐦ ᐱᒫᒋᐦᐅᒡ ᐋᐦ ᓂᑑᐦᐄᔨᒡ᙮

ᒥᐦᒐᑐ ᒫᒃ ᐊᓂᒌ ᑳᒻᐱᓃᐅᐋᐱᒋᐦᐋᑭᓂᒡ ᐅᑖᐦ ᐅᕐᑭᓃ ᐋᐃᓚᓐᔅ ᐊᓂᑖᐦ ᔅᐧᑳᑦᓚᓐ ᐋᑯᑖᐦ ᑳᐦ ᐅᐦᒌᒡ, ᑭᔮᐦ ᓈᔥᒡ ᐋᐦ ᒌᐦ ᒧᒋᒋᐦᐋᒡ ᐄᔨᔨᐤᐦ ᐊᓂᔮ ᐋᐦ ᒋᔅᑐᐦᒋᒑᒡ ᑳᔨᓂᐧᑳᐹᑭᐦᐄᑭᓂᐧᐃᐧᐃᔨᒡᐦ ᒋᔥᑐᐦᒋᑭᓐᐦ, ᐅᑖᐃᐦᑯᓈᒥᐧᐋᐤᐦ, ᐅᒌᒥᐧᐋᐤ ᐅᑎᑯᐦᐹᒋᓂᐧᐋᐤ ᑳᐱᐹᒥᒐᔨᒡ, ᑭᔮᐦ ᐅᒋᔥᑐᑎᓂᐧᐋᐤᐦ, ᑭᔮᐦ ᐧᐄᔨᐧᐋᐤ ᒐᒃ ᒨᔥ ᑳᐦ ᒋᒋᔥᑭᐦᒡᐦ ᑭᔮᐦ ᑳᐦ ᐋᐱᒋᐦᑖᒡ ᐅᔮᐦ ᐄᔨᔨᐅᒡ᙮ ᐋᔅᑭᐤ ᒫᒃ ᐄᔨᔨᐅᔅᐧᑳᐤᐦ ᒋ ᐧᐄᐅᐧᐃᒡ ᐅᒌ ᐧᐋᒥᔥᑎᑯᔒᐅᒡ ᑭᔮᐦ ᒌᐦ ᐧᐄᒋᒫᐅᒡ᙮ ᐊᓂᔮᐦ ᒫᒃ ᑳ ᐄᑖᐱᑎᔩᒡ ᐅᒌ ᐃᔅᐧᑳᐅᒡ ᒌᐦ ᐱᒥᓂᐧᐋᐧᐃᒡ, ᒌᐦ ᐱᒥᓈᐅᓯᐧᐃᒡ, ᑭᔮᐦ ᒌᐦ ᑭᓂᐧᐋᔨᐦᑎᒧᒡ ᐧᐄᒋᐧᐋᐤᐦ, ᒌᐦ ᒥᒥᔭᐦᑫᒧᒡ ᒐᐧᑳᔨᐤ ᓇᐱᐦᑖᑭᓂᐧᐃᐧᐃᔨᒡᐦ, ᐲᔕᑭᓂᔨᐤ ᒌᐦ ᐅᔑᐦᑖᐧᐃᒡ, ᒌᐦ ᒥᔅᒋᔨᓂᐦᒐᐧᐃᒡ, ᒌᐦ ᐊᔅᒋᒫᐧᐃᒡ, ᒌᐦ ᓂᑯᐦᑖᐧᐃᒡ, ᒌᐦ ᐧᑲᐱᒐᐧᐃᒡ, ᒌᐦ ᐱᒋᔅᑎᐦᐧᐋᐧᐃᒡ, ᑭᔮᐦ ᒌᐦ ᐊᑯᑖᐧᐃᒡ ᐅᐧᐋᐳᔓᓂᐧᑲᓂᐧᐋᐤᐦ ᑭᔮᐦ ᒌᐦ ᓃᐱᐦᑖᐧᐃᒡ ᐋᐦ ᐋᐱᔒᔑᔨᒡ ᓂᑑᐦᐅᐧᐃᓂᔨᐤ᙮ ᐱᔥᒡ ᒫᒃ ᐊᓂᔮᐦ ᐅᑎᐧᐋᔑᔒᒥᐧᐋᐤ ᒌᐦ ᐋᐱᒋᐦᐋᐧᐃᒡ

Louise Abbott

During the summer gathering on Fort George Island in 2009, elders Harry Bearskin (left) and John Crow show visitors the way that snow shovels, as well as bows and arrows, were hand-crafted traditionally.

L'île de Fort George, 2009. Les aînés Harry Bearskin (à gauche) et John Crow montrant aux visiteurs la façon traditionnelle de fabriquer des pelles, des arcs et des flèches lors du rassemblement estival.

ᒫᐱᑯ ᒨᒃ ᐊᐦ ᒨᒐᐧᐃᓂᐊᒃ ᐅᑖᐦ ᒥᓯᐦᑎᑯᒻ ᐧᐁᖦᒐ ᐧᐃᔅᑭ 2009 ᕽ ᐋᕐᔅᑕᔅᒃᐤ ᐊᐦ ᐱᔨᓂᔅᒃ, ᒋᔅᑎᑕᒫᐧᐃᔅᑭ ᒥᔥᑎᔪᒃ "ᐊᓂᔫ ᐯᖦᐸ (ᓂᒥᖦᔭᐅᓂᔅᑭ) ᑭᔨᦖ ᐃᓃ ᑭᑭ, ᒨᒐᒥᔅ ᒫ ᓈᖦ ᐧᐊᖦᐱᑎᓓᔅᒃᒥ ᐊᐦ ᐅᔅᐊᔮᓂᐃᐧᐃᒃᒥᔅᑭᐦ ᐊᕽᑯᐊᐦᒃᒥ, ᐊᖦᒥᐱ ᑭᔨᦖ ᐊᐸᔅᑕᒻ, ᐊᓂᒫ ᒧᖦ ᕽ ᐧᐊᕐ ᐅᔥᐊᑯᐊᒃᑊᐊᐸᔅᑕᒃᑊᒃᒥᔅᑭᐦ.

On the shore of the Rupert River circa 1869, Cree hunters surround a polar bear that they have killed.

Vers 1869. Sur la rive de la rivière Rupert, des chasseurs cris entourent l'ours polaire qu'ils ont tué.

ᓲᓐ ᐙᔅᑳᐦᐃᐳᓯᔅᑐᐅᔨᐱ ᑭᐱᔅᑦ ᓂᐱᔅ 1869 ᑳ ᐃᒥᐦᒑᑦ ᐋᑦ ᐱᐳᒻ, ᓂᔖᐦᐅᐃᔅᔅᐅᑦ ᐙᔅᑳᑳᐅᐃᓂᐧᐋᐃᐧ ᐋᐱᔅᑎ ᐋᑦ ᑾᐦ ᓂᐱᐦᐋᑦx

B.R. Ross, LAC/BAC C-008158

Kenny Neeposh (foreground), his daughter, Amelia, and his brother Jimmy take aim as caribou cross Cabot Lake northeast of Nemaska.

Kenny Neeposh (en avant-plan), sa fille Amelia et son frère Jimmy visant des caribous qui traversent le lac Cabot au nord-est de Nemaska.

ᓀᓂ ᓂᐧᐋᔅ (ᐋᔅᑎᑖᑦ ᐋᐦᑦᕐ), ᐅᑖᓂᔅᒻ, ᐋᒥᓕᔭᐦ, ᑭᔭᐦ ᐧᐃᕈᔅᔅᐅᐦ ᒋᒦ ᐅᐧᐋᒥᐧᐋᐃᐧ ᐊᑎᐦᑯ ᐋᓂᒡ ᑳᐱᔅ ᓴᑭᐦᐋᑲᓂᐧ ᐊᑎᓚᔅᕐ ᑭᔭᐦ ᐧᐋᐱᐃᒑᐦᐧ ᐃᒑᐦᓐ ᐋᒥᔅᑾᐦᐧx

Niels Jensen

47

ᓃᓱ ᒑᒀᔨᐤ ᓈᔥᒡ ᑳᐦ ᐅᐦᒋ ᐱᒫᒋᐦᐅᑦ ᐄᔨᔨᐤ - ᐋᑯᐦ ᐋᔦᐎᒄ ᐅᓵ ᑳᐦ ᓂᐱᐦᑖᒡ ᐋᐦ ᐲᔖᓯᔨᒡ ᓂᑑᐦᐅᐎᓂᔨᐤ, ᓂᒫᔅᐦ ᑭᔮᐦ ᐱᔮᔨᐤᐦ᙮ ᐊᓂᔮ ᒫᒃ ᐊᑎᑎᐤ ᒑ ᒌᐦ ᐊᔮᒡ ᒦᒋᒥᔨᐤ, ᒌᐦ ᐱᒋᔅᑎᓂᒧᒡ ᐊᔦᐎᓂᔨᐤ ᒑ ᒌᐦ ᐅᑎᓂᐦᒡ ᒑᒀᔨᐤ ᐊᓂᑖᐦ ᐅᐦᒋ ᐊᑖᐙᐅᑭᒥᑯᐦᒡ᙮

ᐄᔅᑯᑎᒃ ᒫᒃ ᓈᔥᒡ ᑳ ᐋᑎ ᐊᑎᑎᐎᓂᔨᒡ ᐊᔦᐎᓂᔨᐤ, ᐋᑯᐦ ᑳ ᒥᔨᐙᑦ ᐦᐋᑦᔨᓇ ᐯᐃᐦ ᑳᒻᐱᓃ ᐑᒋᐦᐄᐙᐅᒦᒋᒥᔨᐤ, ᑳᐦᓈᑖᐦ ᑎᐹᔨᐦᒋᒐᔨᐤᐦ ᑳ ᐹᒋ ᐱᒋᔅᑎᓂᒥᔨᒡᐦ᙮ ᐋᑯᑎᐦ ᒫᒃ ᑳ ᐄᓯᓈᑯᓂᔨᒡ ᐄᔨᔨᐤ ᒑ ᒦᒋᑦ ᒦᒋᒥᔨᐤ ᐋᑳ ᐅᑖᐦ ᐄᔨᔨᓈᐦᒡ ᐅᐦᒋᐱᔨᔨᒡ, ᐋᑦ ᑭᔨᑆ ᒌᐦ ᒋᔅᒑᔨᐦᑎᐦᒃ ᐋᑳ ᐄᔥᐱᓯ ᒦᒋᒥᔥᑳᒋᔨᒡ ᐋᓂᔨᒡ ᐄᔨᒦᒋᒥᔨᐤ ᐊᓂᔮ ᑳ ᐄᓯᓈᑯᓂᔨᒡ ᐅᐱᒫᑎᓯᐎᓐ ᐋᑳ ᑭᔨᑆ ᐅᐦᒋ ᐙᐦᑎᓂᔨᒡ ᐊᓂᔮ ᑳ ᐐ ᐄᓯ ᐱᒫᒋᐦᐅᑦ᙮

ᐊᓐ ᒫᒃ ᑳ ᐋᑎ ᐅᑎᐦᒋᐱᔨᒡᐦ ᐊᓂᐦᐄ ᐹᔨᑯᔥᑖᐅᔖᑉ ᑳ ᐄᒋᔥᑖᒡᐦ ᐋᐦ ᐱᐳᐦᒡᐦ ᐋᑯᑎᐦ ᐙᔮᐱᔥᒌᔥ ᓈᔥᒡ ᑳ ᒥᒦᐦᑾᑎᔨᓈᓂᐎᒡ ᐅᑖᐦ ᐄᔨᔨᐅᔅᒌᐦᒡ: ᑳ ᐄᔅᑯᐱᔨᒡ ᐋᑎᒥᐦᑖᑭᓂᐎᒡ ᐊᔦᐎᓐ, ᑭᔮᐦ ᒦᓐ ᑯᑎᒃ ᐊᑖᐙᔨᐤ ᑳᐦ ᐹᒋ ᐃᐦᑖᑦ, ᑭᔮᐦ ᑳ ᐅᓯᐦᑖᑦ ᐅᑎᑖᐙᐅᑭᒥᒄᐦ, ᑳᐦ ᑯᒋᐦᐄᑐᒡ ᐦᐋᑦᔨᓇ ᐯᐃᐦ ᑳᒻᐱᓃᐦ ᐋᐦ ᐅᑎᓂᐦᒡᐦ ᐊᔦᐎᓂᔨᐤ᙮ ᒪᒀᒡ ᒫᒃ ᐆ ᑳ ᐄᔅᐱᔨᒡ, ᒑᑲᑦ ᒥᔨᐗ ᐄᔨᔨᐅᒡ ᐊᔦᐎᓂᔨᐤ ᒌᐦ ᐅᐦᑖᒋᐦᐅᐎᒡ, ᑭᔮᐦ ᐅᒌ ᒫᐅᒡ ᐊᑎᒪᐲᔨᒻ ᑳᐦᑖᒡ ᐄᔨᔨᐅᔅᒌᐦᒡ ᐋᑦ ᒎᔥ ᐊᑎᐦᒄᐦ ᒌᐦ ᐅᐦᑖᒋᐦᐅᒡ᙮ ᐊᓂᑖᐦ ᒫᒃ ᐊᑖᐙᔨᐤ ᑳᐦᑖᑦ ᐅᑖᐦ ᒋᔅᔨᔾᐱᐦᒡ, ᐊᓐ ᐱᔥᑎᒀᔭᐤ ᑳᔅᑣᓐ ᐦᐃᕈᑎᔨᕐ ᐋᐅᒄ ᑳᐦ ᐅᑖᔅᑯᓈᑦ ᐄᔥᒌᒪᐤᐦ ᐊᑎᒻᐦ ᐋᐦ ᐋᐱᒥᐦᐋᔨᒡᐦ ᒑ ᓈᓈᑎᐦᐋᒥᔨᒡᐦ ᐊᔦᐎᓂᔨᐤ ᑭᔮᐦ ᒑ ᐄᔅᐱᔨᐦᑐᐙᔨᒡᐦ ᐊᓂᔮ ᓈᑎᐙᔨᐦᑎᒥᔨᒡᐦ ᐄᔨᔨᐤ ᐎᓂᐦᐄᒐᔨᐤᐦ᙮ ᐋᑯᑖᐦ ᒫᒃ ᑳᐦᑎᒃ ᑭᔮᐦ ᐦᐋᑦᔨᓇ ᐯᐃᐦ ᑳᒻᐱᓃ, ᑭᔮᐦ ᐊᓂᒌ ᑯᑎᑭᒡ ᑳᒻᐱᓃᒡ ᐋᑯᑖᐦ ᑭᔮᐦ ᐐᔨᐗᐤ ᑳ ᐐ ᐄᓯ ᒋᐦᒋᐱᔨᐦᑖᒡ ᐊᓂᑖᐦ ᐋᑎ ᐃᔨᐦᑎᑯᓂᔨᒡᐦ ᐅᑎᑖᐙᐅᑭᒥᑯᐗᐤᐦ᙮ ᐋᑯᑎᐦ ᒫᒃ ᓈᔥᒡ ᑳ ᐐᐦ ᒋᓯᐙᔨᐦᑎᐦᒡ ᐄᔨᔨᐅᒡ ᐋᐦ ᐎᓂᐦᐄᒐᒡ, ᑭᔮᐦ ᓈᓈᓂᒦᒻ ᑳᐦ ᐋᑎ ᒥᐦᒐᑎᒡ ᑭᔮᐦ ᐃᔨᐦᒡ ᐋᐦ ᐄᑎᔅᑲᓈᔨᒡ ᐎᓂᐦᐄᒐᔨᐅᒡ, ᐋᑯᑎᐦ ᑭᔮᐦ ᑳᐦ ᐋᑎ ᐊᒋᐎᐱᔨᒡ ᐋᔥᐱᓯ ᓂᐱᐦᑖᑭᓂᐎᒡ ᐊᔦᐎᓐ᙮

ᐄᔅᑯᑎᒃ ᒫᒃ ᑳ ᐋᑎ ᓃᓯᐱᔨᑦ ᐊᒥᔅᒄ ᐋᐦ ᓂᐱᐦᐋᑭᓂᐎᑦ ᑭᔮᐦ ᑳᐦ ᐋᑎ ᑭᒑᒋᔅᑭᐎᐦᒡ ᒑᑾᓐ ᒪᒀᒡ 1930 ᑳ ᐱᒥᐱᔨᒡᐦ ᑳ ᐄᒋᔥᑖᒡᐦ ᐋᐦ ᐱᐳᐦᒡᐦ ᓈᓈᓂᒌᒻ ᒌᐦ ᒥᐦᒐᑎᐎᒡ ᐄᔨᔨᐅᒡ ᒑᑲᑦ ᐋᐦ ᑭᐎᐦᑭᑖᒡ᙮ ᑯᑎᑭᒡ ᒫᒃ ᐅᑖᐦ ᐄᓯ ᐲᔨᒶᐦᑖᐦᒡ ᐋᑯᑖᐦ ᑳ ᐄᓯ ᓈᓂᓱ ᐋᐱᑎᓯᒡ᙮ ᑯᑎᑭᒡ ᒫᒃ ᐋᔮᐱᒡ ᐅᑖᐦ ᓂᑎᐙ ᐋᑯᑖᐦ ᑳ ᐃᐦᑖᒡ, ᑭᔮᐦ ᓂᔮᓂᑯᑐᓐᐦ ᒌᐦ ᑭᐎᐦᑭᑖᐎᒡ᙮ ᐅᑖᐦ ᒫᒃ ᐙᔅᑳᐦᐄᑭᓂᓯᓯᒡ ᒌᐦ ᐃᐦᑖᐤ ᐅᒋᒫᐤ ᒉᐃᒥᔅ ᐙᑦ ᒌᐦ ᐄᔨᓂᐦᑳᔨᐤ ᑳᐦ ᐄᑖᔨᐦᑎᐦᒃ ᐹᑎᔥ ᒥᒄ ᒥᓈᒋᐦᐋᑭᓂᐎᐎᔨᒥᐦᐊ ᐊᒥᔅᒄᐦ ᐋᑯᑎᐦ ᒥᒄ ᒑ ᒌ ᐅᐦᒋ ᒦᓄᐱᔨᔨᒡ ᐋᐦ ᓂᑑᔦᐎᐄᓇᓂᐎᐎᔨᒡ ᑯᐃᔅᒄ ᓈᑭᑎᐙᔨᐦᑖᑯᔨᔨᒥᐦᐊ ᐋᔥᐱᔥ ᓂᐱᐦᐋᑭᓂᐎᐎᔨᒡᐦ ᐊᒥᔅᒄᐦ ᑭᔮᐦ ᑭᓂᐙᔨᐦᑖᑯᔨᔨᒥᐦᐊ ᐊᓂᔮᐦ ᐋᔥᒄ ᐋᑳ ᓈᐱᔨᒡᐦ᙮ ᐋᑯᑎᐦ ᒫᒃ ᑳᐦ ᓂᑎᐙᔨᒫᑦ ᐄᔨᔨᐤ ᐎᓂᐦᐄᒐᔨᐤᐦ ᒑ ᐐᒋᐦᐄᑯᑦ ᑯᐃᔅᒄ ᒑ ᒌᐦ ᓈᑭᑎᐙᔨᐦᑖᑯᔨᔨᒡᐦ ᐋᔥᐱᔥ ᓂᐱᐦᐋᑭᓂᐎᐎᔨᒡᐦ ᐊᒥᔅᒄᐦ ᐋᐦ ᑭᓂᐙᐱᐦᑎᑭᓂᐎᐎᔨᒡ ᐊᓂᔮ ᐄᔨᔨᐤ ᑳ ᒌ ᐄᓯ ᓈᑭᑎᐙᔨᐦᑎᐦᒃ ᐅᓂᑑᐦᐅᔅᒌ ᑭᔮᐦ ᒥᔨᐙ ᐊᓂᔮ ᒑᒀᔨᐤ ᐋᐦᑎᑯᓂᔨᒡ ᐊᓂᑎᐦ, ᐋᑳ ᑭᔨᑆ ᐅᐦᒋ ᓈᑭᑎᐙᔨᐦᑖᑯᓂᔨᒡ ᒪᒀᒡ ᓈᔥᒡ ᑳᐦ ᒋᓯᐙᔨᒫᑭᓂᐎᐎᔨᒡᐦ ᐊᒥᔅᒄᐦ ᐋᐦ ᓂᐱᐦᐋᑭᓂᐎᐎᔨᒡᐦ᙮ ᑳᐦᓈᑖᐦ ᑭᔮᐦ ᑯᐯᒃ ᑎᐹᔨᐦᒋᒐᔨᐅᒡ ᐐᔨᐗᐤ ᑭᔮᐦ ᒌᐦ ᓂᐦᐋᒋᐦᐄᑯᐎᒡ ᐅᔮ ᒑ ᒋ ᐄᓯᓈᑯᓂᔨᒡ, ᑭᔮᐦ ᐋᐅᒄ ᑳᐦ ᓈᑭᑎᐙᔨᐦᑎᐦᒃ ᐦᐋᑦᔨᓇ ᐯᐃᐦ ᑳᒻᐱᓃ ᐅᔮ ᔮᔨᑖ ᒑ ᐃᐦᑐᑎᑭᓂᐎᐎᔨᒡ᙮ ᒌᐦ ᒥᔨᓂᐦᐄᑭᓂᐆᐦ ᒥᔨᐗ ᓂᑑᐦᐆᔅᒌᐦ, ᑭᔮᐦ ᐊᒥᔅᑯᒋᒫᐅᒡ ᑭᔮᐦ ᐊᓂᒌ ᑳᐦ ᑭᓂᐙᔨᐦᑎᔮᑭᓂᐅᐎᒡ ᓂᑑᐦᐆᔅᒌᐦ, ᑳᐦ ᐐᐦᑎᒧᐗᑭᓂᐅᐎᒡ ᒑ ᐄᓯ ᓈᑭᑎᐙᔨᐦᑎᐦᒡᐦ᙮ ᐊᓂᔮ ᒫᒃ ᐋᐦ ᐙᒥᔥᑎᑯᓰᐅᓂᐦᑳᑖᑭᓂᐅᐎᒡ ᐅᒌ ᐊᒥᔅᑯᒋᒫᐅᒡ ᐋᔦᐎᒄ ᐊᓂᔮ ᐋᐦ ᑭᓂᐙᐱᐦᑎᐦᒡᐦ ᐋᔥᐱᔥ ᓂᐱᐦᑖᑭᓂᐎᐎᔨᒡ ᒑᒀᔨᐤ ᐊᓂᑎᐦ ᓂᑑᐦᐆᔅᒌᐦᒡ, ᐊᔦᐎᓂᔨᐤ ᑭᔨᑆ᙮ ᐄᔨᔨᐅᒡ ᒫᒃ ᐐ ᐋᔦᐎᒄ ᐃᔮᐱᒥᐦᑖᒡ ᐊᓂᔮ ᐅᒋᒫᐤ ᐋ ᐄᓯᓂᐦᑳᑖᒡ ᐊᓂᔮᐦ ᐊᐙᔨᐤᐦ ᓂᔮᑭᑎᐙᔨᐦᑎᒥᔨᒡᐦ ᒑ ᐄᔅᐱᔨᐦᑖᑭᓂᐎᐎᔨᒡ ᓂᑑᐦᐅᐎᓂᔨᐤ᙮ ᐊᓂᔮ ᒫᒃ ᐋᐦ ᐅᒋᒫᐅᐎᑦ ᐄᓀᐃᒐ ᔒᔒᒥᔦᓱ, ᐐᔨ ᐎᔮᔨᐦᑎᒻ ᑖᐃᔅᑉ ᑭᔮᐦ ᑖᓂᑎᐦ ᒑ ᓂᑑᐦᐅᓈᓂᐎᐎᔨᒡ, ᐊᐙᔨᐤᐦ ᒑ ᒌᐦ ᓂᑑᐦᐅᐎᔨᒡᐦ, ᑭᔮᐦ ᑖᓐ ᒑ ᐄᔥᐱᔥ ᓂᐱᐦᑖᑭᓂᐎᐎᔨᒡ ᒑᒀᔨᐤ᙮

ᑯᐯᒃ ᑎᐹᔨᐦᒋᒐᔨᐤ ᒫᒃ ᓂᒧᐃ ᐅᐦᒋ ᐱᒋᔅᑎᓈᐤ ᐃᔨᐦᒡ ᐋᐦ ᐄᑎᔅᑲᓈᔨᔨᒡᐦ ᐊᐙᔨᐤᐦ ᒑ ᒌᐦ ᐎᓂᐦᐄᒐᔨᐦᒡᐦ ᐊᓂᑖᐦ ᐄᔨᔨᐤᐦ ᐅᓂᑑᐦᐅᔅᒋᔨᐦᒡ, ᑭᔮᐦ ᐄᔅᑯᑎᒃ ᑳ ᐅᑎᐦᒋᐱᔨᔨᒡ 1932 ᑳ ᐄᑎᔨᓈᑖᔨᒡ ᐋᐦ ᐱᐳᓂᔨᒡ, ᐋᓯᑯᒥᐱᐳᓐᐦ ᒌᐦ ᐊᒋᒫᑭᓂᐅᐎᒡ ᐋᐦᑎᓯᒡ ᐊᒥᔅᑯᒡ᙮ ᐄᔅᑯᑎᒃ ᑳ ᐅᑎᐦᒋᐱᔨᒡ 1940 ᔒᓱ ᒌᐦ ᐙᔦᑎᔨᐤ ᐊᒥᔅᒄ; ᒦᓐ ᑳ ᐎᓂᐦᐊᒧᐗᑦ ᐄᔨᔨᐤ, ᐋᐦ ᑭᓂᐗᐱᐦᑎᐦᒃ ᐊᓂᔮ ᑎᐦᑐ ᑳ ᒥᔮᑭᓂᐎᑦ ᒑ ᓂᐱᐦᐊᑦ᙮ ᐊᓂᔮ ᒫᒃ ᓈᔥᒡ ᐋᐦ ᒌᐦ ᒥᔦᐱᔨᔨᒡ ᐊᓂᔮ ᑳᐦ ᐃᐦᑐᑎᐦᒡᐦ ᐊᓂᑖᐦ ᑭᔮᐦ ᐃᔨᐦᒡ ᐅᑎᐦ ᑳᐦᓈᑖᐦ ᐋᔦᐎᒄ ᑳᐦ ᐋᐱᒋᐦᑖᑭᓂᐎᐎᔨᒡ᙮

ᐊᓂᑖᐦ ᒫᒃ ᐄᓯ ᓃᔥᑖᒥᐦᒡ, ᒑᑲᑦ ᐋᔥᒄ ᒥᔨᐗ ᐄᔨᔨᐅᒡ ᓂᑎᐐ ᒌᐦ ᐃᐦᑖᐎᒡ, ᒥᒄ ᒫᒃ ᒌᐦ ᐃᐦᑖᐎᒡ ᐊᐙᓂᒌ ᒎᔥ ᑳᒋᒡ ᐊᓂᑎᐦ ᐙᔅᑳᐦᐄᑭᓂᐦᒡ ᐋ ᐄᐦᑖᒡ - ᒫᐦᑮᐦ, ᐙᔥᑳᐦᐄᑭᓂᔥᐦ, ᑭᔮᐦ ᐙᔅᑳᐦᐄᑭᓐᐦ ᐋᐦ ᐐᒋᐙᒐᒡ ᐋᑳ ᑭᔨᑆ ᐄᑖᓯᑭᐎᐎᔨᒡ ᓂᐲᔨᐤ ᑭᔮᐦ ᒫᒃ ᑯᑎᒥᔨᐤ ᒑᒀᔨᐤ ᐋᐦ ᐗᐦᒥᔨᐗᔨᒡ᙮ ᐄᔅᑯᑎᒃ ᒫᒃ ᑳ ᐅᑎᐦᒋᐱᔨᒡ 1950, ᑳᐦ ᔮᓯᐱᔨᒡ ᐊᔦᐎᓐ ᐋᑎᒥᐦᑖᑯᐦᒡ, ᑭᔮᐦ ᐊᑎᑎᐤ ᑳ ᐋᑎ ᒋᔅᑎᒫᑎᔨᒡ ᐊᐙᓂᒌ ᐅᑖᐦ ᐄᔨᔨᐅᔅᒌᐦᒡ, ᐋᑯᐦ ᑎᐹᔨᐦᒋᒐᔨᐤ ᑳ ᐐᒋᐦᐊᑦ ᐄᔨᔨᐤᐦ᙮ ᐄᓀᐃᒐ ᔒᔒᒥᔦᓱ ᒫᒃ ᒋᔅᒋᔨᐤ ᐋᔥᒄ ᐋᐦ ᒌᐦ ᒋᔅᑎᒫᑎᔨᓈᓂᐎᐎᔨᒡ ᒪᒀᒡ ᑳ ᐹᒋ ᐊᐙᓯᓰᐅᐎᑦ᙮ ᐊᑐᐦᐗᑦ ᐊᓂᔮᐦ ᐱᔮᓰᓱᐦ ᐊᓂᑎᐦ ᐱᔮᒋ ᐃᔨᐦᑖᔨᒡᐦ ᐊᓂᑎᐦ ᐹᓱᒡ ᐐᒋᐙᐦᒡ ᐋᐦ ᓈᓂᑑ ᒦᒋᔨᔨᒡᐦ᙮ ᓂᓂᔅᑯᒫᐅᒡ ᐊᓂᒌ ᐱᔮᓰᓯᒡ ᑳ ᐄᓯᓈᑯᓯᓯᒡ, ᐃᔨᐤ, ᐋᐅᑯᓂᒡ ᑳ ᐱᒥᓂᔨᒥᐦᒡᐦ ᒪᒀᒡ ᓈᔥᒡ ᑳ ᐐᐦ ᒦᒋᔨᐎᒥᐦᑦ᙮

ᑎᐹᔨᐦᒋᒐᔨᐤ ᒫᒃ ᐋᔦᐎᒄ ᑳ ᐋᐱᒋᐦᑖᑦ ᐊᓂᔮ ᑳ ᐄᓯ ᐐᒋᐦᐋᑦ ᐄᔨᔨᐤᐦ ᐊᑎᑎᐤ ᒑ ᐐᐦ ᑎᐹᔨᒫᑦ᙮ ᒌᐦ ᐋᐱᐦᐄᑭᓂᐤᐦ ᒫᒃ ᒋᔅᑯᑎᒫᑐᑭᒥᒄᐦ ᐊᓂᑎᐦ ᑳᐦ ᐲᐦᒋᒐᒡᐦ ᐊᐙᓯᓯᒡ ᐅᑖᐦ ᐊᒥᔥᑎᐤ ᐄᑖᐦᒐᑲᒻ ᒉᐃᒥᔅ ᐯᐃᐦ ᐄᔅᑯᑎᒃ ᐹᔨᑯᔥᑖᐅᔖᑉ ᑎᐦᑣᐤ ᒥᑖᐦᑐᒥᑎᓂᐤ ᐋᐦ ᐱᐳᐦᒡᐦ, ᑭᔮᐦ 1920 ᑳ ᐄᒋᔥᑖᒡ ᐋᐦ ᐱᐳᐦᒡ ᐋᑯᑎᐦ ᔮᔨᑖ ᑳᐦ ᓂᑎᐙᔨᐦᑖᑯᔨᒡ ᐄᔨᔨᐅᐊᐙᓯᓯᒡ ᒑ ᐲᐦᒋᒐᒡ ᒋᔅᑯᑎᒫᑐᑭᒥᑯᐦᒡ᙮ ᐋᑯᑎᐦ ᑭᔮᐦ ᑳ ᐋᑎ ᒋᔅᑯᑎᒧᐗᑭᓂᐅᐎᒡ ᐄᔨᔨᐅᐊᐙᓯᓯᒡ ᐋᐦ ᓃᐱᓂᔨᒡ ᐊᓂᑖᐦ ᐊᔨᒥᐦᐋᐅᑭᒥᑯᐦᒡ ᐋᐦ ᒌᐦ ᐅᐦᒋ ᐱᒥᐱᔨᔨᒡ᙮ ᒥᒄ ᒫᒃ ᓂᒧᐃ ᐅᐦᒋ ᒥᐦᒐᑎᐎᒡ ᐊᐙᓯᓯᒡ ᐋᐦ ᐲᐦᒋᒐᒡ ᒋᔅᑯᑎᒫᑐᑭᒥᑯᐦᒡ ᐹᑎᔥ ᑳ ᐅᑎᐦᒋᐱᔨᔨᒡ 1940, ᐊᓂᑎᐦ ᑳᐦ ᐅᐦᐱᑳᐳᐎᐦᑖᑭᓂᐎᐎᔨᒡᐦ ᐊᓂᔮᐦ ᒋᔅᑯᑎᒫᑐᑭᒥᒄᐦ ᑭᔮᐦ ᑳᐦᑖᔨᒡᐦ ᐊᐙᔨᐤᐦ ᒑ ᐋᐱᑎᔨᔨᒡᐦ, ᐋᑯᑎᐦ ᔮᔨᑖ ᑳᐦ ᓂᑎᐙᔨᐦᑖᑯᔨᒡ ᐊᐙᓯᓯᒡ ᒑ ᒋᔅᑯᑎᒫᔨᒡ ᐊᓂᑎᐦ ᒑ ᒋ ᐅᐦᒋ ᒥᔮᑭᓂᐎᐎᔨᒡᐦ ᐅᓃᒋᐦᐄᑯᐙᐤᐦ ᐊᐙᓯᒦᒋᒥᓯᔨᐤ᙮ ᐄᔅᑯᑎᒃ ᑳ ᐅᑎᐦᒋᐱᔨᒡ 1960, ᓈᓈᓂᒌᒻ ᒋ ᒥᐦᒐᑎᐎᒡ ᐊᐙᓯᓯᒡ ᐋᐦ

Two Cree women stretch a hide in Waswanipi in 1946.

Waswanipi, 1946. Deux femmes cries tendant une peau d'orignal.

ᐃᔅᔅᐅᔨᒡᐅᒃ ᑲ ᐅᑭᐱᑎᒌᒃ ᐅᑖ" ·ᐋ·ᔕᓂᐱᑦᒃ 1946 ᑲ ᐃᑎᔅᑖᔅᒃ ᐋ" ᐱᐳᓂᔅᒃ.

HBCA 1987/363-W-34/5, N79-210

Charlotte Bearskin helps to stretch a hide during the summer gathering on Fort George Island in 2009.

L'île de Fort George, 2009. Charlotte Bearskin aidant à tendre une peau d'orignal lors du rassemblement estival.

ᔖᕐᓖᑦ ᐯᔅᕁᓐ ·ᐃᑎᐦᐃ"·ᐋᐤ ᐋ" ᐅᑭᐱᒌᓂ·ᐃ·ᐃᔅᒃ ᒫ·ᑲᒃ ᑲ ᒫᒧ·ᐋᓈᓂ·ᐃ·ᐃᔅᒃ ᒥᓂᔅᑎᑯ"ᒃ ·ᕌᑦ ·ᒎᔅᒃ 2009 ᑲ ᐃᑎᔅᑖᔅ ᐋ" ᐱᐳᓂᔅᒃ.

Louise Abbott

ᒋᔅᑯᑎᒫᓱᒡ ᑳᐦᓈᑖᐦ ᑎᐹᔨᐦᒋᒐᔩᓈᐦᒡ ᐋ ᐅᐦᒋ ᐱᒥᐱᔨᐦᑖᑭᓂᐧᐃᐧᐃᔨᒡᐦ ᒋᔅᑯᑎᒫᑐᑭᒥᒄᐦ ᐅᑖᐦ ᐧᐹᕐᑦ ᐧᒑᕐᒡ, ᑭᔮᐦ ᐃᔨᐦᒡ ᐅᑎᐦ ᑯᐯᒃ ᑭᔮᐦ ᐅᑖᐦ ᐅᓐᑌᕆᔩᐤ᙮ ᓂᒧᐃ ᐅᐦᒋ ᓂᑎᐧᐋᔨᒫᑭᓂᐅᐧᐃᒡ ᒐ ᐋᐱᒋᐦᑖᒡ ᐊᓂᔮ ᐧᐄᔭᐧᐋᐤ ᐅᑏᔨᒧᐧᐃᓂᐧᐋᐤ, ᑭᔮᐦ ᓂᒧᐃ ᐅᐦᒋ ᒋᔅᑯᑎᒧᐧᐋᑭᓂᐅᐧᐃᒡ ᐄᔨᔨᐅᐃᔨᐦᑎᐧᐃᓂᔨᐤ᙮ ᓂᔮᓂᑯᑑᓐᐦ ᑭᔮᐦ ᒌᐦ ᒫᔭᔨᒫᑭᓂᐅᐧᐃᒡ᙮ ᐊᓂᔮ ᒫᒃ ᑳ ᐄᔑ ᐧᐄᐦᑎᐦᒃ ᐊᓐ ᓈᑳᓂᔥᑭᐦᒃ ᑳᐦᓈᑖᐦ ᑎᐹᔨᐦᒋᒐᐧᐃᓂᔨᐤ, ᔅᑏᕙᓐ ᐦᐋᕐᐱᕐ ᑳ ᐱᒋᔅᑎᓂᐦᒃ ᐅᒥᐦᒌᐧᐋᔨᐧᐃᓐ 2008 ᑳ ᐄᒋᔥᑖᔨᒡ ᐋᐦ ᐱᐳᓂᔨᒡ, ᑯᑎᑭᒡ ᒌᐦ ᓂᑎᐧᐋᔨᒫᐧᐃᒡ ᐊᓂᔮᐦ ᐊᐧᐋᔑᔥᐦ ᒐ ᐱᒋᔅᑎᓂᒥᔨᒡᐦ ᐊᓂᔮ ᐋᑎᔅᑳᓈᔨᔨᒡᐦ᙮ ᐊᓅᐦᒡ ᒫᒃ ᒋᔅᒐᔨᐦᑖᑯᓂᔨᐤ ᐋᑳ ᓂᐦᐄᓈᑯᓂᔨᒡ ᐊᓂᔮ ᑳ ᐧᐄ ᐄᔑ ᐱᒥᐱᔨᐦᑖᒡ᙮

ᒫᐧᑳᒡ ᒫᒃ ᐊᓂᔮ ᐊᑎᑎᐤ ᐋᐦ ᐧᐄᐦ ᐱᒥᐱᔨᐦᑖᑦ ᒐᐧᑳᔨᐤ ᑎᐹᔨᐦᒋᒐᔨᐤ ᐅᑖᐦ ᐄᔨᔨᐅᔅᒌᐦ, ᓈᓈᓂᒌᒻ ᑭᔮᐦ ᒌᐦ ᐹᒋ ᒥᐦᒐᑎᐧᐃᒡ ᐊᐧᐋᓂᒌ ᐋᐦ ᐧᐄᐦ ᓅᒋᔨᓈᒡ ᑭᔮᐦ ᐋᐦ ᐧᐄᐦ ᓅᑖᐦᑎᐧᑳᒡ ᐅᑖᐦ ᐊᑎᒫᐲᔨᒻ᙮ ᐊᓐ ᒫᒃ ᑯᐯᒃ ᑎᐹᔨᐦᒋᒐᔨᐤ ᓈᓈᓂᒌᒻ ᑭᔮᐦ ᓂᒥ ᐅᐦᒋ ᐧᐄᐦ ᔫᓃᐤ ᐋᐦ ᐧᐄᐦ ᐱᒦᐦᑭᒃ ᐊᔅᒌᐦᒡ ᑭᔮᐦ ᓂᐲᐦᒡ ᐋᐦᑎᑯᓂᔨᒡ ᒐᐧᑳᔨᐤ ᐅᑖᐦ ᐊᑎᒫᐲᔨᒻ᙮ ᐊᓂᔮ ᒫᒃ 1972 ᑳ ᐄᒋᔥᑖᔨᒡ ᐋᐦ ᐱᐳᓂᔨᒡ, ᐋᑳ ᒫᒋᒻ ᐅᐦᒋ ᐊᔨᒥᐦᐋᑦ ᐄᔨᔨᐤᐦ ᐅᑎᐦ ᓃᔥᑎᒻ ᑳᐦᑖᔨᒡᐦ, ᐋᑯᑎᐦ ᑳᐦ ᒋᔥᒌᑦ ᐋᐦ ᐅᔅᑯᑎᒧᐦᒐᑦ - ᐅᑖᐦ ᒋᔅᔩᐲᔥᑎᑯᐦᒡ, ᐊᓂᑎᐦ ᓈᔥᒡ ᒥᔥᑎᐦ ᐧᐋᐦᒋ ᐅᔑᐦᑖᑭᓂᐧᐃᐧᐃᔨᒡ ᓂᒥᔅᒌᐅᔥᑯᑖᔨᐤ ᐦᐋᐃᑦᕈ-ᑯᐯᒃ ᐋᐦ ᐱᒌᐦᑭᒥᔨᒡᐦ ᐊᓂᑖᐦ ᑎᐹᔨᐦᒋᒐᔩᓈᐦᒡ ᐧᐋᐦᒋ ᐱᒥᐱᔨᐦᑖᑭᓂᐧᐃᐧᐃᔨᒡ᙮

ᐋᔥᒄ ᒫᒃ ᒌᐦ ᐅᔅᒋᓃᒋᐅᐧᐃᒡ ᑳᓚᑉ ᐊᐧᐋᔑᔥ ᑭᔮᐦ ᐱᓕ ᑖᐃᒥᓐ ᑳ ᓃᑳᓂᔥᑭᐦᒡᐦ ᐋᐦ ᐧᐄᐦ ᒋᐱᐦᒋᐦᑖᑭᓂᐧᐃᐧᐃᔨᒡ ᐊᓂᔮ ᑳ ᐧᐄᐦ ᐅᔅᑯᑎᒥᐦᒫᔨᒡᐦ ᐦᐋᐃᑦᕈ-ᑯᐯᒃ᙮ ᐊᓂᔮ ᒫᒃ ᑳ ᐄᔑ ᒋᔅᑯᑎᒫᓱᒡ ᐋᔫᐧᐃᒄ ᑳ ᐋᐱᒋᐦᑖᒡ ᑭᔮᐦ ᐋᐦ ᐧᐄᒐᐱᑎᔩᒫᒡ ᐃᓐᑎᔮᓐᔅ ᐅᕝ ᑯᐯᒃ ᐋᓱᓯᔦᐃᔑᓐ, ᒌᐦ ᒫᐅᐦᑐᓈᐧᐃᒡ ᔓᐧᐃᔮᓐᐦ ᑭᔮᐦ ᐊᐧᐋᔨᐤᐦ ᒐ ᐧᐄᒋᐦᐄᑯᒡ ᐊᓂᑎᐦ ᒐ ᒌ ᐅᐦᒋ ᑎᐹᔅᑯᓂᒐᒡ᙮ ᒑᒃ ᒫᒃ ᑯᐯᒃ ᓂᒧᐃ ᐅᐦᒋ ᐧᐄᐦ ᐲᐦᑎᑭᑖᐤ ᐊᓂᔮ ᑎᐹᔅᑯᓂᒐᐅᑭᒥᑯᐦᒡ ᑭᔮᐦ ᒌᐦ ᑯᐧᑳᒋᒫᐤ ᐊᓂᔮᐦ ᐄᔨᔨᐤᐦ ᐋᑳ ᐋᑯᔥ ᒐ ᑎᐹᔅᑯᓂᒐᓂᐧᐃᐧᐃᔨᒡ᙮ ᓈᐅᔥ ᒫᒃ ᒌᐦ ᐊᔨᒥᐦᐄᑐᓈᓂᐅ ᐋᑯᐦ ᒑᒃ, ᑳᐦᓈᑖᐦ ᑭᔮᐦ ᑯᐯᒃ ᑎᐹᔨᐦᒋᒐᔨᐅᒡ; ᐦᐋᐃᑦᕈ-ᑯᐯᒃ ᑭᔮᐦ ᑯᑎᑭᒡ ᑳᒻᐱᓃᒡ; ᐊᓐ ᐊᓈᐦᒌᐦᒐ ᑳ ᐅᔑᐦᑖᑭᓂᐧᐃᒡ ᓅᐦᒋᒦᐅᐄᔨᔨᐅᒡ ᑭᔮᐦ ᐧᐃᓂᐹᑯᒡ ᐋᐦ ᓈᑎᒫᑐᒡ; ᑭᔮᐦ ᐄᔥᒌᒫᐅᒡ ᐋᐦ ᒫᒧᐧᐄᒡ ᐅᑖᐦ ᐊᑎᒫᐲᔨᒻ ᑯᐯᒃ ᒌᐦ ᒥᔨᓂᐦᐅᓱᐧᐃᒡ ᐊᓂᔮ ᒉᐃᒥᔅ ᐯᐃᐦ ᑭᔮᐦ ᐊᑎᒫᐲᔨᒻ ᑯᐯᒃ ᓂᔅᑯᒧᐧᐃᓂᔨᐤ ᑭᔅᑭᑎᓂᐲᔨᒻᐦ ᑳ ᐊᑯᒋᓂᔨᒡᐦ 1975᙮ ᐊᓐ ᒫᒃ ᑳ ᒥᔨᓂᐦᐅᓱᓈᓂᐧᐃᒡ ᐋᑯᑎᐦ ᑳ ᒥᔨᓈᑖᔨᒡ ᔮᔨᑖ ᒐ ᐃᔮᒡ ᐄᔨᔨᐅᒡ ᐋᑳ ᒐᐧᑳᔨᐤ ᐧᐃᔥᑎᐧᐄᑯᒡ ᒐ ᒌᐦ ᓂᑑᐦᐅᒡ, ᓅᑎᒫᔅᒡ, ᑭᔮᐦ ᒐ ᐧᐃᓂᐦᐄᒐᒡ ᐅᑖᐦ ᐄᔨᔨᐅᔅᒌᐦᒡ, ᑭᔮᐦ ᐧᐄᔨᐧᐋᐤ ᒐ ᐧᐄᔓᒦᔨᒡ ᐊᓂᑖᐦ ᐅᑎᐦᑖᐧᐃᓂᐧᐋᐦᒡ ᑭᔮᐦ ᒥᔨᐦᑖ ᐄᔨᔨᐅᔅᒌᐦᒡ, ᓂᑐᐦᑯᔨᓈᐱᑎᔩᐧᐃᓂᔨᐤ ᑭᔮᐦ ᐋᐦ ᐧᐄᒋᐦᐋᑭᓂᐧᐃᐧᐃᔨᐤᐦ ᐊᐧᐋᔨᐤᐦ ᐋᐦ ᐧᐃᔥᑖᐱᔨᔨᐤᐦ, ᒋᔅᑯᑎᒫᒐᐧᐃᓂᔨᐤ, ᑎᐹᔅᑯᓂᒐᐧᐃᓂᔨᐤ ᒐ ᐄᔅᐱᔨᔨᐤ, ᒋᐳᐦᐅᐧᐋᔩᐅᐋᐱᑎᔩᐧᐃᓂᔨᐤ, ᑭᔮᐦ ᐋᐦ ᐧᐄᐦ ᒥᓈᒋᐦᑖᑭᓂᐧᐃᐧᐃᔨᒡ ᐊᔅᒌᔨᐤ᙮ ᑭᔮᐦ ᐋᑯᑎᐦ ᑳᐦ ᒥᔨᓈᑖᔨᒡ ᔮᔨᑖ ᒐ ᐊᔥᒋᐱᔨᐦᐋᑭᓂᐅᐧᐃᒡ ᐄᔨᔨᐅᒡ ᒦᓐ ᐧᐄᐦ ᐋᐱᑎᔩᓇᓂᐧᐃᐧᐃᔨᒐ ᐅᑖᐦ ᐄᔨᔨᐅᔅᒌᐦᒡ ᐋᑳ ᑭᔨᐧᐸ ᒐ ᒌᐦ ᐧᐃᓇᒥᐦᑖᑭᓂᐧᐃᐧᐃᔨᒡ ᐊᓂᔮ ᒧᔥ ᐋᔑ ᐱᒫᑎᓯᒡ ᑭᔮᐦ ᐊᓂᑎᐦ ᐋᑎ ᐃᔨᐦᑖᒡ᙮ ᐊᓂᔮ ᒫᒃ ᐋᐦ ᒌᐦ ᐧᐃᓂᐦᑖᒡ ᐊᓂᔮ ᒐ ᐄᔑ ᑎᐹᐦᑎᒧᐧᐋᑯᐱᓈ ᐅᑎᔅᒌᐧᐋᐤ, ᑳᐦᓈᑖᐦ ᑭᔮᐦ ᑯᐯᒃ ᑎᐹᔨᐦᒋᒐᔨᐅᒡ ᒌᐦ ᓂᔅᑯᒧᐧᐃᒡ ᒐ ᒌᐦ ᐱᒋᔅᑎᓈᒡ ᔓᐧᐃᔮᓐᐦ ᐊᓂᑎᐦ ᒐ ᒋ ᐅᐦᒋ ᐱᑳᔅᒋᐦᐧᐃᔨᒡᐦ ᐄᔨᔨᐤᐦ ᑭᔮᐦ ᐊᑎᑎᐤ ᒐ ᒌᐦ ᒥᔦᐧᐃᓈᑯᐦᑖᔨᒡᐦ ᐅᑎᐦᑖᐧᐃᓂᐧᐋᔨᐤᐦ᙮

ᐊᓂᔮ ᑳ ᐱᐳᓂᔨᒡ 1982 ᐋᑯᑎᐦ ᑳᐦ ᒌᐦᑳᔨᐱᐦᑎᑭᓂᐧᐃᒡ ᐊᓐ ᒉᐃᒥᔅ ᐯᐃᐦ ᑭᔮᐦ ᐊᑎᒫᐲᔨᒻ ᑯᐯᒃ ᓂᔅᑯᒧᐧᐃᓐ ᐊᓂᑖᐦ ᐅᐦᒋ ᑳᐦᓈᑖᐦ ᒋᔒᐧᐄᔓᐧᐋᐧᐃᓂᐦᒡ᙮ ᓂᒧᐃ ᒫᒃ ᓈᔥᒡ ᐅᑖᐦ ᐄᔑ ᐅᑖᐦᒡ, ᒦᓐ ᓃᔓ ᓂᔅᑯᒧᐧᐃᓐᐦ ᒌᐦ ᒥᔨᓂᐦᐅᓱᐧᐃᒡ ᐄᔨᔨᐅᒡ: ᐯᐃ ᑎ ᐱᑫᕝ, ᑖᐱᔥᑯᓐ ᒐ ᒌᐦ ᐧᐄᒐᐱᑎᔩᒥᑐᒡ ᐄᔨᔨᐅᒡ ᑭᔮᐦ ᑯᐯᒃ ᑎᐹᔨᐦᒋᒐᔨᐤ ᐊᓂᑎᐦ ᐊᑎᑎᐤ ᒥᒋᓐ ᑳ ᐧᐄᐦᑖᑯᐦᒡ ᒐ ᐄᔅᐱᔨᐦᑖᑭᓂᐧᐃᒡ ᐊᓐ ᒐᐧᑳᓐ ᐊᔅᒌᐦᒡ ᐧᐋᐦᑎᓂᑭᓂᐧᐃᒡ, ᑭᔮᐦ ᐋᑳ ᒥᒄ ᐹᔨᑯᔨᒡ ᒐ ᐄᔅᐱᔨᐦᐋᑭᓂᐧᐃᑦ ᐊᓐ ᔓᐧᐃᔮᓐ ᐊᓂᑎᐦ ᒐ ᐅᐦᒋ ᐅᔑᐦᐋᑭᓂᐧᐃᑦ ᐋᐦ ᓅᒋᔨᓈᓂᐧᐃᒡ, ᓂᒥᔅᒌᐅᔥᑯᑖᐤ ᐋᐦ ᐅᔑᐦᑖᑭᓂᐧᐃᒡ, ᑭᔮᐦ ᐋᐦ ᓅᑖᐦᑎᐧᑳᓂᐧᐃᒡ ᐅᑖᐦ ᐄᔨᔨᐅᔅᒌᐦᒡ ᐋᐦᑎᑯᐦᒡ ᓂᑑᐦᐅᔅᒌᐦ; ᑭᔮᐦ ᒦᓐ ᐊᓐ ᑯᑎᒡ ᑳ ᐅᔥᑳᒡ ᓂᔅᑯᒧᐧᐃᓐ ᑳᐦᓈᑖᐦ ᑎᐹᔨᐦᒋᒐᔨᐤ ᐊᑎᑎᐤ ᒐ ᒋᐦ ᒥᔦᐧᐄᒐᐱᑎᔩᒫᑭᓂᐧᐃᑦ ᐅᐦᒋ ᐊᓂᔮ ᒐ ᐃᐦᑐᑎᒥᑯᐱᓈ, ᐄᔨᔨᐅᒡ ᐋᐦ ᐧᐃᔮᔨᐦᑎᐦᒡ ᐊᓂᔮ ᒐᐧᑳᔨᐤ ᒐ ᐃᐦᑐᑎᑭᓂᐧᐃᔨᑯᐱᓈ ᐊᓂᑖᐦ ᐅᑎᐦᑖᐧᐃᓂᐧᐋᐦᒡ᙮

ᐋᑦ ᑭᔨᐧᐹ ᒌ ᔨᐦᑭᐦᐅᑯᒡ ᐊᓂᔮ ᑳ ᐄᔑ ᐱᐦᑯᐦᑎᒫᓱᒡ ᑭᔮᐦ ᐃᔨᐦᒡ ᐋᑎ ᐃᔨᔑᓈᑯᓂᔨᒡᐦ ᐅᑎᐦᑖᐧᐃᓂᐧᐋᐤᐦ, ᐊᔮᐱᒡ ᐃᐦᑎᑯᓂᔨᐤ ᒐᐧᑳᔨᐤ ᐊᔥᒄ ᒐ ᐧᐄᐦ ᐹᔥᑎᔥᑭᐦᒡᐦ ᐋᔥᐱᔥ ᑭᔨᐧᐹ ᐹᒋ ᒋᔑᐱᔨᔨᒡ ᐋᐦ ᐅᔥᑳᔨᒡ ᒐᐧᑳᔨᐤ ᐋᐦ ᐅᑎᐦᑎᐦᐅᑯᒡ ᐅᑖᐦ ᐄᔨᔨᐅᔅᒌᐦᒡ᙮ ᐋᔨᐧᐃᒄ ᐋᔑ ᐧᐃᔥᑖᐱᔨᔨᒡ ᒥᐦᒐᑐ ᐋᑳ ᒌ ᐅᐦᑎᓂᐦᒡ ᐋᐱᑎᔩᐧᐃᓂᔨᐤ ᑭᔮᐦ ᓂᓈᐦᑭᐤ ᐋ ᐄᔑᓈᑯᓂᔨᒡ ᐋᐦᑯᔨᐧᐃᓂᔨᐤ ᐋᐦ ᐅᑎᐦᑎᑯᒡ ᐅᐦᒋ ᐊᓂᔮ ᔖᔥ ᒨᔥ ᐹᔨᑯᓂᐦᒡ ᒐᑲᑦ ᐊ ᐄᐦᑖᒡ ᑭᔮᐦ ᐃᔨᐦᒡ ᐊ ᐄᔑ ᒥᒦᒋᔨᒡ᙮ ᐊᓂᔮ ᒫᒃ ᐊ ᐧᐄᐦ ᒫᔑᐦᑖᒡ ᐊᓂᔮ ᐋᔑ ᐧᐃᔥᑖᐱᔨᔨᒡ ᑭᔮᐦ ᓃᔥᑖᒥᐦᒡ ᐋᐦ ᐧᐄᐦ ᐄᔑ ᒋᐦᒋᐱᔨᐦᐄᔨᒡ, ᐋᑯᑖᐦ ᒫᔅᑭᐦᒡᐦ ᐅᒥᔅᑭᐧᐃᔩᐧᐃᓂᐧᐋᐤ ᐊᓂᑖᐦ ᓂᑑᐦᐅᔅᒌᐦᒡ ᑭᔮᐦ ᒦᓐ ᐋᐦ ᓈᑎᐦᒡ ᐊᓂᔮ ᒨᔥ ᑳ ᐄᔑ ᐹᒋ ᐱᒫᑎᓯᔨᒡᐦ ᐄᔨᔨᐤᐦ᙮ ᐊᓂᑖᐦ ᒫᒃ ᓂᑎᐧᐄ ᐊ ᐄᐦᑖᒡ, ᐋᑦ ᒥᒄ ᐧᐋᔨᐱᔥᒋᔥ ᑭᔮᐦ ᒫᒃ ᓈᐅᔖᔥ, ᐋᑯᑖᐦ ᒧᔭᒻ ᐋᐦ ᐹᐧᔕᐱᒫᒡ ᐊᓂᔮᐦ ᐅᑖᓂᔥᑭᐧᐃᔒᒥᐧᐋᐤᐦ ᑭᔮᐦ ᐊᑎᑎᐤ ᐋᑎ ᒥᔥᑭᐧᐃᐦᑖᒡ ᐊᓂᔮ ᐄᔨᔨᐅᐱᒫᑎᓯᐧᐃᓂᔨᐤ᙮ ᐋᑯᑎᐦ ᒦᓐ ᐋᐦᑐᑎᐦᒡᐦ ᐊᓂᔮ ᒨᔥ ᑳ ᐹᒋ ᐃᐦᑎᓈᓂᐧᐃᐧᐃᔨᒡ᙮ ᐄᓚᐃᒐ ᔑᔑᒥᔦᔥ ᒫᒃ ᐧᐄᔨ, ᐋᑯᑖᐦ ᐋᔑ ᑭᓂᐧᐊᐱᐦᑎᐦᒃ ᔮᔨᑖ ᒐ ᐃᐦᑎᑯᓂᔨᒡ ᐄᔨᒦᒥᒥᔨᐤ ᒐ ᒦᒥᔨᐤᐦ ᐅᐲᔨᔨᒻᐦ ᐹᐦᑎᐦᒃ ᒐᐧᑳᔨᐤ, ᐋᐦ ᐹᐦᑎᐧᐋᑦ ᓂᔅᒃᐦ ᐋᐦ ᐹᐧᑖᑎᒥᔨᐤᐦ᙮ ᐱᔮᒋᐧᐊᒋᔮᒥᑦ, ᐋᑎ ᔫᓯᐱᐦᑖᑦ ᑳᐅᔅᑖᑯᓂᒋᐱᐦᑖᔨᐤᐦ, ᐊᐅᐧᑳᓈᔭ ᓈᑖᐦ ᐧᐄᓂᐹᑯᒡ᙮ ᔖᔥ ᒫᒃ ᐅᑎᐦᒋᐱᔨᐤ ᐋᐦ ᓂᑐᐹᔅᒋᔨᒐᓂᐧᐃᒡ᙮

HBCA 1987/363-I-82/32, N15127

Cree children dressed in rabbit-skin jackets hold typical Cree snowshoes as they stand outside a HBC outpost 240 kilometres upriver from Fort George in 1924.

1924. Des enfants cris vêtus de manteaux en peaux de lapin tenant des raquettes typiques devant un poste de HBC, 240 km en amont de Fort George.

ᐅᑦ ᐃᔅᐱᐅᐊᐧᐊᕐᔪᐠ ᓐ" ᐅᐧᐊᐸᔅᑲᓂᐨᐨᐊᐧᐠᐱᐠ" ᑎ"ᑯᐦᐊᐧᐃᐱ ᐅᑎᔅᕆᐧᐊᐤ" ᐧᐊᔭᐃᐅᒋᕐᐪ "ᐊᐨᒐᐤ ᐤᐃ ᐊᐨᐧᐊᐅᑉᕿᑯᐦ" 240 ᑭᓂᒐᑎᔅᖢ ᐊᕐᐊᣀ ᐅᐨ" ᐊᔪ ᐦᐟᒋᐤ" ᐅ"ᕆ ᒋᓴᔦᐦ" 1924 ᑲ ᐊᕐᓄᑖᐪ ᐊ" ᐱᐅᓂᔅᐤ.

Louise Abbott

Cherish Wapachee returns from her first walk on snowshoes with her grandmother, Nancy (Neeposh) Wapachee, at a bush camp northeast of Nemaska in 2008. In the background are Arianna Wapachee (left), Terryanna Icebound, and her father, Daniel Icebound.

2008. Cherish Wapachee revenant à un campement situé au nord-est de Nemaska après sa première marche en raquettes avec sa grand-mère Nancy (Neeposh) Wapachee. En arrière-plan, on peut voir Arianna Wapachee (à gauche), Terryanna Icebound et son père, Daniel Icebound.

ᐊᔫᐃᐨ ᑲ ᐸᕐ ᓎᐊᐨ ᑎᣀ ᐧᐊᐨᐪ ᑲ ᔭᕐ ᐱᒍ"ᐨᐨ ᐊ" ᕆᑭᐧᔅᐨ ᐅ"ᑯᐪ ᐊ" ᐧᐊᒪᔥᐨ ᐦᐠᐤ (ᓂᒋ"ᐯᐅᐦ") ᐧᐊᐨᐪ, ᐅᐨ ᐊᑎᣀᐠᕿ ᐱᔥ" ᐧᐊᐱᕐᒐᐦ" ᐊᒐ"ᐪ ᐦᒐᔦ"ᐦ" 2008 ᑲ ᐊᕐᓄᑖᐪ ᐊ" ᐱᐅᓂᔅᐤ. ᐊᔦ ᐦᐨ" ᐊᐤᔦᐨ" ᐊᐪᐤᐟᐪ ᐊᓂᔦᐦ ᐧᐊᐨᐪ (ᓂᒋ"ᔨ·ᐃᓭ"ᐪ), ᑌᓂᔦᐦ ᐊᐃᔅᐸᐅᐨ, ᐱᔥ" ᐅ"ᑖᐃ" ᑖᓂᔥᐨ ᐊᐃᔅᐸᐅᐨ".

Minnie Matches (foreground) and Valerie Atsynia collect black spruce bark for making baskets. For millennia Cree women made bark baskets for gathering, transporting, and storing food. By the end of the twentieth century, however, most had abandoned this practice. The Traditional Skills Group of Wemindji was formed a few years ago to revive the craft of basket making. "We wanted to preserve it and pass it on to the youth," Minnie Matches says. "We went to Chisasibi and Eastmain and asked elders there how to make the baskets. But mostly we learned from elders here in Wemindji."

Minnie Matches (en avant-plan) et Valerie Atsynia ramassant de l'écorce d'épinette noire pour confectionner des paniers. Pendant des millénaires, les femmes cries ont fabriqué des paniers en écorce pour recueillir, transporter et conserver la nourriture. À la fin du vingtième siècle, par contre, la plupart avaient abandonné cette pratique. Le Groupe des activités traditionnelles de Wemindji a été créé il y a quelques années afin de faire revivre l'art de la vannerie. « Nous voulions le conserver et le transmettre aux jeunes, explique Minnie Matches. Nous sommes allés à Chisasibi et à Eastmain et nous avons demandé aux aînées qui s'y trouvaient de nous montrer comment faire des paniers. Mais nous avons surtout appris des aînées de Wemindji. »

ᒥᓂ ᒫᒋᔅ (ᐊᐢᑎᒋᐣ ᐊᐦᒌᑦ) ᑭᔭᐦ ᕓᓬᓂ ᐊᑎᓯᐊᔾ ᒪᐢᐅᐁᔾ ᐁᔅᐦᑎᐁᐦᐁᔭᐦᑎᐊᔨ ᐤ ᐅᑕᐦᒌᐟ ᑭᔨᐁᐦᐊᓇᐁᐊᐢ᙮ ᓌᐣ ᐊᑦᐦ ᐊᐢᑲᐢ ᐁᐞ ᐅᑕᐦᐟ ᕼ ᐁᐤᐅᑎᒍ ᐅᔾ ᐃᔅᔅᐅᐦᐸᐅ ᑭᔨᐁᐦᐊᓇᐁᐊᐢ ᐊᐦ ᐅᑕᐦᒌᑦ ᐊᐦ ᒪᐊᐦᐅᐁ ᒫᐢᑲᔾ ᐊᐦ ᐊᔾᐊᐁᑦᐁ, ᐊᐦ ᐊᐦᒌᔭᐦᐊᔨᐤ ᑭᔭᐦ ᐊᐊᐟᐦ ᐊ ᐊᐦᑎᐟᐦᐠᐦ ᐅᑎᒥᐢᐊᐦᐠ᙮ ᓌᐣ ᒪᑉ ᓀᒪ ᐦᐣ ᐁᔾ ᐁᐤᐅᑎᒍ ᐅᔾ ᐊᐊᓂᐟ᙮ ᐊᓇᑉ ᒪᑉ ᐃᐊᐦᑲᐅᑦ ᐅᐟᐦ ᐞᐁᒥᓂᐠᐤ ᐞᐊᐦ ᒥᒥᓂᐠᐤ ᐊᓯᐊᐅᐢᐦᑎᐞᐊᐊᐢᐢ ᕼ ᐊᐠᔮᐦᑎᒍᐢ ᒫᐁ ᑉ ᑉ ᒌᔨᐊᦦᦩᐊᐢ ᐅᔾ ᑭᔨᐁᐦᐊᓇᐁᐊᐢ ᐊᐦ ᐅᐢᐦᑦᒍᓯᐞᐁᐊᐢᐦ᙮ ᓂᐤᐊ ᐆᐢᕼ ᓂᑎᐊᐟᐦᒼᐊᐠ ᐅ ᒪ ᐞᐁᓂᑎᐦᐠ ᑭᔭᐦ ᓂᑉ ᐞᐊᐞ ᐊᐠᐊᐢᐟ ᐅᐢᑲᐅᢒᐅᐠᐣ ᕼ ᐁᐞ ᐞᐊᐦᑎᐢ ᒥᓂ ᒫᒋᔅ, ᒣᐢᢇᐣ ᓂᑦᐦ ᐊᐢᐊᐢᦰᐢ ᑭᔨᐦ ᐊᐢᐞᐁᐦᐠᐤ ᐊᐦ ᒍᑲᒋᒥᐦᐠᐤ ᒌᐢᐊᐊᐅᐢ ᐊᓇᐟᐦ ᐊᓂᐢᦵᒍᑎᐢᐅᐠᐊᐊᐢᐤ ᑭᔨᐁᐦᐊᓇᐁᐊᐢ᙮ ᒪᑉ ᒪᑉ ᐅᔭᐦ ᐅᐟᐦᐠ ᐞᐊᐦᑦᦦᐅᐢᐟ ᑲᐞᐅᐊᐤᐢᐞ ᓂᐦᐠ ᓂᐢᐊᐦᐦᐋᢀᐢᐠ᙮

Niels Jensen

Louise Abbott

Instructor Samuel Mettaweskum (second from left) teaches young Cree how to make paddles during the summer gathering at Old Nemaska in July of 2009. The students are (left to right) Nick Wapachee, Jesse Mettaweskum, Damian Sutherland, and Keith Jolly.

Rassemblement estival à Vieux-Nemaska, juillet 2009. L'instructeur Samuel Mettaweskum (deuxième à partir de la gauche) enseigne à de jeunes Cris à fabriquer des pagaies. De gauche à droite, on peut voir Nick Wapachee, Jesse Mettaweskum, Damian Sutherland et Keith Jolly.

THE SEASONS OF EEYOU ISTCHEE

Eddie Pash sits stock-still on a ledge of snow that he has packed down on the edge of an island as groups of caribou cross the frozen lake in front of him. Eddie owns an outfitting camp southeast of Chisasibi, but he is not guiding hunters today; he is simply showing ecotourists how to observe the migrating caribou undetected. It is early December, still officially autumn. But the blowing snow and cold temperatures make it feel like the dead of winter.

Hudson Bay may be over three hundred kilometres west of where Eddie keeps watch, but it is largely responsible for the weather that swirls around him. In the fall and early winter, when the bay is open, it moistens the air that moves eastward over it, producing heavy snowfalls in Eeyou Istchee. In the spring and early summer, when the bay is still locked in ice, it cools the air that passes over it towards the east, keeping temperatures cool in Eeyou Istchee.

The fact that wintry weather has historically arrived early and stayed late has led some outsiders to claim that Eeyou Istchee has just two seasons—winter and summer. But the burst of greenery as the snow disappears and the flush of foliage before the snow reappears have confirmed for others that this region has four seasons, albeit an abbreviated spring and autumn.

The Cree themselves traditionally regarded the calendar from the perspective of those who depend on the land for survival. They divided the year by freeze-up and ice melt, as well as by the spawning of fish and the mating, movement, and moult of game and fowl. Latterly, environmental changes have made the timing and location of natural events less predictable than in the past. Wage employment and school attendance have also imposed constraints on when people can go into the bush and how long they can stay there. Yet even when all the Cree were born and died on the land, their perception of the seasons differed from one group to another because they were scattered over such a wide and diverse subarctic territory.

Eeyou Istchee lies within the Canadian Shield, an expanse of billion-year-old igneous rock that encircles Hudson Bay and spans much of Quebec, other parts of Canada east of the Rocky Mountains, and sections of the northen United States. Several million years ago, the Laurentian Ice Sheet covered Eeyou Istchee. As this glacier advanced, it compressed and scraped the mountainous land with its immense weight. It shattered and lifted rocks, gouged out lake and pond beds, and deposited much of the area's soil farther south.

Several thousand years ago, the ice sheet retreated as the climate warmed. Meltwater bared and smoothed rocks, filled lakes and ponds, and created rivers. With the addition of huge volumes of ice melt, Arctic waters spilled over the shores of Eeyou Ischee, creating an inland sea.

With the weight of the ice removed, the land gradually rebounded and pushed the salt water back. The inland sea shrank to become present-day Hudson Bay, which encompasses James Bay at its southern end. Hudson Bay is the second-largest bay in the world, surpassed only by the Bay of Bengal in the Indian Ocean. It is the largest body of water in the world to freeze over seasonally.

Today the eastern coast of James Bay is characterized by lowlands that narrow progressively towards the north, and then vanish southwest of Great Whale River in Hudson Bay. The shoreline from there to Richmond Gulf is sometimes demarcated by cliffs of limestone or sandstone, sometimes by sandy terraced beaches.

The interior of Eeyou Istchee features a central plateau that, like an upended bowl, drops off in all directions. The plateau is punctuated by hills and mountains, such as the Otish, a small range northeast of Mistissini. This massif is the source of several major rivers, including the La Grande and the Eastmain. The Cree call it *aa uhchi saachiiuwich*, or the place where the waters come from.

Throughout Eeyou Istchee, the land is well-watered. There are scores of rivers that flow west and north into Hudson Bay. There are also countless other bodies of water, including Lake Mistassini, the largest freshwater lake in Quebec and the source of the Rupert River. The region's intricate hydrological network contains more surface water per square kilometre than anywhere else on earth.

Louise Abbott

The north shore of the Bell River lies at the 49th parallel and is the gateway to Eeyou Istchee.

La rive septentrionale de la rivière Bell, sur le 49ᵉ parallèle nord, est la porte d'entrée de la région d'Eeyou Istchee.

ᓇᑖᐦ ᒫᑊ ᐊᔅᑎᐦᒑᐸᑦ ᐯᓭ ᓰᐱᒻ ᐊᑯᑎᐦ ᐊᐦᑎᑦᐅᑦ 49 ᑲ ᐃᑎᕆᓇᑕᑦ ᐊᔨᐸᑦ ᐊᐦ ᐸᔨᔨᓂᐦᐋᐸᓂᐙᑦ ᑭᔭᐦ ᐊᑯᑎᐦ ᐧᐊᐦᒥ ᐋᐦᑎᑖᐱᓈᓂᐙᑦ ᐅᒑᐦ ᐊᒍ ᐃᔪᔪᐅᔾᐦ᙮

Niels Jensen

The landscape outside of Eastmain reveals muted, but beautiful, colours in the autumn.

Paysage autour d'Eastmain dévoilant des couleurs d'automne douces et magnifiques.

ᐅᒐᕁ ᐧᐃᔭᐧᐃᐣᑎᓬ ᐃᐳᒥᓀᕁ ᐊᑯᒐᕁ ᐊᑎᐊᓂᑦᕁ ᐊᓯᑊ
ᓂᐊᕁᑭᐤ ᐊᕁ ᐃᐟᐊᓂᑦᕁ ᒧᐧᑲᑊ ᐊᕁ ᑎᐧᑲᑎᕁₓ

56

The tamarack is a deciduous conifer that adds a golden glow to the boreal forest in Eeyou Istchee in the autumn before shedding its needles.

Le mélèze laricin est un conifère décidu qui, à l'automne, ajoute une touche dorée à la forêt boréale d'Eeyou Istchee avant de perdre ses aiguilles.

ᐊᐦᓖᕽ ᒧᐦ ᐱᖁᐢᑏᐨ ᐁᓛᓇᐨ ᐱᑎᒫ ᐆᔑᐅᐱᓭᐃᐧ ᔅᐦᑖᓈᐦᐋᐦᑎᑯᐤ ᐊᐦ ᑎᐦᑖᒋᓂᐨ ᐅᑖᐦ ᐄᔪᐅᔅᑏᐦᒡ.

Niels Jensen

The boreal forest now covers much of Eeyou Istchee. Black spruce, which is hardy and can tolerate chilly winters, is the dominant species. It thrives on well-drained soil but can survive in muskeg, usually with a spindly trunk and no branches except small ones at the very top of the tree. Other species are intermixed with black spruce. Conifers include jack pine, tamarack, and white spruce; hardwoods include alder, aspen, and white birch.

In addition to trees, over eight hundred species of plants grow in Eeyou Istchee. Among them are a wide assortment of mosses and lichens. The latter are so prolific that the region has been dubbed "the land of lichens."

In the northernmost district, the boreal forest gives way to the taiga, where the soil is even thinner, the number of plant species is reduced, and the vegetation is sparser and more stunted.

More than 280 animal species inhabit Eeyou Istchee year-round or pass through it annually. The caribou is one of the most characteristic. There are two large herds of barren ground caribou—the George River and the Leaf River. The population of these large ungulates fluctuates considerably. The combined total is now estimated to be between 250,000 and 300,000 animals, a dramatic drop from the nearly one million animals estimated in the census of 2001.

Both the George River and Leaf River herds summer in the tundra in the Inuit territory of Nunavik. After mating takes place in the autumn, they travel long distances to their wintering grounds in Eeyou Istchee, sometimes going as far south as Eastmain. They forage under the snow for lichens, especially a light-coloured fruticose variety that is commonly called "reindeer moss." Some of the barren ground caribou can be seen on the coast and islands of James Bay. Most remain quite far inland, like those that Eddie Pash and his guests are watching.

There are also smaller herds of woodland caribou, a threatened species. They are relatively sedentary, occupying open high ground in the summer, and nearby forested land in the winter.

The beaver is another prominent herbivore in Eeyou Istchee. During the post-glacial period, beaver colonies created new wetlands by building dams and lodges in streams, lakes, and slow-moving rivers. Those wetlands, in turn, attracted birds and mammals. Beavers continue to shape the environment of the region.

Another small, yet key, herbivore is a hare popularly known as the "snowshoe rabbit." It derives its name from its large hind feet and the tail marks that it leaves as it bounds about. It follows and dutifully maintains established runways, clipping off stems or leaves that could prevent a quick escape. Because of a gradual shedding and replacement of outer guard hairs twice a year, the snowshoe rabbit blends in with its surroundings: It is grey-brown in the summer, almost pure white in the winter. Nonetheless, its habitual travel patterns make it a frequent prey for fox and other predators. It is also vulnerable to many diseases and subject to decade-long cyclical fluctuations in population. It can reach densities of a few hundred hares per square kilometre but can then become so scarce that the entire food chain is disrupted.

Moose are the most imposing herbivores in Eeyou Istchee. Exactly when they arrived in the region is uncertain. They apparently disappeared in the eighteenth century and then reappeared in the twentieth century. In recent years, they have extended their range as far north as the vicinity of Whapmagoostui.

The woodlands of Eeyou Istchee also offer a haven for black bears, which follow well-defined trails in the summer and fall as they search for dietary staples, such as berries.

There are many other mammals in Eeyou Istchee, ranging from porcupines to wolves. There are also marine mammals. In the summer, beluga whales congregate at the mouths of several large rivers on the coast of southern Hudson Bay, as well as in James Bay. Seals of different kinds, including ringed and bearded, frequent the coast of Eeyou Istchee as far south as the Eastmain River. Unique landlocked harbour seals live in a string of lakes situated northeast of Whapmagoostui.

Polar bears can be spotted year-round along the James Bay coast, where they feed primarily on seals, but also on seabirds, ducks, and small rodents. They have been known to stalk and chase caribou. In a pinch, they will eat vegetation, like kelp and berries. Some gravitate to offshore islands; North and South Twin Islands near Wemindji are especially significant areas for polar bear breeding and denning.

Lake Opemiska, seen here at sunset in December, constitutes a widening of the Chibougamau River, which flows into the Waswanipi and Nottaway Rivers.

Coucher de soleil sur le lac Opemiska, en décembre. Ce lac constitue un élargissement de la rivière Chibougamau et se déverse dans les rivières Waswanipi et Nottaway.

ᐅᐱᒥᐢᑲᐤ ᓵᑭᐦᐄᑲᓂ, ᒫᐧᑲᒡ ᐊᐦ ᐱᓯᒧᒡ ᐋᓯ ᒥᑑᐢᑭᐧᓯᓂᐋᕐᒡ ᐊᐦ ᐊᑯᒥᒃ, ᐊᑯᑎ ᐊᐦᑯᑦᒡ ᓯᐳᒌ ᔨᐢᒡ, ᐊᓂᒑ ᐊᔅᒌᐋᒡ ᐧᐋᐦᓯᐋᔅᑎᒡ ᑭᔅ ᓈᒥᐋᐅᔨᐢᒡ.

Niels Jensen

Louise Abbott

Both male and female caribou have antlers, but they shed them and grow new ones at different times of the year. The males shed their antlers after the breeding season in the autumn; young males retain theirs longer than mature males. Non-pregnant females shed their antlers over the winter. Pregnant females shed theirs soon after calving in the spring.

Les caribous mâles et femelles ont tous deux des bois qui tombent et repoussent à différentes périodes de l'année. Les mâles perdent leurs bois après la période d'accouplement. Les jeunes les conservent plus longtemps que les adultes. Les femelles non gravides perdent les leurs en hiver tandis que les femelles gravides les perdent peu de temps après avoir mis bas, au printemps.

ᐊᐸᑎᖅᑯᑦ ᑭᖕᒃ ᓂᒋᔪᐊᑦᑯᑦ ᑖᓯᑕᐊ ᐅᑖᖅᐱᓂ·ᐊᑉ, ᒥᑐ ᓂᒥ ᑖᓂᔭ ᐊᓂᔾ ᐊᑉᐱᓴᑦᑎᐱᓴᒃ ᒥᓂᐸᓴᑦᐊ·ᐊᑉ ᑭᖕᒃ ᓂᓯᑕᐅᐱᔾ ᐅᑖᖅᐱᓂ·ᐊᖁ; ᐊᓂᓯ ᐊᐸᑎᖅᒐᐅ ᐊᑉᑎ ᒪᓴᐱᓴ·ᐊᑉ ᐸ ᓯᓴ·ᐃᔅᒃᒐ·ᑖᖁ ᐊᑉ ᑎ·ᐯᓯᓂᐊᒃ; ᐊᓂᓯ ᐊᑎᒃᓯᓯᐱ ᐊᑎᑎᐅ ᐊᑉ ᑭᑭᕆ·ᐊᐱᐅ·ᐃᔅᐱᒃ ᐊᑉ ᑭᒃᓂᑕᕆᑎᐅ·ᐃᔅᐱ·ᑮᕆᐱᓯᐅ·ᐃᔅᐱ ᐊᐸᑎᖅᑯᖁ᙮ ᐊᓂᓯ ᐊᔾ ᐊᔑᐅ ᐅᑎᒃᑎᒃ ᓂᒋᔪᐊᑦᑯᑦ ᐊᑉᑎ ᒪᓴᐱᓴ·ᐊᑉ ᐅᑖᖅᐱᓂ·ᐊᖁ ᒪᖁᒃ ᐊᑉ ᐱᖁᓂᐸᑦᐱᑦ᙮ ᐊᑉ ᐊᓂᓯ ·ᐊᑉᑐᑭᑭᐱ ·ᐯᐊᔅ ᐸᒃ ᐃᐱᐱ·ᐃᐱᓴ·ᑖᖁ ᐅᑎᒃᑎᒃᐸᒃ ᐊᑉ ᕐᑐᓂᔅᐱ ᐊᑉᑎ ᒪᓴᐱᓴ·ᐊᑉ ᐅᑖᖅᐱᓂ·ᐊᖁ᙮

Niels Jensen

These rapids on the Rupert River are about twenty-five kilometres southeast of Waskaganish at a site referred to as Smokey Hill. Cree have long enjoyed gathering here in the late summer to catch spawning cisco and whitefish in a weir or to scoop them with a dip net. This photograph was taken in 2007, before the partial diversion of the Rupert River northward to the Eastmain and La Grande Rivers in late 2009 for a hydroelectric project.

Ces rapides de la rivière Rupert sont situés dans un endroit connu sous le nom de « Smokey Hill » à environ vingt-cinq kilomètres au sud-est de Waskaganish. Depuis longtemps, les Cris aiment se rassembler ici à la fin de l'été pour pêcher du cisco et du grand corégone, pendant la saison du frai, à l'aide de fascines ou d'épuisettes. Cette photographie a été prise en 2007 avant que la rivière Rupert ne soit partiellement détournée vers le nord aux rivières Eastmain et La Grande dans le cadre d'un projet hydroélectrique à la fin de l'année 2009.

A dazzling array of migratory waterfowl and shorebirds are drawn to Eeyou Istchee seasonally by nutrient-rich offshore islands and coastal saltwater marshes, as well as by wetlands and other bodies of water in the interior. In the spring, for instance, when large flocks of Canada geese are heading for their Arctic breeding grounds, they rest and eat along the coast of James Bay. In the fall, when they moult and cannot fly for a month or more, they also seek refuge in the region, particularly on offshore islands where they can find the berries and other plant food that they need to produce new feathers.

Altogether, four species of geese, two dozen species of ducks, more than twenty species of shorebirds, and several kinds of cranes, gulls, loons, and terns have been recorded in Eeyou Istchee. Numerous species of birds, from crows and sparrows to grouse and ptarmigan, reside full time in the region. Smaller winged creatures—notably, blackflies, deerflies, and mosquitoes—make an annual appearance.

Several dozen species of fish populate the coastal and inland waters of Eeyou Istchee. The most distinctive is the lake sturgeon, the largest freshwater fish in Canada. This ancient bottomfeeder has barbels on the underside of its snout for probing its surroundings and detecting the insect larvae, crayfish, molluscs, small fish, and worms on which it feeds. It extends its rubbery lips to suck up its prey into its toothless mouth, and then swallows it whole. Sturgeon once grew to hefty sizes: some specimens tipped the scales at over one hundred kilograms. Most mature sturgeon caught today are much smaller.

For millennia, the fate of the Cree in Eeyou Istchee was determined by the plenitude or scarcity of flora and fauna, and the success or failure of hunting, fishing, trapping, and gathering. Today the Cree continue to harvest natural resources. Their right to do so is enshrined in the hunting, fishing, and trapping regime of the James Bay and Northern Quebec Agreement, which established three categories of lands for Eeyou Istchee. Category I—5,542 square kilometres—is land in and around Cree communities that is controlled solely by native residents. Category II—62,155 square kilometres—is land in which the Cree have exclusive rights for hunting, fishing, and trapping, and share management of those activities, as well as of forestry, mining, and tourism development, with government authorities. Category III—277,157 square kilometres—is land in which both Cree and non-natives may hunt and fish subject to agreed upon regulations. The Cree have exclusive rights to harvest certain aquatic species—lake sturgeon is among them—and fur-bearing animals. They also have the right to participate in the administration, development, and environmental protection of the land.

Since the signing of the agreement, the Cree have witnessed enormous changes to Eeyou Istchee. A series of giant power stations on the La Grande River and its tributaries has been completed, generating more hydroelectricity in one place than anywhere else in the world. The Caniapiscau, Eastmain, Opinaca, and Rupert Rivers have been diverted into the La Grande watershed, and extensive tracts of land, including Cree traplines and burial sites, have been flooded by the rising waters of the massive reservoirs that power the turbines.

Logging, mineral exploration, and other industrial operations have also altered the ecosystem of the region, impacting humans and wildlife alike. Migrating caribou, for example, have historically moved southward in a steady stream. These days, groups of Leaf River caribou sometimes switch directions suddenly and head north, only later stopping and then resuming their migration south. Cree elders attribute this unusual behaviour to habitat disturbance.

Anxious to protect Eeyou Istchee and the viability of their traditional lifestyle, the Cree have been working with government and other partners to establish preserves. The Cree Nation of Wemindji is trying to safeguard the biologically rich watersheds of the Paakumshumwaau, or Old Factory River, and the Maatuskaau, or Poplar River. It hopes to add a marine conservation area to the more than four-thousand-square-kilometre terrestial area. The Cree Nation of Mistissini is helping to develop the Albanel-Temiscamie-Otish (ATO) Park, which encompasses eleven thousand square kilometres and includes Lake Mistassini. ATO Park will be the first inhabited park in Quebec—it includes thirty-seven Cree traplines within its boundaries—and will be co-managed with the province.

In tandem with the creation of such preserves, the Cree are developing ecotourism and cultural tourism. They welcome visitors wholeheartedly to their beloved homeland but ask them to tread lightly, like the ecotourists who are standing not far from Eddie Pash, tucked away behind spruce trees. Leaving no trace of their presence, they will take away photos and memories of an astonishing sight—hundreds of caribou walking or cantering across the ice and then disappearing into the bush.

Niels Jensen

Dome-shaped lodges of sticks and mud with tunnel entrances underwater often accommodate more than one family of beavers. This one was constructed south of Wemindji on the edge of the James Bay Highway.

Des huttes hémisphériques faites de branches et de boue possèdent une entrée sous-marine et peuvent héberger plus d'une famille de castors. Celle-ci fut construite au sud de Wemindji sur la route de la Baie-James.

ᐅᑎᐦ ᒫᐦ ᐧᐄᔥᑎᖕ ᓂᒍᐃ ᒥᐦ ᐸᔮᑐᑕᐅᔨᐧᐃᐤ ᐊᒥᔥᑯᐤ᙮ ᐆ ᒫᐦ ᐧᐄᔨᒡ ᐊᑯᑎᐦ ᐊᐦᑐᒻ ᐋᔨᒫᒡᐦᒡ ᐊᑳᐦᑌ ᐧᐄᒥᓂᑦᐦ ᐊᓂᒐᐦ ᑎᐊᒥᔥ ᐯᐃᐦ ᐅᒌᑳᓈᔥᑯᒥᑯᐦᒡ᙮

Niels Jensen

Lichens, including reindeer moss and a red-tipped variety popularly referred to as "British soldiers," form part of the groundcover in May at the Sheshamush bush camp northeast of Whapmagoostui.

Au mois de mai, le couvre-sol du campement de Sheshamush, au nord-est de Whapmagoostui, est en bonne partie recouvert de lichen, notamment de la cladonie des rennes et une variété à bout rouge appelée « soldats britanniques ».

ᓂᐊᕐᐳ ᒫᐃ ᐊ ᐃᔨᐊᑯᒻ ᐊᔅᑭ ᓂᑦᑖᐅᕐᐊ ᐊᓂᑎ ᑳ ᒫᓂᑳᔨ ᓅᓯᒥᔒᔨ ᐅᑖ ᐊᑎᒫᔨᕐᒥ ᑭᔅ ᐧᐋᑉᒫᓅᑦᒻ ᐃᑖᒋ ᐧᐋᐱᒃᑯᑎᒡᒻ ᒫᐦᒃ ᐊᔅᐦᒫᑳᔨᕐᒻ ᑳ ᐊᑎᓂᓯᒻ. ᐅᑖ ᒫᐦ ᐃᔅᔅᐅᔨᒻ ᒥᒨᑉᔅ ᐃᔨᐊᑦᐊ ᐊᔅᑭ ᐋ ᓂᓂᑦᑖᐅᕐᒻ.

Niels Jensen

More than two dozen types of waterfowl nest in Eeyou Istchee in the spring. This American black duck was swimming near Camp Louis Jolliet on Lake Mistassini.

Plus de vingt-quatre types d'oiseaux aquatiques nichent à Eeyou Istchee au printemps. Ce Canard noir nageait sur le lac Mistassini près du camp Louis Jolliet.

Niels Jensen

Islands, many of them rocky, are scattered all along the coastline of James Bay.

Des îles, rocheuses pour la plupart, sont éparpillées le long de la côte jamésienne.

ᐅᑖᕻ ᒦᑫ ᒦᒦᓴ ᒋᐃᒥᕐ ᐯᐃᕻ ᐊᑯᑖᕻ ᐊᑯᕐᑎᕐᓯᕻ ᒥᓂᕐᑎᕐ, ᒥᕐᑰᑐ ᒦᑫ ᐸᕐᐹᕆᐱᕐᑲᕐᓯᕐ.

Niels Jensen

The bird's-eye primrose, found in wetlands and on the banks of lakes and rivers in various parts of North America, is one of many species of wildflowers that bloom in Eeyou Istchee in the spring and summer. It is also known as the Lake Mistassini primrose (*Primula mistassinica*), because it was first identified as a species on the shores of Lake Mistassini in 1792 by French botanist and explorer André Michaux.

La primevère laurentienne, que l'on retrouve dans les terres humides et sur le bord des lacs et des rivières dans différentes régions en Amérique du Nord, est l'une des nombreuses espèces différentes de fleurs sauvages qui fleurissent au printemps et en été en Eeyou Istchee. Cette fleur est aussi connue sous le nom de primevère du lac Mistassini (*Primula mistassinica*) parce qu'elle a été découverte sur les rives du lac Mistassini en 1792 par le botaniste et explorateur français André Michaux.

ᐅ ᒫᑉ ᑳ ᐃᔑᓈᑯᑉ ᓂᐱᓯ ᐊᑯᑖᐦ ᐋᐦᑖᐅᑎᐧᐦ ᐊᐅᑖᐦ ᐋᐦ ᒥᓯᒥᑐᐧᐃᐧ ᐊᐦᑳᒥᐦᑖᐅᐦᑳᐃᐧ ᓴᑭᐦᐄᑭᓂᐦ ᑭᔭᐦ ᓯᐱᐦ ᐅᑎᐦ ᐊᔫᐧ ᐋᒥᐦᑳᐋᔭᒃ, ᑭᔭᐦ ᐅᑖᐦ ᐃᔭᔨᐅᔅᒌᐦᐧ ᐋᐦ ᓵᑯᐧ ᑭᔭᐦ ᓂᐱᐧ ᐅ ᑭᔭᐦ ᐊᑯᑖᐦ ᐊᔅ ᐄᐅᑎᑯᐧ ᒥᑎᑎᓂᐧ ᐊᐦ ᐧᐋᐦᑐᑎᔑᐅᐦᑳᑎ, ᐅᑖᐦ ᑭᔭᐦ ᑭᔭᐅ ᐄᓂᐋᑎᐧ ᐊᑯᑖᐦ ᐊᐦᑖᐅᑎᐧᐦ ᐅᐦᐃ ᓂᐦᓯᐧ ᑭᔭᐦ 1792 ᐃᐦ ᐄᐱᔅᑖᔨᐧ ᐊᐦ ᐱᔨᓂᔨᐧ ᐊᑎᐧ ᓂᑯᐅᐦᑎᑯᐦ ᐦ ᐧᐋᐦᑐᒍᕇᐧ ᐊᐦᑎᐧᐁᐃᐧ ᒣᓅ ᐊᐦ ᓂᐦᑖᐅᑎᓂᐦᐧ ᒦᑲᔭᐦ ᐊᐦ ᐦ ᒥᔅᑎᒥᒫᔥᐦ.

67

LES SAISONS D'EEYOU ISTCHEE

Un groupe de caribous traverse le lac gelé devant Eddie Pash assis, immobile, sur une saillie de neige qu'il a faite au bout d'une île. Eddie est propriétaire d'un camp de pourvoirie au sud-est de Chisabisi, mais il ne guide pas de chasseurs aujourd'hui; il montre à des écotouristes comment observer les caribous en migration sans être repéré. C'est le début du mois de décembre. Officiellement, c'est toujours l'automne, mais le froid et la neige balayée par le vent donnent l'impression que nous sommes au plus fort de l'hiver.

Bien que la baie d'Hudson soit à plus de trois cents kilomètres à l'ouest de l'affût d'Eddie, elle influe en grande partie sur la neige qui tourbillonne autour de lui. En automne et au début de l'hiver, alors que la baie est libre, elle humidifie le vent de l'ouest qui la survole, provoquant d'abondantes chutes de neige en Eeyou Istchee. Au printemps et au début de l'été, alors qu'elle est emprisonnée dans la glace, la baie refroidit le vent qui permet à Eeyou Istchee de conserver sa fraîcheur.

Parce que l'hiver commence tôt et finit tard, certains étrangers disent qu'il n'y a que deux saisons en Eeyou Istchee : l'hiver et l'été. Mais d'autres affirment que l'explosion de verdure qui se produit lorsque la neige disparaît et le rouge qui colore les feuilles avant sa réapparition confirment la présence de quatre saisons, même si le printemps et l'automne sont brefs.

Traditionnellement, les Cris envisageaient le calendrier comme un peuple qui dépend de la terre pour survivre. Ils découpaient l'année selon le gel et le dégel, le frai des poissons, et l'accouplement, la migration et la mue du gibier et de la volaille. Mais depuis peu, à cause des changements environnementaux, il est plus difficile de prévoir le moment et l'endroit où les événements naturels vont se produire. De plus, le travail salarié et l'école ont aussi imposé des contraintes quant aux occasions pour les Cris d'aller en forêt et à la durée des séjours. Lorsque les Cris naissaient et mouraient dans la forêt, la façon dont ils voyaient les saisons variait d'un groupe à l'autre, car ils étaient dispersés sur un territoire subarctique à la fois vaste et diversifié.

Eeyou Istchee occupe une partie du Bouclier canadien, une étendue de roches ignées vieilles d'un milliard d'années qui encercle la baie d'Hudson et recouvre une grande partie du Québec, certaines parties du Canada situées à l'est des Rocheuses et plusieurs régions au nord des États-Unis. Il y a plusieurs millions d'années, l'inlandsis laurentidien recouvrait Eeyou Istchee. En avançant, le glacier compacta et abrasa les terres montagneuses de son poids immense. Il fracassa et suréleva des roches, évida des lacs et des lits d'étangs, et transporta plus loin au sud une grande quantité du sol de la région.

Il y a plusieurs milliers d'années, comme le climat se réchauffait, l'inlandsis recula. Les eaux de fonte dépouillèrent et lissèrent les roches, remplirent lacs et étangs et créèrent des rivières. La fonte des glaces ajoutant d'immenses volumes d'eau aux eaux arctiques, celles-ci se déversèrent en Eeyou Istchee, y créant une mer intérieure.

Le poids de la glace disparu, la terre prit de l'expansion et repoussa l'eau salée. La mer intérieure se rétrécit et devint l'actuelle baie d'Hudson avec la baie James à son extrémité sud. La baie d'Hudson est la plus grosse baie au monde après le golfe du Bengale dans l'océan Indien. C'est aussi la plus grande étendue d'eau à geler de façon saisonnière.

De nos jours, la côte orientale de la baie James se caractérise par de basses terres qui s'étrécissent graduellement vers le nord avant de disparaître au sud-ouest de la Grande rivière de la Baleine, au bord de la baie d'Hudson. Le littoral entre la fin des basses terres et le lac Guillaume-Delisle est délimité tantôt par des falaises de calcaire ou de grès, tantôt par des plages de sable en terrasses.

À l'intérieur d'Eeyou Istchee, un plateau central descend dans toutes les directions, à l'image d'un bol posé à l'envers. Ce plateau est ponctué de collines et de montagnes, comme les monts Otish, une petite chaîne de montagnes au nord-est de Mistissini. Ce massif est la source de plusieurs rivières importantes, notamment la Grande Rivière et la rivière Eastmain. Les Cris le nomment *aa uhchi saachiiuwich*, littéralement « l'endroit d'où coule l'eau ».

Louise Abbott

The Eastmain River was named after the HBC's East Main District, the littoral of eastern James Bay in which the company historically operated fur-trading posts. In the late 1970s, most of the waters of the Eastmain were diverted northward into the reservoir of the La Grande hydrolectric complex.

La rivière Eastmain a reçu le nom du district « East Main », district de HBC comprenant le littoral oriental de la baie James où, jadis, la compagnie possédait des postes de traite. À la fin des années 1970, la majeure partie des eaux de la rivière a été détournée vers le réservoir du complexe hydroélectrique La Grande plus au nord.

ᐊᓐ ᒫᑊ ᐃᓯᓈᑖᑯᔨᐱ ᐊᐦᑖᓐ ᐯ ᐅᐦᒋ ᐧᐃᓯᔖᑕᓐ ᐅᐦᒋ "ᐊᒡᓯᐊ ᐯᐃ" ᑳᐸᒋᐦ ᐯ ᐅᐦᒋ ᐧᐃᓅᑖᓯᓐ ᐊᓂᔖ ᐅᐸᒪᐦᓂᑦ ᐅᐦᒋ ᐊᓂᔖ ᐊᑦᐧᐃᐊᓂᔥ ᐯ ᐅᑎᓂᕐ ᐅᑖᓐ ᐅᐦᒋ ᐃᔮᓭᐦᑦ. ᐊᓐ ᒫᑊ ᐯ ᐊᑎ ᒫᐦᐸᑎᐦ ᐊᓯᓈᐃ ᐊᓐ ᐸᐅᑦ 1970 ᐯ ᐃᓯᕐᑎᓐ, ᑯᐸᒡ ᓵᐨ ᒥᔨᐊ ᐤᑎᕐ ᒥᔨᔮᑐᑦᑐᐦ ᐊᓐ ᐊᔥ ᐊᔥᒡᔖᔭᕆᐊᑎᐦᔓ ᐅᕐᑎᒥᕐᓕᐧᐤ "ᐊᐃᑎᒐᐃᑦᐧᑊ ᐊᓂᔖ ᐃᓯᓈᑖᑯᔨᔮᓐ ᓈᐨ ᐊᔥ ᐊᓄᒪᔮᕐᐢ.

Louise Abbott

Groundcover near Eastmain in October.　　　Couvre-sol près d'Eastmain, en octobre.　　　ᐊᑎ ᐃᑎᔅᑭᒥᑊ ᐹᓪ ᐃᔨᓯᒻ ᒦᑊ ·ᐃᔾᑯᐱᔅ ᐊᐦ ᐊᑯᑎᑊˣ

This American mountain ash tree in Eastmain is laden with ripe berries in October. The berries remain on the trees during the winter. Birds, black bears, and small mammals, such as squirrels, feed on them. Moose eat the foliage, twigs, and bark of these trees. Marten and snowshoe hares also browse them.

Ce sorbier d'Amérique, photographié à Eastmain, est couvert de baies mûres en octobre. Les baies restent sur l'arbre tout au long de l'hiver. Les oiseaux, les ours noirs et les petits mammifères comme les écureuils s'en nourrissent. Les orignaux mangent le feuillage, les brindilles et l'écorce de ces arbres qui servent aussi de nourriture à la martre et au lièvre d'Amérique.

ᐅ ᒥᔑᑎᒌᔥ ᐊᓂᑖ" ᐃᑭᓯᓂᒻᑊ ᐊᑯᑎ" ᒫᑲᑊ ᒫᔑᒥᓂᑳᓅ" ᐊᓂᔭ" ᒦᓂᒻ ᒫᑲᑊ ᐙᓱᑐᐋᔨᒻ ᐊ" ᐊᑯᑎᒻᵇ ⁿᓃᐅ ᐱ"ᓵᑎᓴᵐ ᐊ" ᐱᔪᵐ ᐊᓂᐋ ᒦᓂᒻ ᔦᔅᑾᓯᔪ, ᒪᑯᓯᔪ, ᑭᔭ" ᐊ" ᐊᐱᔖᔪ ᓂᑐᐅᐁ, ᐱᑯᓂ ᐊᓄᑎᓯ, ᐊᐅᑯᑊ ᒫᒥᵡ ᒎᔅ ᒫᑊ ᐊᑯᑎ" ᐙ"ᒥ ᒥᔑᔅ ᓈᐱ", ᐅᑎ"ᑯᓐᵐ ᑭᔭ" ᐊᓂᔭ ᐊ" ᐙᐃᒥᔅᑭᔪᵛ ᐊᓂᔭ" ᒥᓐᑎᒻᵡ ᐙᐱᔅᒑ ᑭᔭ" ᐙᐳᔾ ᐊᑯᑎ" ᑭᔭ" ᐙ"ᒥ ᒥᔑᔪ.

Niels Jensen

Partout en Eeyou Istchee, la terre est bien irriguée. Avec son grand nombre de rivières coulant vers l'ouest et le nord jusqu'à la baie d'Hudson et ses innombrables étendues d'eau, notamment le lac Mistassini, plus grand lac d'eau douce au Québec et source de la rivière Rupert, le réseau hydraulique complexe de la région contient plus d'eau de surface par kilomètre carré que toute autre région du monde.

La forêt boréale couvre aujourd'hui la majeure partie d'Eeyou Istchee. L'épinette noire, un conifère résistant pouvant tolérer les froids hivers, est l'espèce dominante. Elle prospère dans un sol bien drainé, mais peut survivre dans un muskeg, où on la retrouve grêle avec quelques petites branches à son faîte. D'autres espèces cohabitent avec l'épinette noire : des conifères comme le pin gris, le mélèze laricin et l'épinette blanche ainsi que des feuillus comme l'aulne, le peuplier tremble et le bouleau à papier.

En plus des arbres, plus de huit cents espèces de plantes poussent en Eeyou Istchee, parmi lesquelles on retrouve une grande variété de mousses et de lichens. Ces derniers sont si répandus que la région est connue comme la « terre du lichen ».

Dans le secteur le plus septentrional, la forêt boréale est remplacée par la taïga, une région au sol peu épais, où le nombre d'espèces végétales est réduit et la végétation plus rare et plus rachitique.

Plus de 280 espèces animales vivent en Eeyou Istchee, soit en permanence, soit lors de leur migration annuelle. Le caribou est l'un des animaux les plus caractéristiques de la région. On y rencontre deux grands troupeaux de caribous des toundras, le troupeau de la rivière George et le troupeau de la rivière aux Feuilles. La population de ces grands ongulés varie beaucoup. On estime qu'il y a actuellement entre 250 000 et 300 000 animaux, une diminution drastique depuis le recensement de 2001 qui en avait dénombré près d'un million.

Le troupeau de la rivière George et le troupeau de la rivière aux Feuilles passent tous deux l'été dans la toundra du territoire inuit du Nunavik. Après l'accouplement automnal, ils parcourent de très longues distances en Eeyou Istchee pour rejoindre leur lieu d'hivernage, descendant parfois très au sud jusqu'à Eastmain. Ils fouillent sous la neige pour y trouver du lichen, et plus particulièrement une espèce fruticuleuse de couleur pâle appelée communément cladonie des rennes. On peut voir quelques caribous des toundras sur la côte et les îles jamésiennes. La plupart, par contre, restent loin à l'intérieur des terres, comme ceux qu'Eddie Pash et ses invités observent.

On rencontre aussi de petits troupeaux de caribous des bois, une espèce menacée. Ceux-ci sont relativement sédentaires ; ils vivent dans les hautes terres découvertes en été et dans les forêts avoisinantes en hiver.

Le castor est un autre herbivore important en Eeyou Istchee. Lors de la période postglaciaire, des colonies de castors ont créé de nouvelles terres humides en bâtissant des barrages et des huttes dans des ruisseaux, des lacs et des rivières au cours lent. Ces terres humides ont, à leur tour, attiré oiseaux et mammifères. Les castors continuent de façonner l'environnement de la région.

Quoique petit, le lièvre d'Amérique, communément appelé lièvre à raquettes, est un autre herbivore important. Son nom vient de ses grandes pattes arrière et des traces qu'il laisse avec sa queue en courant. Il emprunte toujours les mêmes sentiers qu'il entretient en coupant les tiges et les feuilles qui pourraient l'empêcher de s'enfuir rapidement. Le lièvre d'Amérique mue deux fois par année, remplaçant ses jarres, ce qui lui permet de se camoufler dans son milieu naturel : de gris brun en été il devient d'un blanc presque pur en hiver. Néanmoins, son habitude de se déplacer de manière prévisible en fait la proie fréquente des renards et autres prédateurs. Il est aussi sujet à de nombreuses maladies et à des fluctuations de population pouvant durer des décennies. En effet, la densité de population peut passer de plusieurs centaines de lièvres au kilomètre carré, à si peu d'individus que la chaîne alimentaire au complet en est perturbée.

Les orignaux sont les herbivores les plus imposants d'Eeyou Istchee. On ne connaît pas le moment exact où les orignaux sont arrivés dans la région. Ils auraient disparu au dix-huitième siècle, puis réapparu au vingtième siècle. Plus récemment, ils ont étendu leur territoire jusqu'à Whapmagoostui, au nord.

Les régions boisées d'Eeyou Istchee sont aussi un refuge pour les ours noirs qui empruntent toujours les mêmes sentiers, en été et en automne, à la recherche de leur nourriture de base comme les baies.

In the vicinity of Camp Kiskimaastakin northeast of Chisasibi, the taiga, or northern edge of the boreal forest, is characterized not only by low-lying wetlands, but also by rocky plateaus encrusted with lichens and dotted with stands of scrubby black spruce.

Près du camp Kiskimaastakin au nord–est de Chisasibi, la taïga, la frontière septentrionale de la forêt boréale, se caractérise par ses basses terres humides et par ses plateaux rocheux incrustés de lichen et parsemés de bosquets d'épinettes noires rabougries.

ᐸᓯᑦ ᒫᒃ ᐊᓂᑦ" ᑭᓯᑭᒫᔅᑕᑭᓂᐅᒡ ᐅᑖ" ᐃᔥ ᐊᑎᒫᐧᔨᒡ ᑭᔅ" ᐧᐋᐱᒡᒥᒡ ᐅ"ᒋ ᓂᔥᒋᔮ"ᒡ, ᐊᑐᒡ" ᐊᓯᑳᑯᒥᒡ ᐋ" ᒥᔥᑯᐧᐃᒡ ᑭᔅ" ᐋ" ᐸ"ᐸᑎᐱᔅᑲᒡ ᑭᔅ" ᐋ" ᐊᑎ ᒥᓯᑯᐸᐧᐃᒡ ᐃᔅᑭ"ᑎᒡᐧ.

Niels Jensen

Louise Abbott

The waters of James Bay near Chisasibi can be seen in the distance in this November scene. English navigator and explorer Thomas James bestowed his own name upon the bay when he sailed into it during his search for the Northwest Passage—a route through the Arctic Ocean—in 1631.

Dans cette photographie prise en novembre, on distingue au loin la baie James près de Chisasibi. C'est en 1631, alors qu'il cherchait le passage du Nord-Ouest — une route maritime traversant l'océan Arctique — que le navigateur et l'explorateur britannique Thomas James pénétra la baie à laquelle il conféra son nom.

Louise Abbott

Mud flats, such as this one at the estuary of the La Grande River near Fort George Island, provide a home for a wide range of invertebrates, including sand worms, molluscs, and other microscopic creatures. As a consequence, they also provide a vital food source for migratory shorebirds.

Vasière dans l'estuaire de la Grande Rivière près de l'île de Fort George. Les vasières sont habitées par une grande variété d'invertébrés, notamment des arénicoles, des mollusques et autres espèces microscopiques. Par conséquent, elles sont une source alimentaire importante pour les oiseaux de rivage migrateurs.

Du porc-épic au loup, de nombreux mammifères coexistent en Eeyou Istchee, y compris des mammifères marins. En été, les bélugas se rassemblent aux embouchures de grandes rivières sur la côte sud de la baie d'Hudson et dans la baie James. On rencontre également des phoques de toutes sortes : des phoques annelés et des phoques barbus le long de la côte jusqu'à la rivière Eastmain, au sud, et des phoques communs, une espèce unique qui n'a pas accès à la mer, dans une chaîne de lacs au nord-est de Whapmagoostui.

On peut apercevoir des ours blancs toute l'année le long de la côte jamésienne où ils se nourrissent principalement de phoques, mais aussi d'oiseaux marins, de canards et de petits rongeurs. On sait qu'ils traquent et chassent aussi le caribou. Très occasionnellement, ils peuvent se nourrir de végétation, notamment de varech et de baies. Certains ours habitent des îles marines comme North Twin Island et South Twin Island, près de Wemindji, des régions particulièrement importantes pour les ours blancs, car elles leur servent de lieu de reproduction et de tanière.

De façon saisonnière, les îles marines et les marais salés côtiers, riches en substances nutritives, ainsi que les terres humides et autres étendues d'eau intérieures d'Eeyou Istchee attirent une variété ahurissante de gibiers d'eau et d'oiseaux de rivage migrateurs. Au printemps, par exemple, alors qu'elles se dirigent vers leurs sites de reproduction, les grandes volées de Bernaches du Canada se reposent et se nourrissent le long de la côte jamésienne. En automne, lorsqu'elles muent et ne peuvent plus voler pendant près d'un mois, elles se réfugient aussi dans la région, particulièrement sur les îles marines où elles peuvent se nourrir des baies et autres végétaux dont elles ont besoin pour faire pousser de nouvelles plumes.

L'on retrouve, en tout, quatre espèces d'oies, vingt-quatre espèces de canards, plus de vingt espèces d'oiseaux de rivage ainsi que plusieurs sortes de grues, de mouettes, de huards et de sternes. De nombreuses espèces d'oiseaux, des corneilles aux lagopèdes, en passant par les moineaux et les grouses, habitent la région à longueur d'année. Les plus petites créatures ailées — notamment les mouches noires, les mouches à chevreuil et les moustiques — font une apparition annuelle.

Plusieurs dizaines d'espèces de poissons peuplent les eaux côtières et intérieures d'Eeyou Istchee dont le plus caractéristique est l'esturgeon jaune, le plus gros poisson d'eau douce du Canada. Ce poisson ancien, qui se nourrit au fond de l'eau, utilise ses barbillons pour sonder les environs et détecter larves d'insectes, écrevisses, mollusques, petits poissons et vers. Il tend ses lèvres caoutchouteuses, aspire sa proie dans sa bouche édentée et l'avale tout entière. Jadis, les esturgeons pouvaient atteindre une taille considérable; certains spécimens pouvaient peser plus de cent kilos. Aujourd'hui, la plupart des esturgeons matures sont beaucoup plus petits.

Pendant des millénaires, le sort des Cris d'Eeyou Istchee fut tributaire de l'abondance ou de la rareté de la flore et de la faune ainsi que du produit plus ou moins fructueux de la chasse, de la pêche, de la trappe ou de la cueillette. Aujourd'hui, les Cris continuent d'exploiter les ressources naturelles, et leur droit de le faire est garanti par le régime de chasse, de pêche et de trappe en vertu de la Convention de la Baie-James et du Nord québécois. La Convention divise Eeyou Istchee en trois catégories. La première catégorie — 5 542 kilomètres carrés de terres — comprend les terres des communautés cries et leurs environs qui sont à l'usage et au bénéfice exclusifs des résidents autochtones. La deuxième catégorie — 62 155 kilomètres carrés — comprend les terres où les Autochtones ont des droits exclusifs de chasse, de pêche et de trappe. De plus, les Autochtones et les autorités gouvernementales participent conjointement à la gestion de ces activités, de l'exploitation forestière, de l'exploitation minière et du développement du tourisme. La troisième catégorie — 277 157 kilomètres carrés — comprend les terres où les Cris et les non-Autochtones peuvent chasser et pêcher selon des règlements convenus par les deux parties. Les Cris ont le droit exclusif d'exploiter certaines espèces aquatiques, notamment l'esturgeon jaune, et certains animaux à fourrure. Ils ont aussi le droit de participer à l'administration, au développement et à la protection du territoire.

Depuis la signature de la Convention, les Cris ont constaté d'énormes changements en Eeyou Istchee. Un complexe de grandes centrales électriques, générant le plus d'hydroélectricité au monde, a été complété sur la Grande Rivière et ses affluents. Les rivières Caniapiscau, Eastmain, Opinaca et Rupert ont été détournées vers le bassin hydrologique de La Grande Rivière, et les eaux montantes des immenses réservoirs qui alimentent les turbines ont provoqué l'inondation d'énormes superficies, dont des territoires de trappe cris et des cimetières.

Niels Jensen

Canada Geese fly over the Sheshamush bush camp northeast of Whapmagoostui during their annual spring migration.

Des Bernaches du Canada volant au-dessus du camp forestier Sheshamush au nord-est de Whapmagoostui lors de leur migration printanière.

ᓂᔥᑯᒡ ᐱᒥᔕᔪᐦ ᐹᓚᒃ ᐋᐦ ᐁᑎᒃ ᔅᐧᔑᒫᔑᑭ ᐅᑖᐦ ᐊᑎᒫᐱᕐᒡ ᑭᔓᒡ ᐧᐋᐱᓅᒐᐦᒃ ᐃᒐᐦᒡ ᐧᐋᐱᒫᑯᒡᒍᐦ ᒫᐦᑳ ᐋᐦ ᐱᒥᔕᔓᐦ ᐱᔓᐸᐦ ᐋᐦ ᓯᑯᓂᔥᒃ.

Niels Jensen

A northern horned lark fluffs out its feathers to keep warm on a cold, windy day in May at the Sheshamush bush camp northeast of Whapmagoostui. These songbirds prefer open, barren country, where they forage for seeds and insects. During the breeding season, their normally inconspicuous "horns" are often erected in display.

Une Alouette hausse-col faisant bouffer ses plumes pour se maintenir au chaud lors d'une journée froide et venteuse de mai au campement de Sheshamush, au nord-est de Whapmagoostui. Ces oiseaux chanteurs préfèrent les zones de végétation basse, voire rase, où ils trouvent facilement graines et insectes. En période d'accouplement, ils dressent leurs aigrettes, habituellement cachées.

Louise Abbott

Forest fires periodically break out in Eeyou Istchee, destroying vegetation but also helping to usher in new growth. Jack pine, for instance, needs intensely hot fires to germinate its seeds. This standing deadwood was west of Nemaska on the Route du Nord.

Si les incendies de forêt qui ragent périodiquement en Eeyou Istchee détruisent la végétation, ils en aident également la régénération. Le pin gris, par exemple, a besoin de chaleur intense pour que ses graines germent. Ces chicots étaient situés à l'ouest de Nemaska sur la Route du Nord.

ᓂᖦᓂᑯᑦᔭᓐ ᒫᑲ ᐃᔅᐱᒋᒉᐅ ᐅᑖᓐ ᐄᔮᐅᐃᔅᒌᒡᒥᒡ, ᓂᔑᐄᐦᐋᐁᐋᑎᓂᐊ ᐊᓐ ᒦᑲᓐ ᐊᑎ ᓂᓂᐦᑖᐅᑭᒥᒡ ᒥᒡ ᒫᑲ ᐋᑯᑎᐦ ᐊᑎ ᐅᒋᓂᐦᑖᐅᒋᒥᒡ ᑯᑎᒡ ᒦᑲᓐᵡ ᐃᔅᑭᐱᐴ ᐊᔨᐊᐃᐊᑯ ᐋᑎᐊᐋᔮᑎᐦᒫ ᐋᒡᒡ ᐊᑎ ᐦᑲᐦᒃᑖᐅ ᐊᓂᓐ ᒫ ᕀᒡ ᓂᐦᑖᐅᑎᒡᵡ ᐅ ᒫᑲ ᒥᒌᓂᔅᒃᔔᑎᒡ ᐅᑖᓐ ᐊᓬᐦᐅᑎ ᐄᒡᐦᒫ ᐋᒋᔅᒡᒡ ᐊᑯᑎᓐ ᒦᒥᒡᐄ ᐅᑖᓐ ᐊᑎᒫᒣᕀᒪ ᐊᑎᒡ ᐅᒡᐅᒣᔅᑯᔅᒡᓯᓐᵡ

79

L'exploitation forestière et l'exploration minérale, entre autres activités industrielles, ont aussi changé l'écosystème de la région, ce qui eut un impact autant sur les humains que sur la faune. Par exemple, lors de leur migration, les caribous avaient l'habitude de descendre tout droit vers le sud. Or, il arrive maintenant que des groupes du troupeau de la rivière aux Feuilles changent subitement de direction pour se diriger vers le nord. Ils ne s'arrêtent que plus tard pour reprendre leur course vers le sud. Les aînés cris attribuent ce comportement inhabituel aux bouleversements de leur habitat.

Soucieux de protéger Eeyou Istchee et la viabilité de leur mode de vie traditionnel, les Cris travaillent avec le gouvernement et d'autres partenaires pour créer des réserves. La Nation Crie de Wemindji tente de protéger les bassins hydrologiques biologiquement riches de Paakumshumwaau, la rivière du Vieux Comptoir, et de Maatuskaau, la rivière du Peuplier. Elle espère ajouter une zone marine protégée à la zone terrestre de plus de quatre mille kilomètres carrés déjà protégée. La Nation Crie de Mistissini, quant à elle, aide au développement du parc Albanel-Témiscamie-Otish (ATO), un parc de onze mille kilomètres carrés qui comprend le lac Mistassini. Le parc ATO, comprenant trente-sept territoires de trappe, sera le premier parc habité du Québec et sera cogéré avec le gouvernement provincial.

Pendant qu'ils créent de telles réserves, les Cris développent aussi le tourisme écologique et culturel. Ils accueillent chaleureusement les visiteurs dans leur patrie adorée, mais ils leur demandent de marcher doucement, comme le font ces écotouristes près d'Eddie Pash, cachés derrière des épinettes noires. Ils ne laisseront pas de traces de leur présence, mais ils rapporteront des photographies et des souvenirs étonnants de l'observation de centaines de caribous traversant les glaces, au pas ou au petit galop, avant de disparaître dans la forêt.

Niels Jensen

The ground is strewn with boulders in many parts of Eeyou Istchee, such as this site west of Nemaska on the Route du Nord.

De nombreux endroits en Eeyou Istchee, comme celui-ci, situé à l'ouest de Nemaska sur la Route du Nord, sont recouverts de pierres.

Niels Jensen

Greater yellowlegs feed mainly on insects, small fish, crustaceans, and other aquatic animals; this one was foraging in a marsh outside of Wemindji in July. The greater yellowlegs is one of the numerous species of shorebirds found in Eeyou Istchee during the spring and summer. The inland wetlands, as well as the extensive tidal flats and wide coastal marshes of James Bay, provide ideal habitats for these waders; indeed, the region is one of the most significant staging areas for shorebirds in North America.

Le Grand Chevalier mange surtout des insectes, des petits poissons, des crustacés et d'autres animaux aquatiques. Celui-ci fouillait dans un marais à l'extérieur de Wemindji, en juillet. Le Grand Chevalier est l'une des nombreuses espèces d'oiseaux de rivage retrouvées à Eeyou Istchee au printemps et à l'été. Les terres humides intérieures, ainsi que les vastes battures et les larges marais côtiers de la baie James, fournissent un habitat idéal à ces échassiers. En effet, la région est l'une des plus importantes haltes migratoires en Amérique du Nord pour les oiseaux de rivage.

Louise Abbott

Daisies, birdsfoot trefoil, orange hawkweed, and red clover grow in abundance in July along a stream bordering the James Bay Highway south of Waskaganish.

La marguerite, le lotier corniculé, l'épervière orangée et le trèfle des prés poussent à profusion le long d'un ruisseau qui longe la route de la Baie-James au sud de Waskaganish, en juillet.

ᓂᐹᐦᑭᐤ ᒫᒃ ᐃᔑᓈᑯᐋᐦ ᓇᐲᔑᐦ ᐅᑎᐦ ᐹᓭᑦ ᔑᐲᓯᓯᒥᒡ ᐋᐦᑖᐸᑎᐦᒡ ᒐᔥᒨ ᐅᑖᐹᓇᔅᑯᐦᑭᐹᐦᒡ ᐱᕆᒫᒡᑭᒥᒡ ᐙᔥᑲᐦᐄᑲᓂᓯᒥᒡ ᒫᐦᑲᓐ ᐅᐱᔅᑯᐲᕐᒪ ᐋᒻ ᐋᐦᑎᒻᒃ᙮

ᐹᓯᑯᐱᐳᓐᐦ ᐋᑎ ᐃᓯᐦᑎᓈᓂᐧᐃᐣ ᐅᑖᐦ ᐄᓯᓯᐅᔅᒌᐦᐣ

ᒫᐧᑳᐣ ᓈᓈᑭᒋᐦᐋᐤ ᐁᑏ ᐹᔥ ᐊᑎᐦᐠᐦ ᐋᐦ ᐱᒥᔅᑯᐦᑖᓯᐣᐦ ᐊᓂᑎᐦ ᐋᐦ ᐅᐦᒋ ᑭᓂᐧᐋᐱᒫᑦ ᑰᓐᐦ ᐋᐦ ᐱᔅᑯᐱᓯᐣ᙮ ᐄᔮᐤ ᒫᒃ ᓂᑑᐦᐅᑭᒥᑯᓯᐤ ᐁᑏ ᐅᑖᐦ ᐲᓯᐧᒫᐦᑖᐦᐣ ᑭᔮᐦ ᐧᐋᐱᓅᑖᐦᐣ ᐄᑖᐦᒐ ᒋᔅᓰᐱᐦᐣ, ᒥᐠ ᒫᒃ ᓂᒧᐃ ᐧᐄᒐᐧᐋᐤ ᓂᑑᑎᐦᐧᑳᓯᐤᐦ ᐅᔮ ᑳᔑᑳᓯᐣ; ᒥᐠ ᐧᐋᐱᐦᑎᔮᐤ ᐊᓂᔮᐦ ᑳ ᐹᒋ ᒫᓂᑖᐧᐃᓯᐣᐦ ᐋᐦ ᑭᓂᐧᐋᐱᒫᑭᓂᐧᐃᐧᐃᓯᐣᐦ ᐊᓂᔮᐦ ᐊᑎᐦᐠᐦ ᐋᑳ ᑭᓯᐧᐹ ᐧᐋᐱᒥᑯᐣ᙮ ᐅᔮ ᒫᒃ ᒫᐧᑳᐣ ᐋᐦ ᐅᔥᑭᑯᒋᓂᓯᐣᐦ ᒥᑯᔒᒌᔑᑭᓂᐲᓯᒻᐦ, ᐋᔥᐠ ᓂᒥ ᒋᐦᒋᐧᐋ ᐋᐦᑯᐱᐳᓐ᙮ ᒥᐠ ᒫᒃ ᐊᓂᔮ ᐋᐦ ᐧᐋᐸᔑᑦ ᑰᓐ ᑭᔮᐦ ᐊᓐ ᓈᔥᐣ ᐋᐦ ᑎᐦᑳᔮᐣ ᒨᔮᒻ ᒫᐧᑳᐣ ᐋᐦ ᒫᐧᑲᐱᐳᐦᐣ ᐄᑖᓯᐦᑖᑯᓐ᙮

ᐅᑖᐦ ᒫᒃ ᐊᒋᔥᑎᐤ ᐄᑖᐦᒐ ᓂᔥᐧᑖᐤ ᒥᑖᐦᑐᒥᑎᓂᐤ ᑭᐧᒉᒥᑎᓐᔅ ᐄᔅᐱᓯᓈᑯᓐ "ᐊᑦᓯᓐ ᐯᐃ" ᐋᑯᑖᐦ ᐧᐋᐦᒋ ᓈᓈᑭᒋᐦᐋᑦ ᐁᑏ ᐊᓂᔮᐦ ᐊᑎᐦᐠᐦ᙮ ᐋᐦ ᑎᐧᑳᒋᐦᐣ ᑭᔮᐦ ᐋᐦᐧᒫᔮᐦ ᒋᐦᒋᐧᐋ ᐱᐳᐦᐣ, ᓂᒧᐃ ᒥᔥᑭᐧᐃᑎᓐ ᐅᑖᐦ ᐧᐄᓂᐹᑯᐦᐣ ᐋᔥᐠ, ᐋᐅᐠ ᒫᒃ ᐧᐋᐦᒋ ᐃᓯᔑᓈᑯᐦᐣ ᓂᔮᓂᑯᑑᓐᐦ ᐅᑖᐦ ᐧᐋᐱᓅᑖᐦᐣ ᓈᔥᐣ ᐋᐦ ᒥᔥᑎᒥᔅᐳᐦᐣ ᐅᑖᐦ ᐄᓯᓯᐅᔅᒌᐦᐣ᙮ ᐋᐦ ᓰᑯᐦᐣ ᒫᒃ ᑭᔮᐦ ᐋᐦ ᐋᑎ ᒥᔦᔅᑭᒥᐣ, ᐋᔥᐠ ᓂᒥ ᓅᑯᓐ ᓂᐲ ᐅᑖᐦ ᐧᐄᓂᐹᑯᐦᐣ, ᐱᔮᒋ ᑎᐦᒋᔅᑎᐦᐣ ᐅᑖᐦ ᐅᐦᒋ ᐧᐄᓂᐹᑯᐦᐣ, ᓂᒥ ᓈᔥᐣ ᒌᐦ ᒋᔑᑖᐤ ᐅᑖᐦ ᓅᐦᒋᒦᐦᐣ᙮ ᐊᓂᔮ ᒫᒃ ᐧᐄᐱᐣ ᐋᐦ ᐱᐳᓂᓯᐣ ᑭᔮᐦ ᐋᑳ ᔒᒫᐣ ᐋᐳᐧᐋᔮᓯᐣ ᐋᑯᑖᐦ ᐋᑖᓯᐦᑎᐦᐣᐦ ᑯᑎᑭᐣ ᐊᐧᐋᓂᒌ ᐋᑳ ᐅᑎᐦ ᑳᒋᐣ ᐧᐄᒋᐣ ᒥᐠ ᓃᔕᓯᐣ ᐋᐦ ᐄᔅᐱᐦᑖᔮᓯᐣ - ᐋᐦ ᓃᐱᓂᓯᐣ ᑭᔮᐦ ᐋᐦ ᐱᐳᓂᓯᐣ᙮ ᒥᐠ ᒫᒃ ᑏᐧᐋᐦᐣ ᐋᑎ ᐹᓈᑯᐦᑖᐣᐦ ᑎᐧᐋᐦᐣ ᐊᑎ ᓂᓂᐦᑖᐅᒋᓐ ᒐᐧᑲᓐ ᐋᑯᑎᐦ ᒫᒃ ᐃᓯᐦᐣ ᐋᑖᓯᐦᑎᐦᐣᐦ ᐊᐧᐋᓂᒌ ᑭᔮᐦ ᒐᔅᒐᓯᐦᑎᐦᐣᐦ ᓈᐅᐧᐃᓯᐣ ᐋᐦ ᐄᔅᐱᐦᑖᔮᓯᐣ, ᒥᐠ ᒫᒃ ᓂᒧᐃ ᐲᓯᓰᑯᓐ ᑭᔮᐦ ᓂᒥ ᐲᓯᑎᐧᑳᒋᓐ᙮

ᐄᓯᓯᐅᐣ ᒫᒃ ᐋᑯᑖᐦ ᑳ ᐄᔑ ᑭᓂᐧᐋᐱᐦᑎᐦᐣᐦ ᐊᓂᔮ ᐋᑎ ᐃᓯᔅᐱᐦᑖᔮᓯᐣ ᒐᐧᑳᓯᐤ ᐊᓂᔮ ᒐ ᒌ ᐅᐦᑖᒋᐦᐅᐣ ᒫᐧᑳᐣ ᐅᔮ ᐋᐦ ᐄᑖᓯᐦᑖᑯᓂᓯᐣ᙮ ᐋᑯᑖᐦ ᑳ ᐄᔑ ᑭᓂᐧᐋᐱᐦᑎᐦᐣᐦ ᐊᓂᔮ ᐋᐦ ᐋᑎ ᒥᔥᑭᐧᐃᑎᓂᓯᐣ ᑭᔮᐦ ᐋᐦ ᐋᑎ ᒫᒋᔥᑎᓂᓯᐣ, ᑭᔮᐦ ᐊᓂᔮ ᐋᔥᐱᔑ ᐋᒦᓯᐣᐦ ᓂᒫᔅᐦ ᑭᔮᐦ ᐋᑎ ᓈᓃᔑᓯᐣᐦ ᐊᑎᑎᐤ ᒐᐅᔑᐦᐧᐃᓯᐣᐦ ᓂᓈᐦᑭᐤ ᐊᐧᐋᓰᔅᐦ, ᐊᓂᑖᐦ ᐋᔑ ᐋᐦᒋᓯᐣᐦ, ᐋᐦ ᐱᔥᑯᓯᐣᐦ ᐱᔮᓯᐤᐦ᙮ ᐊᓅᐦᐣ ᒫᒃ, ᓈᔥᑖᐧᐹᐦ ᐃᓯᐦᐣ ᐄᔅᐱᓯᐤ ᒐᐧᑳᓐ ᑳ ᐄᔥᐱᔥ ᐃᓯᐦᐣ ᐊᑎ ᐃᓯᑖᓯᐦᑖᑯᐦᐣ ᒥᓯᐦᑖᔅᑭᒥᐣ ᑭᔮᐦ ᓂᒧᐃ ᓈᔥᐣ ᐧᐋᐦᑎᓐ ᒐ ᒌᐦ ᒐᔥᑎᓈᑖᔮᓯᐦᑖᑯᐦᐣ ᐊᓐ ᒐ ᐋᑎ ᐃᓯᑖᓯᐦᑖᑯᐦᐣ ᑳ ᐄᔑᓈᑯᐦᐣ ᐊᓂᑖᐦ ᐄᔑ ᐅᑖᐦᐣ᙮ ᐊᓂᔮ ᒫᒃ ᐋᐦ ᐋᐱᑎᓯᐣ ᑭᔮᐦ ᐋᐦ ᒋᔅᑯᑎᒫᓯᐣ ᐋᐧᐋᓂᒌ ᐋᑯᑎᐦ ᓂᒥ ᐅᐧᐋᓐᐦ ᒌᐦ ᐄᔥᐱᔥ ᐃᐦᑖᐧᐃᐣ ᐊᓂᑖᐦ ᓂᑑᐦᐅᔅᒌᐦᐣ ᐹᑎᔥ ᒥᐠ ᐋᐦ ᑎᐧᐃᐱᓯᓯᐣ ᐊᓂᑖᐦ ᒐ ᒌᐦ ᐃᐦᑖᐣ ᐋᑯᑎᐦ ᒥᐠ ᓂᔮᓂᑯᑑᓐᐦ ᐋᐦᑖᐣ ᐊᓂᑖᐦ ᓂᑎᐧᐄ᙮ ᐋᑦ ᒫᒃ ᐋᔥᐠ ᒨᔥ ᐊᓂᑖᐦ ᓂᑎᐧᐄ ᒌᐦ ᐃᐦᑖᐣ ᐊᐧᐋᓂᒌ, ᓂᒧᐃ ᐹᓯᑯᓂᐦᐣ ᐅᐦᒋ ᒌ ᐄᔑ ᑭᓂᐧᐋᐱᐦᑎᒧᐣ ᐊᓂᔮ ᐋᑎ ᐃᓯᔅᐱᐦᑖᔮᓯᐣ, ᒥᓯᐦᑖ ᑭᓯᐧᐹ ᐋᐦ ᒌᐦ ᐃᐦᑖᐣ ᐊᓂᑖᐦ ᑳ ᐅᐦᒋ ᐱᒫᒋᐦᐅᐣ ᐅᑖᐦ ᑭᓯᐧᐹ ᐊᑎᒫᐲᓯᒻ᙮

ᐋᑯᑖᐦ ᐧᐋᐦᒋ ᒋᐦᒋᐱᓯᐣ ᐄᓯᓯᐅᔅᒌ ᐅᑎᐦ ᑳᐦᓈᑖᐦ ᐋᐦ ᒥᔥᑎᐦᐹᐦᐸᒋᐱᔅᑳᐣ ᑳᓀᐃᑎᓯᓐ ᔒᑦᑦ ᑳ ᐄᔑᓂᐦᑳᑖᐣ, ᐧᐋᔅᑳ ᐋᐦᑎᑯᐦᐣ "ᐊᑦᓯᓐ ᐯᐃ" ᑭᔮᐦ ᒥᔥᑏᐦ ᐅᑖᐦ ᐄᑖᐦᒐ ᑯᐯᒃ, ᑭᔮᐦ ᐅᑖᐦ ᐧᐋᐱᓅᑖᐦᐣ ᐄᑖᐦᒐ ᐧᑫᑮ ᒫᐅᓐᑎᓐᔅ, ᑭᔮᐦ ᐅᑖᐦ ᐊᑎᒫᐲᓯᒻ ᐄᑖᐦᒐ ᒥᔑᒨᐦᑯᒫᓂᔅᒌᐦᐣ᙮ ᓈᑖᐦ ᒫᒃ ᓈᔥᐣ ᐧᐋᔥᑭᐣ ᒥᓯᐧᐋ ᒌᐦ ᒥᔅᑯᒦᐤ ᐄᓯᓯᐅᔅᒌ᙮ ᐊᓐ ᒫᒃ ᒥᔅᑯᒦ ᐋᐦ ᒌᐦ ᐋᐦᒋᐱᓯᑦ, ᑳᐦ ᐋᑎ ᑳᔥᑳᐦᒃ ᐊᔅᒌᓯᐤ ᑭᔮᐦ ᑳ ᒫᐧᑳᐦᒃ ᓈᔥᐣ ᑭᓯᐧᐹ ᐋᐦ ᒌᐦ ᑯᓯᑯᑎᒃ᙮ ᓈᓂᔥ ᒌ ᐊᑎ ᐃᓯᔅᐱᓯᐤᐦ ᐊᓯᓃᐦ ᑭᔮᐦ ᒌᐦ ᐲᑯᔥᑭᒻ ᒥᔅᑯᒦ, ᐋᑯᑎᐦ ᑳᐦ ᐋᑎ ᐃᓯᐦᑎᑯᐦᐣᐦ ᑭᔮᐦ ᓭᑭᐦᐄᑭᓐᐦ ᑭᔮᐦ ᔒᑭᐦᐄᑭᓂᔥᐦ, ᐋᑯᐦ ᐅᑖᐦ ᐲᓯᐧᒫᐦᑖᐦᐣ ᐄᑖᐦᒐ ᐋᑯᑖᐦ ᒥᔥᑎᐦ ᑳᐦ ᐋᑎ ᐃᓯᔅᐱᓯᐣ ᐊᓐ ᐊᔅᒌ᙮

ᓈᑖᐦ ᒫᒃ ᓈᔥᐣ ᐧᐋᔥᑭᐣ, ᓈᓈᓂᒌᒻ ᑳᐦ ᐋᑎ ᑎᐦᒋᐱᓯᑦ ᐊᓐ ᒥᔅᑯᒦ ᑳ ᐋᑎ ᒌᔕᐧᐹᔮᐣ᙮ ᐋᑯᑎᐦ ᑳᐦ ᐋᑎ ᔅᒋᐹᐣᐦ ᐊᓯᓃᐦ ᑭᔮᐦ ᑳᐦ ᐋᑎ ᔕᔑᐧᐊᐣᐦ, ᑳ ᐋᑎ ᔅᑭᔅᒋᓈᐹᔮᐣᐦ ᔅᑭᐦᐄᑭᓐᐦ ᑭᔮᐦ ᔒᑭᐦᐄᑭᓂᔥᐦ, ᑭᔮᐦ ᑳ ᐋᑎ ᐱᒥᒋᐧᐃᐣᐦ ᓰᐲᐦ᙮ ᐊᓐ ᓈᔥᐣ ᒥᔥᑏᐦ ᐋᐦ ᒌᐦ ᑎᐦᒋᓱᑦ ᒥᔅᑯᒦ, ᐋᑯᑎᐦ ᑳ ᐋᑎ ᐃᓯᑖᔑᑭᐧᐃᐣ ᓂᐲ ᐅᑖᐦ ᐄᓯᓯᐅᔅᒌᐦᐣ, ᑳ ᒥᐦᒐᑭᒥᐣ᙮

ᐄᔅᑯᑎᒃ ᒫᒃ ᑳ ᒫᐦᒋᐱᓯᑦ ᒥᔅᑯᒦ, ᐋᑯᐦ ᐊᓐ ᐊᔅᒌ ᒦᓐ ᑳᐦ ᒨᔅᒋᐱᓯᐣ ᑭᔮᐦ ᑳ ᐄᒐᐱᓯᐣ ᐊᓐ ᔒᐧᐋᐳᐃ᙮ ᒐᒃ ᒥᐠ "ᐊᑦᓯᓐ ᐯᐃ" ᑳᐦᑎᑯᐦᐣ, ᐋᑯᑎᐦ ᐋᑎ ᐊᔥᒋᐱᓯᐣ ᑭᔮᐦ ᒉᐃᒥᔅ ᐯᐃᐦ ᐅᑖᐦ ᐲᓯᐧᒫᐦᑖᐦᐣ ᐄᑖᐦᒐ᙮ "ᐊᑦᓯᓐ ᐯᐃ" ᒫᒃ ᐋᐅᐠ ᒐᑲᑦ ᒫᐅᐣ ᒫᔑᑭᒫᐣ ᐋᐦ ᐧᐊᔒᐣ ᐅᑎᐦ ᒥᓯᐦᑖᔅᑭᒥᐣ, ᐅᑖᐦ ᐄᓐᑎᔮ ᐄᑖᐦᒐ ᐋᑯᑖᐦ ᐋᐦᑎᑯᐦᐣ ᐊᓐ ᒫᐅᐣ ᒫᐦᒐᑭᒥᐣ᙮ ᐋᐅᐠ ᒫᐅᐣ ᓂᒥ ᔒᒫᐣ ᒥᔥᑭᐧᐃᑎᓐ᙮

ᐅᑖᐦ ᒫᒃ ᐧᐋᐱᓅᑖᐦᐣ ᐄᑖᐦᒐ ᒉᐃᒥᔅ ᐯᐃᐦ ᓂᒧᐃ ᓈᔥᐣ ᐄᔥᐱᑖᐅᐦᑳᐤ ᐅᑖᐦ ᐋᑎ ᑯᐃᔑᐧᐋᔑᐣ ᐄ ᐋ ᐄᔑᓈᑯᐦᐣ ᐊᔅᒌ ᐅᑖᐦ ᐊᑎᒫᐲᓯᒻ ᐄᑖᐦᒐ, ᓂᒥ ᐊᑎ ᓅᑯᓐ ᐅᑖᐦ ᐲᓯᐧᒫᐦᑖᐦᐣ ᑭᔮᐦ ᐊᒋᔥᑎᐤ ᐄᑖᐦᒐ ᐧᐊᐱᒫᑯᔥᑐᐦᐣ ᐅᑖᐦ "ᐊᑦᓯᓐ ᐯᐃ"᙮ ᐋᑯᑖᐦ ᒫᒃ ᐋᔑᓈᑯᐦᐣ ᐅᑖᐦ ᔮᔮᐤ ᐧᐄᓂᐹᑯᐦᐣ ᐋᐦ ᒌᔅᑳᐱᔅᑳᐣ, ᑭᔮᐦ ᓂᔮᓂᑯᑑᓐᐦ ᐋᐦ ᔮᑳᐧᐃᐣ ᔑᔕᐣ᙮

ᐅᑖᐦ ᒫᒃ ᓅᐦᒋᒦᐦᐣ ᐄᑖᐦᒐ ᐄᓯᓯᐅᔅᒌᐦᐣ ᐋᑯᑖᐦ ᐋᐦᑎᑯᐦᐣ ᐋᐦ ᐱᔅᑯᑖᐅᐦᑳᐣ ᑭᔮᐦ ᒥᓯᐧᐋ ᐊᑎ ᓂᓅᐦᑎᒋᐧᐋᔮᐤ᙮ ᐅᑎᐦ ᒫᒃ ᐋᐦ ᐱᔅᑯᑖᐅᐦᑳᐣ ᐋᑯᑎᐦ ᐋᐦᑎᑯᐦᐣ ᐋᐦ ᐱᔅᑯᑖᐅᐦᑳᐣ ᑭᔮᐦ ᐧᐃᒌᐦ ᐃᐦᑎᑯᓐᐦ, ᐊᑐᔥ ᐧᐃᒌᐦ, ᐅᑖᐦ ᐊᑎᒫᐲᓯᒻ ᑭᔮᐦ ᐧᐋᐱᓅᑖᐦᐣ ᐄᑖᐦᒐ ᒥᔅᑎᓯᓅᐦᐣ᙮ ᐋᑯᑖᐦ ᒫᒃ ᐧᐋᐦᑖᔑᑭᐧᐃᐣᐦ ᐋᐦ ᒥᔑᔥᑎᐧᑳᔮᐣᐦ ᓰᐲᐦ, ᐧᒫᐦᐣ ᒋᔅᓯᓯᐲ ᑭᔮᐦ ᐄᓯᒫᓅᐅᓯᐲ᙮ ᐋᐦ ᐅᐦᒋ ᔅᒌᐅᐧᐃᐣ ᒫᒃ ᐄᔑᓂᐦᑳᑎᒧᐣ ᐄᓯᓯᐅᐣ᙮

ᐅᑖᐦ ᒫᒃ ᒥᓯᐦᑖ ᐄᓯᓯᐅᔅᒌᐦᐣ, ᓈᔥᑖᐧᐹᐦ ᓰᐲᔅᑳᐤ ᑭᔮᐦ ᔅᑭᐦᐄᑭᓂᔅᑳᐤ᙮ ᐋᑯᑖᐦ ᒫᒃ ᐧᐋᐦᒋᒋᐧᐃᐣᐦ ᒥᐦᑌᑐ ᓰᐲᐦ ᐅᑖᐦ ᐊᒋᔥᑎᐤ ᑭᔮᐦ ᐊᑎᒫᐲᓯᒻ ᐄᑖᐦᒐ ᐋᐦ ᐄᔑᒋᐧᐃᐣᐦ ᐅᑖᐦ ᐄᔑ "ᐊᑦᓯᓐ ᐯᐃ"᙮ ᒥᐦᒐᓐᐦ ᒫᒃ ᔅᑭᐦᐄᑭᓐᐦ, ᒋᐣ ᒥᔅᑎᓯᓅᐅᔅᑭᐦᐄᑭᓐ, ᐊᓐ ᒫᐅᐣ ᒫᔑᑭᒫᐣ ᔅᑭᐦᐄᑭᓐ ᐅᑎᐦ ᑯᐯᒃ ᐋᑳ ᔒᐧᐋᐳᐧᐃᐣ ᑭᔮᐦ ᐋᑯᑖᐦ ᐧᐋᐦᒋᒋᐧᐃᐣ ᐧᐋᔅᑳᐦᐄᑭᓂᔑᔒᐅᓯᐲ᙮ ᐄ ᒫᒃ ᐋ ᐄᔑᓈᑯᐦᐣ ᐋᑯᑎᐦ ᒫᐅᐣ ᒥᔥᑏᐦ ᐧᐋᐦᒋᐱᓯᐣ ᓂᒥᔅᒌᐅᔥᑯᑖᐤ ᐋᐦᐣ ᐊᓂᑖᐦ ᐃᓯᐦᐣ ᐅᑎᐦ ᒥᓯᐦᑖᔅᑭᒥᐣ᙮

Crustose lichens cover a rock on the shore of James Bay near Chisasibi.

Lichen crustacé couvrant une roche sur la rive de la baie James près de Chisasibi.

ᐧᐋᐦᑯᓂᒃ ᐊᔑᓈᒻᒃ ᐋᐦ ᑎᑭᒍᒃ ᐊᓂᑖᐦ ᔔᓂᒃ ᑎᐃᒌᒃ ᐯᐃᐦ ᐹᓂᒃ ᒌᓯᓰᐱᐦᒡ.

Louise Abbott

Niels Jensen

Fruticose lichens have colonized these dead stunted jack pine east of Eastmain.

Des lichens fruticuleux ont colonisé ces pins gris morts et rabougris à l'est d'Eastmain.

ᐅᑉ ᐸᖕᑯᕕ ᐊᕐᐱᑯᕐᕕ ᐗᕐᑎᓂᕙ ᐊᑯᑎᙶ ᓚᑯᕙ ᐅᖕᕐᖃᕐᑎᑯᕐᕙ ᐗᐱᐱᑖᕐᕙ ᐃᑖᕐᖓ ᐃᕐᒥᓂᕙ.

Niels Jensen

Rocky terrain and alpine tundra vegetation typify this island and others in the archipelago known as the Walrus Islands in James Bay near Wemindji.

Île de l'archipel de Walrus Islands dans la baie James près de Wemindji. Les terrains rocheux et les toundras alpines sont typiques des ces îles.

ᐸᓐᐸᕐᐱᔅᐯᐅ ᑭᔾᐦ ᐊᐧᐸᔑᐊᑯᒥᒃ ᒥᐸᓂ ᐊᑎ ᓂᓂᐦᑖᐅᑎᒡ ᐅᑕᐦ ᐧᐋᐱᔅᑯᓂᑯᒃ ᐸᐊᐧᑦ ᐧᐃᒥᓐᒋᒃ ᐊᑦᒐᐦ ᐊᑯᐦᑎᒃ ᐅᐦᐋᐃ ᒥᓂᔑᑎᒡ ᐅᑕᐦ ᐧᐃᓂᐸᑯᒃ᙮

ᒑᑲᑦ ᒫᒃ ᒥᓯᐧᐋ ᒥᔥᑎᑯᔅᑳᐤ ᐄᔨᔨᐅᔅᒌ᙮ ᐄᔨᔮᐦᑎᒄ ᐋᐅᒄ ᒫᐅᒡ ᐧᐃᔮᔦᐧᐃᑎᓰᑦ, ᐋᔮᐱᒡ ᐋᐦ ᓂᐦᑖᐅᒋᑦ ᐅᑖᐦ ᐋᐦ ᑎᐦᑳᔮᓯᒡ᙮ ᐋᔮᐱᒡ ᓂᐦᑖᐅᒥᐤ ᐊᓂᑖᐦ ᐋᑦ ᐋᑳ ᓈᔥᒡ ᓂᐲᐅᐧᐃᔨᒡ ᒥᒄ ᒫᒃ ᒥᔦᓂᐦᑖᐅᒥᐤ ᑭᔮᐦ ᐊᓂᑖᐦ ᐋᑦ ᒥᔅᑳᑯᐧᐃᔨᒡ, ᓂᔮᓂᑯᑑᓐᐦ ᒫᒃ ᐋᑎᑎᐅᓈᑯᓯᐤ ᑭᔮᐦ ᓂᒥ ᐅᑎᐦᑯᓂᐆ ᒥᒄ ᓈᑖᐦ ᐋᐦ ᐧᐃᓂᔅᐧᑳᔅᑯᓯᑦ᙮ ᐃᔨᐦᒡ ᒫᒃ ᑭᔮᐦ ᐄᓯᓈᑯᓯᐧᐃᒡ ᒥᔥᑎᑯᒡ᙮ ᐋᐅᑯᓂᒡ ᒫᒃ ᓈᐦᑖᐅᒋᒡ ᑭᔮᐦ ᐅᔅᒋᔅᑭᒡ, ᐧᐋᒋᓈᑭᓐ, ᑭᔮᐦ ᒥᓂᐦᐄᑯᒡ; ᒦᑐᓯᒡ, ᐅᑐᔅᐲᐦ ᑭᔮᐦ ᐧᐃᔥᑯᐃ ᓂᐦᑖᐅᒋᓐ᙮

ᐊᓂᔮ ᒫᒃ ᓂᓈᐦᑭᐤ ᐋ ᐄᓯᓈᑯᓯᒡ ᒥᔥᑎᑯᒡ, ᐊᐅᔅᑖᐦ ᓂᔮᓈᓈᐤ ᒥᑖᐦᑐᒥᑎᓂᐤ ᐃᐦᑎᐦᑎᓐᐦ ᓈᐦᑖᐅᒋᐦᒡᐦ ᒑᐧᑲᓂᐦᐄ ᐅᑖᐦ᙮ ᐋᑯᑎᐦ ᑭᔮᐦ ᓈᐦᑖᐅᒋᐦᒡ ᓂᓈᐦᑭᐤ ᐋ ᐄᔑᓈᑯᐦᒡ ᐊᔅᒌ᙮ ᐊᓐ ᒫᒃ ᓈᔥᒡ ᒥᔥᑏᐦ ᐋᐦ ᓂᐦᑖᐅᒋᐦᒡ ᐊᔅᒌ ᓂᓈᐦᑭᐤ ᐋ ᐄᔑᓈᑯᐦᒡ ᐋᑯᑎᐦ ᑳ ᐅᐦᒋ ᐧᐄᐦᒋᓯᐦᑖᑭᓂᐧᐃᒡ ᐊᓐ ᐋ ᐄᔑᓈᑯᐦᒡ᙮

ᐅᑖᐦ ᒫᒃ ᐊᑎᒫᐲᓯᓐ ᐄᑖᐦᒐ ᐋᑯᑎᐦ ᐋᔑᓈᑯᐦᒡ ᐊᔅᒌ ᓈᓈᓂᒌᒻ ᐋᐦ ᐱᐱᑳᒡ, ᓂᒧᐃ ᓈᔥᒡ ᒥᔥᑏᐦ ᒌᐦ ᓂᐦᑖᐅᒋᓐ ᒑᐧᑳᓐ ᐅᑎᐦ, ᐊᑎᑎᐤ ᐋᐦ ᑎᐦᑭᑳᐳᐧᐃᒡ ᑭᔮᐦ ᒥᒄ ᒥᒫᓐ ᐋᐦ ᓂᐦᑖᐅᒋᐦᒡ ᒑᐧᑳᓐ᙮

ᐊᐅᔅᑖᐦ ᒫᒃ 280 ᐃᐦᑎᔑᐧᐃᒡ ᐋᐧᐋᓰᓯᒡ ᐅᑖᐦ ᐋᐦᑖᒡ ᐄᔨᔨᐅᔅᒌᐦᒡ ᐃᔅᑭᓂᐱᐳᓐᐦ ᑭᔮᐦ ᐹᐹᒥᔨᐦᑖᒡ ᐹᔨᐧᑳᐤ ᐋᔑᑯᒥᐱᐳᓐᐦ᙮ ᐊᑎᐦᑯ ᒫᒃ ᐋᐅᑯ ᐹᔨᒄ ᒋᔒᓂᑑᐦᐅᐧᐃᓐ᙮ ᓃᔐᔨᒡ ᒫᒃ ᐅᑐᐦᑖᐧᐃᒡ ᐊᑎᐦᑯᒡ ᐅᑖᐦ ᐧᒫᑫᒡ ᑭᔮᐦ ᒎᑫ ᓰᐲᐦᒡ᙮ ᐋᑯᑖᐦ ᒫᒃ ᐋᓯᓈᑯᓯᒡ ᐅᒌ ᐊᑎᐦᑯᒡ ᐋᑳ ᐹᔨᑯᓂᐦᒡ ᐃᐦᑎᔑᒡ᙮ ᐊᓅᐦᒡ ᒫᒃ ᐧᐄᔮᐧᐋ 250,000 ᐲᐦᐃᒻ 300,000 ᐃᐦᑎᔐᐧᐃᒡ, ᓈᔥᒡ ᑭᔨᐧᐹ ᐋᐦ ᓃᔑᐱᔨᑦ ᒑᑲᑦ ᐹᔨᒄ ᒥᓚᔨᓐ ᐋᐦ ᒌᐦ ᐃᐦᑎᔑᒡ ᐊᓂᔮ 2001 ᑳ ᐄᒋᔥᑖᔨᒡ ᐋᐦ ᐱᐳᓂᔨᒡ᙮

ᑖᐱᔥᑯᓐ ᒫᓐ ᐊᓂᒌ ᐊᓂᑖᐦ ᐧᐋᑐᐦᑖᒡ ᐧᒫᑫᒡ ᑭᔮᐦ ᒎᑫ ᓰᐲᐦᒡ ᐅᑖᐦ ᓅᓈᕕᒃ ᐋᑯᑖᐦ ᐋᐦᑖᒡ ᓈᐱᓂᔨᒡᐦ᙮ ᑳ ᒌᔑ ᐧᐃᔖᑯᐧᑖᐤᐦ ᐋᐦ ᑎᐧᑲᒥᓂᔨᒡ, ᓈᑖᐦ ᐧᐋᐦᔨᐤ ᐋᑐᐦᑖᒡ ᐄᔨᔨᐅᔅᒌᐦᒡ, ᓈᑖᐦ ᐋᑎ ᐅᑎᐦᑎᐦᒡ ᓂᔮᓂᑯᑑᓐᐦ ᐄᓯᒫᓃᐅᔨᐲᔨᐤ᙮ ᐊᓂᑖᐦ ᐄᑖᒥᐦᒡ ᑰᓂᐦᒡ ᐋᑯᑖᐦ ᓂᔮᓂᑑᒦᒋᓯᒡ, ᒫᒋᐅᐦᐋᑳ ᐧᐋᐱᔅᑭᒥᑯᔨᐤ᙮ ᑯᑎᑭᒡ ᒫᒃ ᐊᑎᐦᑯᒡ ᐋᑯᑖᐦ ᐋᑎ ᐅᐧᐋᐱᒫᑭᓂᐅᐧᐃᒡ ᐅᑖᐦ ᐧᐄᓂᐹᑯᐦᒡ ᑭᔮᐦ ᐅᑖᐦ ᒥᓂᔥᑎᒄᐦ ᐋᑯᐦᑎᓂᔨᒡᐦ ᐅᑖᐦ ᒉᐃᒥᔅ ᐯᐃᐦ᙮ ᒥᐦᒑᑐ ᒫᒃ ᐅᑖᐦ ᓅᐦᒋᒦᐦᒡ ᐋᑯᑖᐦ ᐋᐦᑖᒡ ᐧᒫᐦᒡ ᐊᓂᔮᐦ ᓂᔮᓈᑭᒋᐦᐋᒡ ᐁᑏ ᐹᔥ ᑭᔮᐦ ᐊᓂᔮᐦ ᐅᒫᓂᑖᒻᐦ᙮ ᐊᓂᒌ ᒫᒃ ᐊᓂᑖᐦ ᐋᐦ ᒥᔥᑎᑯᔅᑳᔨᒡ ᐋᐦᑖᒡ, ᓂᒧᐃ ᓈᔥᒡ ᒥᐦᒐᑎᐧᐃᒡ᙮ ᓂᒧᐃ ᓈᔥᒡ ᐱᐹᒧᐦᑖᐧᐃᒡ, ᐊᓂᑖᐦ ᐋᐦ ᐱᔅᑯᑖᐅᐦᑳᔨᒡ ᐋᑯᑖᐦ ᐋᐦᑖᒡ ᐋᐦ ᓃᐱᓂᔨᒡ ᑭᔮᐦ ᐊᓂᑖᐦ ᐋᐦ ᒥᔥᑎᑯᔅᑳᔨᒡ ᐋᐦᑖᒡ ᐹᐳᓂᔨᒡᐦ᙮

ᐊᒥᔅᒄ ᒫᒃ ᐋᐅᒄ ᒦᓐ ᐧᐃᔮᔦᑎᓰᑦ ᐅᑖᐦ ᐄᔨᔨᐅᔅᒌᐦᒡ᙮ ᒫᐧᑳᒡ ᒫᒃ ᑳ ᒦᔮᐅᐱᔨᔨᒡ ᓈᔥᒡ ᑳᐦ ᒥᓯᒋᔅᑎᒃ ᒥᔅᑯᒦ, ᐊᓂᑖᐦ ᐋᐦ ᐋᑎ ᓂᓂᐲᐅᐧᐃᔨᒡ ᐋᑯᑖᐦ ᑳ ᐅᔑᐦᑖᒡ ᐊᒥᔅᒄ ᐅᔅᑯᑎᒻᐦ ᑭᔮᐦ ᐅᐧᐄᔥᑎᒻᐦ ᐊᓂᑖᐦ ᔒᐲᔑᔑᐦᒡ, ᓵᑭᐦᐄᑭᓂᐦᒡ ᑭᔮᐦ ᐋᑲ ᔖᐱᒋᐧᐃᓂᔨᒡᐦ ᓰᐲᐦ᙮ ᐊᓂᑎᐦ ᒫᒃ ᐋᐦ ᐋᑎ ᓂᓂᐲᐅᒡ, ᐋᑯᑎᐦ ᒥᐦᒐᑐ ᑳᐦᑖᒡ ᑭᔮᐦ ᐱᔮᓯᐅᒡ ᑭᔮᐦ ᐃᔨᐦᒡ ᐋ ᐄᓯᓈᑯᓯᒡ ᐋᐧᐋᓰᓯᒡ᙮ ᐊᓅᐦᒡ ᒫᒃ ᐊᔮᐱᒡ ᐊᐧᑲᐦᑎᒃ ᐊᒥᔅᒄ ᐋᐦ ᐧᐋᔦᑎᓰᑦ ᐅᑖᐦ ᐄᑖᐦᒐ᙮

ᐊᓐ ᒫᒃ ᐋᐱᔒᔑᔑᑦ, ᒥᒄ ᒫᒃ ᓈᔥᒡ ᐋᐦ ᓂᐱᐦᐋᑭᓂᐧᐃᑦ ᐋᐅᒄ ᐧᐋᐳᔥ᙮ ᐊᓐ ᒫᒃ ᒥᔥᑖᐳᔥ ᐋᔦᐧᐃᒄ ᐧᐋᐦᒋ ᐄᓯᓂᐦᑳᓱᑦ ᐋᐦ ᒥᒥᔒᔨᒡᐦ ᐊᓂᔮᐦ ᐅᑖᐦᒡ ᐅᓯᑦᐦ ᑭᔮᐦ ᐊᓂᔮ ᐊᔑᓈᑯᓂᔨᒡ ᐅᓱᐃ᙮ ᒥᒄ ᐊᑎ ᒥᒥᑎᒫᐱᐦᑖᐤ ᐊᓂᔮᐦ ᒫᔅᑭᓂᐤᐦ ᐧᐃᔮᐱᐦᑎᐦᒃ, ᑭᔮᐦ ᐋᑯᑎᐦ ᒎᔥ ᐹᒥᐱᐦᑖᑦ ᑭᔮᐦ ᒋᔅᑎᒧᐦᑖᐤ ᐅᒫᔅᑭᓂᐤ ᒋᔥᒋᑯᒡ ᒐ ᒌᐦ ᒋᔥᒋᐱᐦᑖᑦ ᑭᔮᐦ ᐋᑯᔑᒧᑦ ᐧᐋᐦ ᓂᐱᐦᐄᑯᒡᐦ ᐊᐧᐋᔨᐤᐦ᙮ ᓃᐧᔖᐤ ᒫᒃ ᐋᐦᑎᐧᐋᐤ ᐹᔨᑯᐱᐳᓐᐦ, ᓂᒥ ᒌᐦᑳᓈᑯᓯᐤ ᐋᐦ ᐱᐹᒥᐱᐦᑖᑦ: ᐋᐦ ᓃᐱᓂᔨᒡ ᑭᓯᔅᑖᐅᓈᑯᓯᐤ; ᐋᐦ ᐱᐳᓂᔨᒡ ᐧᐃᔮᐱᓯᑦ᙮ ᐊᓂᔮ ᒫᒃ ᐋᐦ ᒋᔅᑎᒧᐦᑖᑦ ᐅᐧᐋᐳᔐᒫᐤᐦ ᐋᑯᑎᐦ ᐋᔑᓈᑯᓂᔨᒡ ᓂᔮᓂᑯᑑᓐᐦ ᒐ ᒌᐦ ᐧᐋᐦᒋᔮᑦ ᐊᐧᐋᔨᐤᐦ ᐋᐦ ᐧᐄᐦ ᓂᐱᐦᐄᑯᑦ ᒥᐦᒐᔑᐤᐦ ᑭᔮᐦ ᒫᒃ ᑯᑎᒃᐦ ᐊᐧᐋᔨᐤᐦ᙮ ᐧᐋᐦᒋᐱᔨᔨᐤ ᑭᔮᐦ ᐋᐦ ᐅᑎᐦᑎᑯᑦ ᐋᐦᑯᓯᐧᐃᓂᔨᐤ ᑭᔮᐦ ᐋᑯᑎᐦ ᐧᐋᐦᒋ ᓃᔑᐱᔨᑦ ᓂᔮᓂᑯᑑᓐᐦ ᐋᔑᑯᒥᑖᐦᑐᐱᐳᓐᐦ᙮ ᓂᔮᓂᑯᑑᓐᐦ ᒫᒃ ᓈᔥᑖᐧᐹᐦ ᐧᐋᔦᑎᓰᐤ ᐧᐋᐳᔥ, ᐋᑯᑎᐦ ᒫᒃ ᐧᐄᔮᐦᒋᐱᔨᔨᒡ ᒐ ᒌᐦ ᒫᐦᒋᐱᔨᔨᒡ ᐊᓂᔮ ᒑᐧᑳᔨᐤ ᒫᒋᑦ᙮

ᒎᔅ ᒫᒃ ᐋᐅᒄ ᒫᐅᒡ ᒫᓯᒋᔅᑎᒃ ᐊᐦᑎᔑᒡ ᐋᐧᐋᓰᓯᒡ ᐅᑖᐦ ᐄᔨᔨᐅᔅᒌᐦᒡ᙮ ᓂᒧᐃ ᒋᔅᒑᔨᐦᑖᑯᓂᔨᐤ ᑖᐃᔅᐸ ᓃᔥᑎᒻ ᑳ ᐹᒋ ᐃᔨᐦᑖᑦ ᐅᑖᐦ᙮ ᓂᒧᐃ ᒫᒃ ᐅᐦᒋ ᐃᐦᑖᐤ ᒎᔅ ᒫᐧᑳᒡ ᑳ ᐱᒥᐱᔨᔨᒡᐦ ᓃᐧᔖᔖᐧᐹᐅᒥᑖᐦᑐᒥᑎᓂᐤ ᑳ ᐄᒋᔥᑖᔨᒡᐦ ᐋᐦ ᐱᐳᓂᔨᒡᐦ ᐋᑯᐦ ᐹᔨᑯᔥᑖᐅᔖᐧᐹᐅᒥᑖᐦᑐᒥᑎᓂᐤ ᑳ ᐄᒋᔥᑖᔨᒡᐦ ᐋᐦ ᐱᐳᓂᔨᒡᐦ ᒦᓐ ᑳᐦᑖᑦ᙮ ᐅᔮ ᒫᒃ ᐊᓅᐦᒡ ᔖᔥ ᐅᑖᐦ ᐧᐋᐱᒫᑯᔥᑐᐦᒡ ᐊᑎ ᐅᐧᐋᐱᒫᑭᓂᐆ᙮

ᑳ ᐧᐃᔨᐱᓯᑦ ᒋᔖᔮᒄ ᐋᐅᒄ ᒦᓐ ᐊᐦᑖᑦ ᐅᑖᐦ ᐄᔨᔨᐅᔅᒌᐦᒡ, ᒋᔅᑎᒧᔨᐤᐦ ᐅᒫᔅᑭᓂᐤᐦ ᓈᐱᓂᔨᒡᐦ ᑭᔮᐦ ᐋᐦ ᑎᐧᑲᒥᓂᔨᒡ ᐊᓂᑎᐦ ᓈᔥᒡ ᓂᔮᓂᑑᒦᒋᓯᑦ, ᐋᐦ ᓈᓂᑎᐧᐃᒥᓈᑦ᙮

ᒥᐦᒐᑎᐧᐃᒡ ᒫᒃ ᐋᐧᐋᓰᓯᒡ ᐅᑖᐦ ᐄᔨᔨᐅᔅᒌᐦᒡ, ᑳᑯᒡ ᑭᔮᐦ ᒥᐦᐄᐦᑭᓂᒡ᙮ ᐃᐦᑖᐧᐃᒡ ᑭᔮᐦ ᐅᑖᐦ ᐧᐄᓂᐹᑯᐦᒡ ᐊᐧᐋᓂᒌ ᐋᐦ ᓂᐱᐦᐋᑭᓂᐅᐧᐃᒡ᙮ ᐋᐦ ᓃᐱᓂᔨᒡ, ᐧᐋᐱᒫᑯᒡ ᐹᒋ ᐄᔅᐱᔨᐅᐧᐃᒡ ᐅᑖᐦ ᐋᐦ ᐧᐃᔨᐧᐋᔨᒡᐦ ᓰᐲᐦ ᐲᓯᐧᒫᐦᑖᐦᒡ "ᐊᑦᓯᓐ ᐯᐃ", ᑭᔮᐦ ᐅᑖᐦ ᒉᐃᒥᔅ ᐯᐃᐦ᙮ ᓂᓈᐦᑭᐤ ᐄᓯᓈᑯᓯᐧᐃᒡ ᐋᐦᒋᑯᒡ, ᐅᑖᐦ ᐋᐦᑖᒡ ᐄᔅᔨᔨᐅᔅᒌᐦᒡ ᐅᑖᐦ ᐄᔑ ᐲᓯᐧᒫᐦᑖᒡ ᐄᓯᒫᓃᐅᔨᐲᐦᒡ᙮ ᐅᑖᐦ ᒫᒃ ᓅᐦᒋᒦᐦᒡ ᐄᑖᐦᒐ ᐧᐋᐱᒫᑯᔥᑐᐦᒡ ᐋᑯᑖᐦ ᐋᐦᑖᒡ ᐊᓂᑖᐦ ᐋᐦᒋᑯᒡ ᐋᑲ ᔒᐧᐋᐳᐧᐃᐧᐃᔨᒡ ᐅᑖᐦ ᐊᑎᒫᐲᓯᒻ ᑭᔮᐦ ᐧᐊᐱᓅᑖᐦᒡ ᐄᑖᐦᒐ᙮

ᐃᔅᑭᓂᐱᐳᓐᐦ ᒫᒃ ᐧᐋᐱᒫᑭᓂᐅᐧᐃᒡ ᐧᐋᐱᔅᑯᒡ ᐅᑖᐦ ᐧᐄᓂᐹᑯᐦᒡ ᔮᔮᐤ ᒉᐃᒥᔅ ᐯᐃᐦ, ᑭᔮᐦ ᐋᔦᐧᐃᑯᓐᐦ ᓈᔥᒡ ᐧᒫᐧᐋᒡ ᐋᐦᒋᒄᐦ, ᑭᔮᐦ ᐊᓂᑖᐦ ᔑᔐᒡ ᐋᐦᑖᔨᒡᐦ ᐱᔮᔑᔥᐦ, ᔒᔒᐸᐦ ᑭᔮᐦ ᐋᐱᑯᔒᔥᐦ᙮ ᒌᐦ ᒋᔅᒑᔨᐦᑖᑯᓯᐧᐃᒡ ᑭᔮᐦ ᐋᐦ ᓅᔐᔥᑭᐧᐋᒡ ᐊᑎᐦᒄᐦ ᑭᔮᐦ ᒋᒋᓈᒡ᙮ ᓂᔮᓂᑯᑑᓐᐦ ᑭᔮᐦ ᒦᒋᐧᐃᒡ ᑯᑎᒋᔨᐤ ᒐᐧᑳᔨᐤ, ᔮᔮᐲᐦ ᑭᔮᐦ ᒦᓂᔥᐦ᙮ ᑯᑎᑭᒡ ᒫᒃ ᐧᐋᐱᔅᑯᒡ ᐋᑯᑖᐦ ᐋᑎ ᐃᔨᐦᑖᒡ ᐅᑖᐦ ᒥᓂᔥᑎᑯᐦᒡ; ᐋᐦ ᓃᔐᓂᑲᔑᔨᒡᐦ ᐹᔐᒡ ᐧᐄᒥᓂᒌᐦᒡ ᐋᑯᑎᐦ ᒫᔅᒫᔨᐦᑖᑯᓯᒡ ᐋᐦ ᓈᓃᔑᒡ ᑭᔮᐦ ᐋᐦ ᐅᑯᔑᔑᒡ ᐅᐧᐋᑎᑯᐧᐋᐦᒡ᙮

Louise Abbott

The La Grande River east of Radisson in December.   La Grande Rivière à l'est de Radisson, en décembre.   ᓯᔅᓭᔅᑏᑯ ᐅᑖ" ·ᐊᐱᓓᑦ"ᑾ ᐊᓇᑎ" ᐅ"ᒥ ᓵᑎᓯᐦ ᐃ"ᑖ·ᐃᓂ"ᑿ ᒫᑲᑿ ᒥᑯᦓᔅᑭᓇᐱᦓᓀ ᐊ" ᐊᑯᦓ"ᑿ.

89

Niels Jensen

South of Oujé-Bougoumou in November.   Au sud d'Oujé-Bougoumou, en novembre.   ᐱᔅᒣᓐᑖᐅ ᐃᑳᓐᐃ ᐅᒋᐳᑯᒻ ᒫᑲᐦ ᑭᔅᑎᓂᐱᔑᒻ ᐊᐦ ᐊᑯᔅᑎᐦᒃ.

Niels Jensen

Grey jays, or whiskey jacks, are full-time residents of Eeyou Istchee and can often be seen around bush camps, feeding on caribou remains, leftover bannock, or whatever other morsels they can find. This one was on the Neeposh trapline northeast of Nemaska. Grey jays and other small birds traditionally provided sustenance for the Cree when game, fish, and larger fowl were scarce. The brains of the grey jay were also used for medicinal purposes.

Le Mésangeai du Canada, ou « whiskey jack », réside en Eeyou Istchee toute l'année. On peut le trouver aux alentours de campements se nourrissant de restes de caribou, de banique ou de toute autre nourriture qu'il y trouve. Celui-ci se trouvait sur le territoire de trappe de la famille Neeposh au nord-est de Nemaska. Autrefois, le Mésangeai du Canada et d'autres petits oiseaux étaient mangés lorsque le gros gibier, le poisson et les plus grosses volailles se faisaient rares. La cervelle du Mésangeai avait aussi des propriétés médicinales.

ᒥᐦᓛᑐᔮᐠ ᒫᒃ ᐄᓯᓈᑯᓯᐧᐃᐠ ᐱᔮᓯᐅᐠ ᑭᔮᐦ ᐅᑖᐦ ᔮᔮᐤ ᐧᐄᓂᐹᑯᐦᐠ ᐊᐦᑖᐠ ᐋᐦ ᓃᐱᓂᔮᐠ ᑭᔮᐦ ᔑᔕᐠ ᐋᐦ ᒦᒋᓱᐠ ᐊᓂᑖᐦ ᒥᓂᐡᑎᒄᐦ ᐋᐦ ᐋᑯᐦᑎᓂᔮᐠᐦ ᑭᔮᐦ ᐊᓂᑖᐦ ᐋᐦ ᐋᑎ ᒥᒥᐢᓚᑯᐧᐃᔮᐠ ᑭᔮᐦ ᐅᑖᐦ ᓅᐦᒋᒦᐦᐠ ᐄᑖᐦᓛ᙮ ᐊᓂᑖᐦ ᒫᒃ ᐋᐦ ᓰᑯᐦᐠ ᐋᑯᑎᐦ ᐹᒥᐦᔮᐠ ᐱᔮᓯᐅᐠ ᓛ ᐧᐋᐅᐧᐃᐠ ᐅᑖᐦ ᐊᑎᒫᐲᓯᒻ, ᐧᑖᐦᐅᐧᐃᐠ ᑭᔮᐦ ᒦᒋᓱᐧᐃᐠ ᒫᐧᑲᐠ ᐅᔮ ᐹᒥᐦᔮᐧᑖᐤᐦ᙮ ᑖᐧᑲᒋᓂᔮᐠᐦ ᓛᐧᐋᐦᔮᐠ, ᒫᐧᑲᐠ ᒫᒃ ᐋᐦ ᐱᐡᑯᐠ ᐋᑳ ᒌᐦ ᐸᐹᒥᐦᔮᐠ ᐧᐄᓭᐧᐊ ᐹᔮᑯᐲᓯᒻᐦ, ᐋᑯᑖᐦ ᐅᑖᐦ ᐋᔮᐦᑖᐠ, ᐅᑖᐦ ᒥᓂᐡᑎᑯᐦᐠ ᒫᒧᒥᓈᐠ ᑭᔮᐦ ᑯᑎᒋᔮᐤ ᓛᐧᑲᔮᐤ ᐋᐦ ᓂᐦᑖᐅᒋᓂᔮᐠ ᒫᒋᐠ ᐋᑎ ᓂᐦᑖᐅᒋᔮᐧᑖᐤᐦ ᒫᐧᑲᐠ ᐅᒦᑯᓂᐧᐋᐤᐦ᙮

ᒫᒨ ᒫᒃ, ᓈᐧᐃᔮᐠ ᐄᓯᓈᓯᐧᐃᐠ ᓂᐢᑭᐠ, ᐧᐄᓚᐧᐊ ᓃᐡᑎᓂᐅᓈᐅᔖᑊ ᓂᓈᐦᑭᐤ ᐄᓯᓈᑯᓯᐧᐃᐠ ᔒᔒᐱᐠ, ᐊᐅᐢᑖᐦ ᓃᐡᑎᓂᐤ ᓂᓈᐦᑭᐤ ᐄᓯᓈᑯᓯᐧᐃᐠ ᔑᔕᐠ ᒨᐡ ᐋᐦᑖᐠ ᐱᔮᔑᔑᐠ, ᑭᔮᐦ ᐃᐦᑖᐧᐃᐠ ᒧᐦᑭᐧᐃᓯᐅᐠ, ᑳᐦᑳᒋᐅᐠ ᑭᔮᐦ ᐱᔮᔑᔑᐠ, ᒥᐡᑎᑯᐦᔮᐅᐠ ᑭᔮᐦ ᐱᔮᐅᐠ, ᐋᑯᑎᐦ ᐅᑎᐦ ᒨᐡ ᐋᐦᑖᐠ᙮ ᒥᓂᑐᔑᐠ ᑭᔮᐦ ᐃᐦᑖᐧᐃᐠ - ᐱᐦᑯᔑᐠ, ᒥᓯᓛᐦᑯᐠ, ᑭᔮᐦ ᓯᒋᒫᐅᐠ - ᐋᐦ ᓃᐱᓂᔮᐠ ᐋᑯᑎᐦ ᐋᐦᑖᐠ᙮

ᒥᐦᓛᑐᔮᐠ ᑭᔮᐦ ᐄᓯᓈᑯᓯᐧᐃᐠ ᓂᒫᓯᐠ ᐅᑖᐦ ᐧᐄᓂᐹᑯᐦᐠ ᑭᔮᐦ ᐅᑖᐦ ᓅᐦᒋᒦᐦᐠ ᐄᔮᔮᐅᐢᒌᐦᐠ᙮ ᐊᓐ ᒫᒃ ᒫᐅᐠ ᒫᓯᒋᐢᑎᒃ ᐋᐅᒄ ᓂᒫᐤ, ᐋᐅᒄ ᐊᓂᑖᐦ ᐋᑳ ᔒᐧᐋᐳᐧᐃᐧᐃᔮᐠ ᐋᐦᑖᑦ ᐅᑎᐦ ᑳᐦᓈᑖᐦ᙮ ᐊᓂᑖᐦ ᐄᑖᒥᐹᑯᐦᐠ ᐋᑯᑖᐦ ᐧᐋᐦᑎᓂᐦᒃ ᓛᐧᑲᔮᐤ ᓚ ᒦᒋᑦ ᑭᔮᐦ ᐋᐦ ᐃᔮᐱᔒᔑᔑᔮᐠᐦ ᓂᒫᐢᐦ᙮ ᐅᑎᐦᐧᐋᐤ ᓂᒫᐢᐦ ᑭᔮᐦ ᒥᓯᐧᐋᒫᐤ᙮ ᒨᐡ ᒫᒃ ᒌᐦ ᒫᒥᓯᒋᐢᑎᐧᐃᐠ ᐅᒌ ᓂᒫᐅᐠ: ᑯᑎᑭᐠ ᐊᐅᐢᑖᐦ ᓃᐧᔒᐤ ᒥᑖᐦᑐᒥᑎᓂᐧᐋᑎᐸᐹᐡᑯᒋᑭᓈᓯᐧᐃᐠ᙮ ᐊᓅᐦᐠ ᒫᒃ ᐊᑎᑎᐤ ᐃᔮᐱᔒᔑᔑᐧᐃᐠ ᐊᓂᒌ ᓂᒫᐅᐠ᙮

ᒨᐡ ᒫᒃ ᑳ ᐹᒋ ᐄᔑᓈᑯᐦᐠ, ᐅᒌ ᐄᔮᔮᐅᐠ ᐅᑖᐦ ᐋᐦᑖᐠ ᐄᔮᔮᐅᐢᒌᐦᐠ ᐅᑖᐦ ᓂᑑᐦᐆᐢᒌᐦᐠ ᐋᑯᑖᐦ ᑳ ᐅᐦᒋ ᒋᐢᓚᔮᐦᑖᑯᓂᔮᐠ ᓚ ᒌᐦ ᐱᒥᓂᑯᐧᐊᐧᑳ ᐄᔮᔮᐅᐠ ᐊᓂᔮ ᐋᔑ ᓂᓂᐦᑖᐅᒋᓂᔮᐠ ᑭᔮᐦ ᐋᐡᐱᐡ ᐅᔑᐦᐅᒥᑭᓂᔮᐠ, ᑭᔮᐦ ᑖᓐ ᐋᔑ ᒥᔦᐱᔮᐦᐄᑯᐠ ᐋᐦ ᓂᑑᐦᐅᐠ, ᐋᐦ ᓅᑎᒫᓭᐠ, ᐋᐦ ᐧᐃᓂᐦᐄᓚᐠ ᑭᔮᐦ ᐋᐦ ᒫᐅᒋᐦᑖᐠ ᓂᓈᐦᑭᐤ ᓛᐧᑲᔮᐤ᙮ ᐊᓂᑎᐦ ᒫᒃ ᑫᐃᒥᐢ ᐯᐃᐦ ᑭᔮᐦ ᐊᑎᒫᐲᓯᒻ ᑯᐯᒃ ᓂᐢᑯᒧᐧᐃᓂᔮᐤ ᐋᑯᑎᐦ ᒫᓯᓈᑖᔮᐠ ᐋᐦ ᐋᔮᒋᐡᑖᔮᐠ ᐊᓂᔮ ᓚ ᒌ ᐄᔑ ᓂᑑᐦᐅᐠ, ᓅᑎᒫᓭᐠ, ᑭᔮᐦ ᐧᐃᓂᐦᐄᓚᐠ, ᑭᔮᐦ ᐋᑯᑎᐦ ᒫᓯᓈᑖᐠ ᓂᐡᑐᔮᐠ ᐋᐦ ᐄᑎᓯᓈᑖᐠ ᐄᔮᔮᐅᐢᒌ᙮ ᐹᔮᒄ ᑳ ᐄᒋᐡᑖᐠ 5,542 ᐋᐦ ᑭᒌᐦᓚᓯᐠ ᑭᐧᓛᒥᑎᐦᐢ ᐄᐡᐱᔖᐤ - ᐋᔦᐧᐃᒄ ᐄᔮᔮᐅᐠ ᒥᒄ ᓚ ᒌᐦ ᐧᐄᔕᑎᐦᐠ᙮ ᓃᔕ ᑳ ᐄᒋᐡᑖᐠ 62,155 ᐋᐦ ᑭᒌᐦᓚᓯᐠ ᑭᐧᓛᒥᑎᐦᐢ ᐄᐡᐱᔖᐤ - ᐋᑯᑎᐦ ᓚ ᒌᐦ ᓂᑑᐦᐅᐠ, ᓅᑎᒫᓭᐠ ᑭᔮᐦ ᐧᐃᓂᐦᐄᓚ ᑭᔮᐦ ᐋᑯᑎᐦ ᓚ ᒌᐦ ᒋᐦᒋᐸᔮᐦᐧᑖᓱᐠ ᓛᐧᑲᔮᐤ ᐄᔮᔮᐅᐠ ᑯᑎᒃᐦ ᐊᐧᐋᔮᐤᐦ ᓚ ᒌᐦ ᐧᐄᒋᐦᐄᑯᐠ, ᑭᔮᐦ ᐋᑯᑎᐦ ᓚ ᒌᐦ ᓅᑖᐦᑎᐧᑳᓂᐧᐃᐠ, ᓅᒋᓯᓈᓂᐧᐃᐠ ᑭᔮᐦ ᓅᒋᒫᓂᑖᐧᐋᓂᐧᐃᐠ, ᑎᐹᐦᒋᓚᓯᐤ ᐋᐦ ᐧᐄᒋᐦᐄᐧᐋᑦ ᑭᔮᐦ᙮ ᓂᐡᑐ ᑳ ᐄᒋᐡᑖᐠ ᐊᐢᒌ - 277,157 ᑳᑭᒌᐦᓚᓯᐠ ᑭᐧᓛᒥᑎᐦᐢ ᐄᐡᐱᔖᐤ - ᐋᑯᑎᐦ ᒥᒄ ᐊᓐ ᐊᐧᐋᓐ ᓚ ᒌᐦ ᓂᑑᐦᐅᑦ ᑭᔮᐦ ᓅᑎᒫᓭᑦ ᐋᐦ ᑭᓂᐧᐋᐱᐦᑎᐦᒃ ᐧᐄᔕᐧᐋᐧᐃᓐᐦ᙮ ᒥᒄ ᒫᒃ ᐄᔮᔮᐅᐠ ᓂᑎᐧᐋᔮᐦᑖᑯᓯᐧᐃᐠ ᓚ ᒌᐦ ᓂᑑᐦᐅᐠ ᐅᑖᐦ ᓂᐲᐦᐠ - ᓂᒫᐤᐦ ᓚ ᒌᐦ ᓂᐱᐦᐋᐠ - ᑭᔮᐦ ᐊᓂᔮᐦ ᐋᐦ ᐊᔦᐧᐃᓂᐧᐃᐧᐃᐠᐦ ᓚ ᒌᐦ ᓂᐱᐦᐋᐠ᙮ ᐄᔑᓈᑯᓂᔮᐤ ᑭᔮᐦ ᓚ ᒌᐦ ᐊᐡᒋᐸᔮᐦᐋᑭᓂᐅᐧᐃᐠ ᐋᐦ ᐅᔑᐦᑖᑭᓂᐧᐃᐧᐃᔮᐠᐦ ᐧᐄᔕᐧᐋᐧᐃᓐᐦ, ᓚ ᐄᔑ ᐋᐱᑎᓰᓈᓂᐧᐃᐧᐃᔮᐠ, ᑭᔮᐦ ᐋᐦ ᐧᐄᐦ ᒥᓈᒋᐦᑖᑭᓂᐧᐃᐧᐃᔮᐠ ᐊᐢᒌᔮᐤ᙮

ᐊᓐ ᒫᒃ ᑳ ᐄᐡᐱᐡ ᒥᓯᓂᐦᐅᓯᓈᓂᐧᐃᐠ ᓂᐢᑯᒧᐧᐃᓐ, ᒥᐡᑏᐦ ᓈᐡᐠ ᒌᐦ ᐧᐋᐱᐦᑎᒧᐠ ᐄᔮᔮᐅᐠ ᐃᔮᐦᐠ ᐋ ᐄᐢᐱᔮᔮᐠ ᓛᐧᑲᔮᐤ᙮ ᒥᒥᔖᐤᐦ ᐱᒥᐱᔦᐧᐃᑭᒥᒄᐦ ᐅᑖᐦ ᒋᓛᔫᐲᐡᑎᑯᐦᐠ ᑭᔮᐦ ᐊᓂᑎᐦ ᐧᐋᐦᒋᒋᐧᐃᐠᐦ ᑯᑎᒃᐦ ᔫᐲᐦ ᒌᐦ ᐅᔑᐦᑖᑭᓂᐤᐦ, ᐊᓂᑎᐦ ᒫᐅᐠ ᒥᐡᑏᐦ ᐧᐋᐦᒋ ᐅᔑᐦᑖᑭᓂᐧᐃᐠ ᓂᒥᐢᒌᐅᐡᑯᑖᐤ ᐋᐢᐱᐦᑎᐢᑭᒥᑳᐠ ᐆ ᐊᐢᒌ᙮ ᐊᓐ ᒫᒃ ᑳᓈᔮᐳᐢᑳᐤ ᔫᐲ, ᐄᓯᒫᓃᐅᔫᐲ, ᑭᔮᐦ ᐧᐋᐢᑳᐦᐄᑭᓂᔑᔒᐅᔫᐲ ᐊᓂᑖᐦ ᒌ ᐄᔑ ᐱᐢᓚᔮᔑᑭᐧᐃᐦᑖᑭᓂᐤᐦ ᒋᓛᐲᐡᑎᑯᐦᐠ, ᑭᔮᐦ ᒥᐡᑏᐦ ᐊᐢᒌ, ᒋᐠ ᐄᔮᔮᐅᐠ ᓂᐦᐆᐢᒌᐧᐋᐤᐦ ᑭᔮᐦ ᐊᓂᑎᐦ ᑳᐦ ᓂᐦᐄᑭᐧᐋᐠ ᐅᑏᔮᔮᒥᐧᐋᐤᐦ, ᒌᐦ ᐊᐢᒋᐳᑖᑭᓂᐧᐃᐧᐃᔮᐤᐦ ᐄᐢᑯᑎᒃ ᑳ ᐅᔑᐦᑖᑭᓂᐧᐃᐠᐦ ᓛᑭᐦᐄᑭᓂᐦᑳᓐᐦ᙮

ᐋᐦ ᓅᑖᐦᑎᐧᑳᓂᐧᐃᐠ, ᐋᐦ ᓅᒋᓯᓈᓂᐧᐃᐠ, ᑭᔮᐦ ᐃᔮᐦᐠ ᐋ ᐄᔑ ᐋᐱᑎᓰᓈᓂᐧᐃᐠ ᐋᑯᑎᐦ ᐧᐋᐦᒋᐸᔮᐠ ᐃᔮᐦᐠ ᓚ ᒌ ᐄᔑᓈᑯᐦᐠ ᐊᓐ ᓃᐡᑎᒻ ᑳ ᐄᔑᓈᑯᐦᐠ ᐊᐢᒌ ᑭᔮᐦ ᓂᐲ, ᐋᐦ ᑖᐦᑭᐦᐅᑯᐠ ᐊᐧᐋᓂᒌ ᑭᔮᐦ ᐋᐧᐋᔫᓯᐠ᙮ ᐊᑎᐦᑯᐠ ᒫᒃ, ᐱᑯᓂᓚ, ᒨᐡ ᐅᑖᐦ ᐲᓯᐧᒫᐦᑖᐦᐠ ᐋᑯᑖᐦ ᒨᐡ ᑳᐦ ᐄᑐᐦᑖᐠ᙮ ᐊᓅᐦᐠ ᒫᒃ, ᐊᓂᒌ ᐊᓂᑖᐦ ᓭᐣ ᔫᐲᐦᐠ ᐧᐋᐦᑐᐦᑖᐠ ᐊᑎᐦᑯᐠ ᓂᔮᓂᑯᑐᓐᐦ ᓈᐡᐠ ᒋᐡᒋᑯᐠ ᐊᑎᒫᐲᓯᒻ ᐋᐦ ᐄᑐᐦᑖᐠ, ᓛᒃ ᒫᒃ ᒋᐱᐦᒌᐧᐃᐠ ᑭᔮᐦ ᒦᓐ ᐲᓯᐧᒫᐦᑖᐦᐠ ᐋᑐᐦᑖᐠ᙮ ᐋᔦᐧᐃᒄ ᐧᐋᐦᒋ ᐃᐦᑎᐠ ᐃᔦᐧᐃᐠ ᒋᔖᔮᔮᐅᐠ ᐋᐦ ᐧᐃᓈᒋᐦᑖᑭᓂᐧᐃᐧᐃᔮᐠ ᐊᓂᔮ ᒨᐡ ᑳ ᐹᒋ ᐄᔑᓈᑯᓂᔮᐠ ᐊᓂᑖᐦ ᒨᐡ ᑳᐦ ᐹᒋ ᐃᔮᐦᑖᐠ᙮

ᐋᐦ ᒋᔑᐧᐋᔮᐦᑎᐦᐠ ᒫᒃ ᐋᐦ ᐧᐄᐦ ᑭᓂᐧᐋᔮᐦᑎᐦᐠ ᐄᔮᔮᐅᐢᒌᔮᐤ ᑭᔮᐦ ᐊᓂᔮ ᒨᐡ ᑳ ᐄᔑ ᐱᒫᑎᓰᐠ, ᐄᔮᔮᐅᐠ ᐧᐄᓚᐱᑎᓰᒪᐧᐃᐠ ᑎᐹᐦᒋᓚᓯᐤᐦ ᑭᔮᐦ ᑯᑎᒃᐦ ᐊᐧᐋᔮᐤᐦ ᐧᐄᒋᐦᐊᐧᐃᐠ ᓚ ᒌᐦ ᑭᓂᐧᐋᔮᐦᑖᑯᓂᔮᐠ ᑯᐃᐢᒄ ᐊᐢᒌᔮᐤ᙮ ᐧᐄᒥᓂᒌᐅᐄᔮᔮᐅᐠ ᒫᒃ ᐋᐱᑎᔑᐡᑎᒧᐠ ᓚ ᓈᑭᑎᐧᐋᔮᐦᑖᑯᓂᔮᐠ ᐅᑖᐦ ᐹᑭᒥᔑᒧᐧᐋᐡᑎᑯᐦᐠ, ᑭᔮᐦ ᐊᓂᑖᐦ ᒫᑐᐢᑲᐦᐠ᙮ ᐅᑖᐦ ᑭᔮᐦ ᐧᐄᓂᐹᑯᐦᐠ ᐋᑯᑎᐦ ᒦᓐ ᐹᑯᔮᔮᐦᑎᐦᐠᐦ ᓚ ᐧᐄᐦ ᒥᓈᒋᐦᑖᑭᓂᐧᐃᐧᐃᔮᐠ ᐊᐅᐢᑖᐦ ᓈᐧᐋᐤ ᒋᔖᒥᑖᐦᑐᒥᑎᓂᐤ ᐋᐦ ᑭᒌᐦᓚᓯᐠ ᑭᐧᓛᒥᑎᐦᐢ ᐋᐦ ᐄᐡᐱᔖᔮᐠ᙮ ᒥᐢᑎᓯᓃᐅᐄᔮᔮᐅᐠ ᒫᐧᑲᐠ ᐱᒦᐦᑭᒧᐠ ᐅᑖᐦ ᐊᑦᐱᓀᑦ-ᑎᒥᐢᑭᒫᐃᓐᒃ-ᐊᑐᐡᐧᐃᒌ, ᐹᔮᑯᔖᐧᐹᐅᒋᔖᒥᑖᐦᑐᒥᑎᓂᐤ ᐋᐦ ᑭᒌᐦᓚᓯᐠ ᑭᐧᓛᒥᑎᐦᐢ ᐄᐡᐱᔖᐤ ᑭᔮᐦ ᐋᑯᑎᐦ ᐋᔑ ᐊᐢᑎᓯᓈᑖᐠ ᒥᐢᑎᓯᓃᐅᔮᐢᑭᐦᐄᑭᓐ᙮ ᐋᐅᒄ ᓃᐡᑎᒻ ᐅᑎᐦ ᑯᐯᒃ ᐲᐦᐠ ᐋᐦᑖᐠ ᑭᔮᐦ ᐊᐧᐋᓂᒌ ᐋᐦ ᐧᐄᐦ ᒥᓈᒋᐦᑖᑭᓂᐧᐃᐠ ᐊᐢᒌ - ᓂᐡᑐᒥᑎᓂᐅᓃᐧᔒᔒᑊ ᐃᐦᑎᐦᑎᓐᐦ ᓂᑑᐦᐅᐢᒌᐦ ᐅᑎᐦ - ᑭᔮᐦ ᑯᐯᒃ ᑎᐹᐦᒋᓚᓯᐤ ᒋᑭ ᐧᐄᒋᐦᐄᐧᐋᐤ ᐅᔮ ᐋᐦ ᓈᓈᑭᒋᐦᑖᑭᓂᐧᐃᐧᐃᔮᐠ᙮

ᐋᐦ ᐧᐄᒋᐦᑖᑭᓂᐧᐃᐠ ᒫᒃ ᐊᓐ ᔖᐡ ᑳ ᐧᐃᔮᔮᐦᑖᑯᐦᐠ ᑖᓐ ᐊᓐ ᐊᐢᒌ ᓈᐡᐠ ᓚ ᐧᐄᐦ ᓈᑭᑎᐧᐋᔮᐦᑖᑯᐦᐠ, ᒌᐦ ᒋᐦᒋᐸᔮᐦᑖᐧᐃᐠ ᐄᔮᔮᐅᐠ ᐋᐦ ᓅᒋᒪᓂᑖᐧᐋᓂᐧᐃᐧᐃᔮᐠ ᐋᐦ ᓅᑯᐦᑖᐠ ᐅᔮ ᐋ ᐄᔑ ᐃᐦᑐᑎᐦᐠᐦ ᑭᔮᐦ ᐊᓂᔮ ᐅᑖᐦ ᐅᑖᐦᐠ ᑳ ᐄᔑ ᓈᑭᑎᐧᐋᔮᐦᑖᑯᓂᔮᐠ ᑭᔮᐦ ᑳᐦ ᐃᐦᑐᑎᑭᓂᐧᐃᐧᐃᔮᐠ᙮ ᓯᒋᔮᐡᑳᑯᐧᐃᐠ ᒫᒃ ᒫᓂᑖᐤᐦ ᐋᐦ ᐹᒋ ᐧᐋᐱᐦᑎᒥᔮᐠᐦ ᐊᓂᔮᐦ ᐅᑎᐢᒌᐧᐋᐤ ᓈᐡᐠ ᓯᔮᒋᐦᑖᐠ ᒥᒄ ᒫᒃ ᐧᐄᐦᑎᒧᐧᐋᐧᐃᐠ ᐃᔮᐧᑲᐦ ᓚ ᐋᔮᐦᑎᔮᐠᐦ, ᐧᒫᐦᐠ ᐅᒌ ᒫᓂᑖᐅᐠ ᐧᐋᒋᑲᐳᐧᐃᐡᑎᐧᐋᐠ ᐁᑏ ᐹᐡᐦ, ᐊᓂᑖᐦ ᐋᐦ ᐋᔮᔮᐦᑎᑯᐢᑲᔮᐠ ᐋᐦ ᓃᐳᐧᐃᐠ᙮ ᓂᒧᐃ ᑭᑎ ᐋᑎᐢᒌᐧᐃᐠ ᐊᓂᑖᐦ ᑳᐦᑖᐠ ᒥᒄ ᐊᓂᑖᐦ ᐅᒥᐢᓈᐱᐢᑭᐦᐄᑭᓂᐧᐋᐦᐠ ᐋᑯᑎᐦ ᓚ ᓅᑯᓂᔮᐠ ᐊᓂᑖᐦ ᐋᐦ ᒌᐦ ᐃᐦᑖᐠ ᑭᔮᐦ ᐊᓂᑖᐦ ᐅᒥᑐᓈᔮᐦᒋᑭᓂᐧᐋᐦᐠ ᐋᑯᑎᐦ ᓚ ᐃᐦᑎᑯᓂᔮᐠ ᐊᓂᔮ ᓚ ᐄᔑ ᒋᐢᒋᔫᑎᑎᐧᐋᐠ ᒥᐦᓚᑐ ᐊᑎᐦᒄᐦ ᐋᐦ ᐱᒥᐢᑯᐦᑖᔮᐠᐦ ᑭᔮᐦ ᒫᒃ ᐋᐦ ᒋᐦᒋᐱᐦᑖᔮᐠᐦ ᐸᑎᐡ ᐋᑳ ᓈᐡᑎᔮᐠ ᐊᑎ ᓅᑯᓯᔮᐠᐦ᙮

Niels Jensen

This American tree sparrow was one of a small "grove," or group, at the Sheshamush bush camp northeast of Whapmagoostui in May. When the ground is covered in snow, these songbirds beat tall weeds with their wings and then forage for the seeds that fall onto the snow. They prefer to breed in remote, sparsely inhabited areas.

Ce Bruant hudsonien faisait partie d'un petit groupe d'oiseaux rencontré au campement de Sheshamush au nord-est de Whapmagoostui, en mai. Lorsque le sol est recouvert de neige, ces oiseaux chanteurs battent les hautes herbes avec leurs ailes puis mangent les graines qui tombent sur la neige. Ils préfèrent s'accoupler dans des endroits éloignés et peu habités.

Louise Abbott

Northeast of Wemindji on the James Bay Highway in May.

Au nord-est de Wemindji sur la route de la Baie-James, en mai.

Niels Jensen

Wildfowers and lichens grow in a boulder field northwest of Nemaska on the James Bay Highway in July.

Fleurs sauvages et lichen dans un champ de pierres au nord-ouest de Nemaska, sur la route de la Baie-James, en juillet.

ᓂᐱᓴᐦ ᓂᐦᑖᐅᑕᐦ ᑭᔾᐦ ᐄᐦᑯᓂᑦ ᓂᐦᑖᐅᑎᐧᐃᑦ ᐅᑖᐦ ᐊᐦ ᐊᑦᓂᐧᐃᔅᑦ ᐊᑎᒫᐦᕆᒫ ᑭᔾᐦ ᐊᓯᓐᐤ ᐃᑖᐦᒄ ᓈᒥᔅᑳᐤᒡ ᐊᓂᑖ ᐅᑖᕚᓈᔅᑎᐦᑳᓈᐤ ᒫᐅᑳ ᐅᐱᔅᒑᕆᒡ ᐊᐦ ᐊᑯᓭᐦᒃ.

95

Louise Abbott

The Cree collect driftwood like this on Fort George Island and use it as firewood when they camp out during summer gatherings.

Bois de grève sur l'île de Fort George. Les Cris le ramassent pour en faire du bois de chauffage lors des rassemblements estivaux.

ᐊᕙᒃᐦᐊᓂᐦᑎᒡ ᒫᒃ ᐊᔫᐃᓂᒃ ᒫᐦᑯᑦ ᐃᔥᑯᑦ ᐅᑎᐦ ᐧᐋᐦᓯᒡ ᐧᒋᔑᒃ ᒥᓯᐦᑐᒡ ᒫ ᐱᒥᐦᑕᒌᒃ ᒫᐦᒃ ᐊᐦ ᒫᔥᐄᐦᐊᓂᐧᐄᐦᐊᔅᒃ ᐅᑎᐦ ᐊᐦ ᓂᐱᓂᐦᒃ.

Niels Jensen

Different species of seabirds nest in the coastal and inland waters of Eeyou Istchee. This Little Gull was foraging on the shore of Lake Nemiscau in July.

Différentes espèces d'oiseaux marins nichent dans les eaux côtières et intérieures d'Eeyou Istchee. Cette Mouette pygmée cherche de la nourriture sur la rive du lac Nemiscau, en juillet.

ᓂᓚᔨᐦᑯ ᒫᑊ ᐊ ᐋᔨᐋᑯᕐᒥ ᐱᔾᕆᐅᑭ ᐧᐊᐅᐧᐃᑊ ᐅᑕᐦ ᔖᔫ ᐧᐋᓂᐸᑦᒻᑭ ᐱᔾᐦ ᐅᑕᐦ ᓈᐦᑦᒡᒻᑭ ᐋᔥᐸᐅᑭᕐᒻᑭ ᐊᓂᖮ ᑭᓴᐧᐋ ᒍᓐ ᐸᓚᐧ ᓂᐱᒻᑭ ᐊᒻᑐᒃ ᐅ ᑭᔾᒪᑯ ᐊᓂᑕᒡ ᔖᔫ ᐋᒥᔥᐅᔾᐦᐋᑭᓂᒻᑭ ᐋᓄᑐᒌᒥᒍ ᒫᑊᒃ ᐅᐱᔥᒍᐋᕐᒻ ᐊᒻ ᐊᑯᑎᓂᔭᒻᒻ.

Niels Jensen

Wild mushrooms abound in Eeyou Istchee from late August until the first frost; this one was growing on the shore of the Rupert River. The roughly three hundred species of mushrooms in the region include edible varieties. A pilot project has been launched in Chisasibi to harvest the matsutake, or pine mushroom, and market it in North America, as well as in Asia, where it is prized for its distinct spicy aroma. The Cree did not eat mushrooms traditionally.

Eeyou Istchee regorge de champignons sauvages de la fin août à la première gelée. Celui-ci poussait sur la rive de la rivière Rupert. Les quelque trois cents espèces de champignons que l'on retrouve dans la région comprennent des variétés comestibles. Un projet pilote a été lancé à Chisasibi afin de faire la récolte du matsutake, ou champignon des pins, et le commercialiser en Amérique du Nord et en Asie où l'arôme épicé du champignon est très prisé. Traditionnellement, les Cris ne mangent pas de champignons.

ᐋᔥᑖᐸᐦ ᒥᒄᓂᐦᑖᐅᐧᐃᔪ ᐱᓯᒍᔨᔪ ᐅᑖᐦ ᐄᔫᐃᔅᒌᐦᐃ ᐋᐦᐧᑳᒋᔑᓂᔨᐦ ᐅᐱᐦᐄᐅᐸᐦᒫᐦ ᐹᑎᐦ ᐊᑎ ᐊᐦᓯᐦᑎᓂᔨᐦᐃ; ᐅᑖᐦ ᐁᔨᐦᐆ ᐧᐋᐦᒃᐋᐸᓂᔑᓂᔨᐦᐄᐧᑖᓐ ᐊᑯᐦ ᑲ ᓂᐦᑖᐅᐸᒡ ᐆ ᐱᓯᒍ. ᐧᐋᐧᓵᐦᐊᒑ ᓂᔥᑖᒥᑖᒡᒋᐦᑎᓂᐅᐋ ᐦᐸᐧᑖᒡ ᑎᐦᔖᐧᐃ ᐄᓯᐋᔨᐧᒋᐅᐋᐦ ᐱᓯᒍᔨᐦ ᐅᑖᐦ ᐊᑎᒥᔮᐧᐱ ᑭᔭ ᐃᐦᒌᐧᐃ ᐊᓂᐦ ᑖ ᓐ ᒎᐧᑭᐲᐧᐃᐧ. ᑯᐦ ᒋᒋᐧᑕᐸᓂᐅᐋ ᐋᐧ ᒣᓈᐧᐋᓂᐅᐧᐃ ᐱᓯᒍᔨᐦ ᐅᑖᐦ ᒋᔑᓅᐦᐃ ᐱᔮᐦ ᐊᒑᐦᐊᐅᐧᐃ ᐅᑎᐦ ᐋᔥᐢ ᐋᑎᒫᐸ ᐱᔮᐦ ᐁᐃᓃᑖ, ᐊᓂᑎᐦ ᐋᔨᐦ ᐋᐧ ᒍᒋᑎᐧᐋᐅᑎᐦ ᐊᓂᔫ ᐋᔨᒧᒍᒄ ᓂᒎ ᒋᐦᒋᔑᑕᒍᔨ ᐦᐊᐦᐃᓐ ᐋᐦ ᒫ ᒍ ᐋᐧ ᐱᓯᒍᔨᒥᐦ ᐊᓂᒻ ᐋᐧ.

Niels Jensen

This double rainbow over the Rupert River was seen from the island where the Awashish Outdoor Adventures camp is located approximately one hundred and twenty kilometres north of Mistissini.

Cet arc-en-ciel double au-dessus de la rivière Rupert a été photographié depuis l'île où le camp des Aventures Plein-air Awashish est situé, approximativement cent vingt kilomètres au nord de Mistissini.

ᐆ ᐊᐦ ᓂᔑᐯᔨᒡᐤ ᐙᐃᑯᐱᓲᐲᑦ ᐊᑯᑎᐦ ᑳ ᒨᑯᐦᒡ ᐊᓂᑎᐦ ᓅᐦᐋᐤ ᐙᔥᐦᐆᑭᓂᓯᐲᐅᔮᒡᐤ ᑭᔥᐦ ᑳ ᐅᒋ ᒨᑯᐦᒡ ᐆᒋᐦ ᐋᐧᐋᔑᒡ ᑳ ᐃᓯᓂᐦᑳᑌᒡ ᐊᐦ ᐅᒋ ᐱᒣᐋᐦᑖᑭᓂᐧᐃᒡ ᓂᐦᐦᑳ ᒥᐦᒑ ᐙᒉᐧᐃᑎᒣᐦᒡ ᐊᐦ ᒍᑎᒣᐦᐋᐧᐃᒡ ᐅᑖᐦ ᐊᑎᒫᐧᔨᒣ ᐊᒑᐦᒄ ᒥᔅᑎᒉᐦᒡ ᐙᐋᔨᐋ ᓂᐦᔐᑎᒣᐅᐆᔭᒉᐧᔅ ᑎᐦᑐᐯᐦᐋᐯ ᐋᔅᐱᔅ᙮

CULTURAL CAMPS

Annie Shashaweskum cuts boughs from a black spruce tree and then carries them strapped to her back along a dirt path. She enters a dimly lit tent, where she spreads them on the ground. In bush camps in the winter, she explains, two layers of boughs are put down to make the floor of a dwelling warmer for sitting and sleeping. The boughs of the first layer are compacted by walking on them with snowshoes, and then the boughs of the second layer are woven together to produce a smooth surface. The boughs are replaced every few days to keep the floor tidy and fresh-smelling.

When Annie has finished spreading the boughs, she gathers up wet sphagnum moss and hangs it to dry on a pole above the open fire that her husband, James Shashaweskum, has kindled. "In the olden days," she says, "we would wash and dry moss and use it for baby diapers."

Annie and James are elders, and they are giving a demonstration of onetime life in the bush in a "cultural camp"—a grouping of traditional Cree structures—that has been erected for Wemindji's fiftieth-anniversary festivities. Communities all over Eeyou Istchee use small cultural camps or larger cultural villages to celebrate and to teach native youth and non-native residents or visitors the skills and traditions that sustained the Cree for so long.

LES CAMPS CULTURELS

Annie Shashaweskum coupe les branches d'une épinette noire et les transporte, attachées sur son dos, le long d'un chemin de terre battue. Elle pénètre dans une tente peu éclairée et les étend sur le sol. Dans les campements d'hiver, explique-t-elle, il y a deux couches de branches afin que le plancher soit plus chaud. Les branches de la première couche sont compactées en marchant dessus avec des raquettes, tandis que les branches de la deuxième couche sont tissées afin de créer une surface lisse. Les branches sont remplacées à intervalle régulier afin de conserver un plancher propre et une odeur fraîche.

Lorsqu'Annie a terminé d'étendre les branches, elle ramasse de la sphaigne humide et la suspend au-dessus du feu allumé par son mari, James Shashaweskum, pour la faire sécher. « Jadis, dit-elle, nous lavions et faisions sécher la mousse pour en faire des couches pour bébés ».

Annie et James sont des aînés; ils présentent la vie d'antan en forêt dans un « camp culturel » — un groupement de structures traditionnelles cries — érigé pour la fête du cinquantième anniversaire de Wemindji. Les communautés cries d'Eeyou Istchee érigent de petits camps ou de grands villages culturels pour célébrer les activités et les traditions qui ont assuré leur subsistance pendant tant d'années et les enseigner aux jeunes Cris, aux résidents non autochtones et aux visiteurs.

Niels Jensen

The Cree historically built temporary and long-term structures in a rich variety of forms, using logs, poles, sphagnum moss, caribou hides, bark, and other natural materials. Dwelling entries usually faced the rising sun. The *shaapuhtiwaan*—a long teepee with an entry at both ends—was used as a winter lodge for more than one Cree family. This type of structure is still used in the bush for winter camping or other special activities. It is also erected in cultural camps. This one was built for Wemindji's fiftieth-anniversary celebrations.

Jadis, les Cris construisaient des structures, temporaires ou à long terme, d'une grande variété de formes en utilisant des rondins, des poteaux, de la sphaigne, du cuir de caribou, de l'écorce et d'autres matériaux naturels. Habituellement, l'entrée des habitations faisait face au soleil levant. Le *shaapuhtiwaan* — un long tipi avec une entrée à chaque extrémité — était l'habitation hivernale de plus d'une famille crie. Ce type de structure est encore utilisé dans les campements d'hiver, dans les camps culturels ou pour toute autre activité spéciale. Celui-ci a été construit à Wemindji pour les célébrations du cinquantième anniversaire du village.

101

Louise Abbott

This *mihtukaan* is in the cultural village in Oujé-Bougoumou. Such structures are used for storage or, with the addition of hearths or wood stoves, for dwellings.

Ce *mihtukaan* fait partie du village culturel à Oujé-Bougoumou. Ces structures sont utilisées comme entrepôt ou comme demeure, si un foyer ou un poêle à bois y est ajouté.

ᐅ ᒥᐦ ᒥᑐᑲᓐ ᐊᓂᒑᐦ ᐋᐦ ᐙᐸᐦᑎᐲᐊᓂᐧᐃᒡ ᐋᔨᔫᐊᐱᐦᑎᓈᐅ ᐋᑯᒡ ᒨ ᒪᒐᐧ ᐊᓂᒑᐦ ᐅᑎᔪᑯᒧ. ᐊᑯᒑᐦ ᐊᒐᐸᑎᐦᐅᐧ ᑭᔪᐦ ᐅᐦᐃ ᒥᐧᐋᐦᐸ ᐋ ᐋᐦᑎᑎᑭᓂᐅᐧᐃ ᒨᑲᓂᐦᐊ, ᐋᐦᒐᓂᐧᐃᐦ ᒥᐦ ᐋᑎᐋᓂᐧᐃᐦ᙮

Niels Jensen

This *miichiwaahp*, or dwelling, incorporates pieces of bark at the base. It was erected for Wemindji's fiftieth-anniversary celebrations.

Ce *miichiwaahp*, littéralement « habitation », dont la base est faite d'écorce, a été érigé à Wemindji dans le cadre des célébrations du cinquantième anniversaire de la communauté.

Niels Jensen

(Left to right) Marlin Blackned, Juliet Asquabaneskum, Delores Blackned, Deborah Diamond, Frank Atsynia, and Nathan Georgekish construct a shaapuhtiwaan for Wemindji's fiftieth-anniversary celebrations.

(De gauche à droite) Marlin Blackned, Juliet Asquabaneskum, Delores Blackned, Deborah Diamond, Frank Atsynia et Nathan Georgekish construisant un *shaapuhtiwaan* à Wemindji pour les célébrations du cinquantième anniversaire de la communauté.

Delores Blackned (foreground) and Minnie Matches lay spruce boughs in a shaapuhtiwaan in Wemindji.

Delores Blackned (en avant-plan) et Minnie Matches étendant des branches d'épinette dans un *shaapuhtiwaan* à Wemindji.

Louise Abbott

Juliet Chakapash fries bannock during the summer gathering on Fort George Island in 2009.

Juliet Chakapash faisant frire de la banique lors du rassemblement estival sur l'île de Fort George, en 2009.

Juliet Asquabaneskum tends bannock during fiftieth-anniversary celebrations in Wemindji. Bannock can be baked in a pan in a conventional oven, but most Cree prefer it baked on a stick over an open fire.

Juliet Asquabaneskum s'occupant de la banique lors des célébrations du cinquantième anniversaire de Wemindji. La banique peut être cuite dans un moule avec un four conventionnel, mais la plupart des Cris préfèrent la cuire sur un bâton au-dessus d'un feu.

ᒎᓕᔦᑦ ᐊᔅᒀᐸᓀᔅᑯᒻ ᒫᑳᓐ ᑭᔅᑎᐋᐦᑖᐦᑎᑯ ᐃ ᒣᒥᑐᓂᐃᐦᑎᓯᐃᐧᐃᔅᑦ ᐊ ᑎᐱᔅᑯᒥᑭᓯᓂᔅ ᐧᐄᒥᓂᔅᑮ ᒌᔅᐱᔅᑳᐊᓐᓕ ᑭᔾ ᑭᒌ ᑥ ᑎᑭᔦᑭᔭᐅᑦ ᐊᐃᐦᑯᐦ ᒥᑦ ᒫᑳ ᐃᔅᔅᐅᑦ ᐊᑯᑎᐦ ᐋᓐ ᐧᐊᐦᐧᐊᑦ ᐊᐃᐦᑯᒻ ᐊᐦ ᑭᔅᑎᐋᐦᑭᓯᓂᐃᐃᔅᐦ᙮

Niels Jensen

Louise Abbott

Albert Ottereyes hangs bear meat to smoke in preparation for a communal feast in Waswanipi. Beaver and caribou meat are roasting over the open fire.

Albert Ottereyes suspendant de la viande d'ours afin de la fumer lors des préparatifs du festin communautaire à Waswanipi. De la viande de castor et de caribou rôtit au-dessus du feu.

ᒫᐸᑦ ᐊᑐᐧᑑ ᐊᓛᒪᔅᑕ ᐅᑎᔕᔅ ᒥᐧᔭᒥᑕᒪᒋᓯᔫ ᐄ ᒥᒥᓈᐧᐃᐧᐃᔫ ᒥᒍᓂᐧᐃᐧᐃᔫᒡ ᐊᓇᑖ ᐧᐋᓯᓂᐲᒡ ᓯᑯᐧᐸᐆ ᐊᒥᔅᑯ ᑭᔫᐦ ᐊᑎᐦᑐᒥᒫ

Louise Abbott

Country food, like the game Albert Ottereyes is carving, is the preferred fare for Cree communal feasts. Traditionally, there were rules at feasts for distributing bear, beaver, and caribou meat. For example, the front legs and head of the beaver were reserved for men, while the back legs, kidneys, and area around the tailbone were for women. The rest of the edible animal parts could be eaten by adults and children of both sexes.

Les aliments traditionnels, comme le gibier qu'Albert Ottereyes découpe, sont les plats préférés des Cris lors des festins communautaires. Traditionnellement, les festins comportaient des règles concernant la distribution de la viande d'ours, de castor et de caribou. Par exemple, les pattes avants et la tête du castor étaient réservées aux hommes, tandis que les pattes arrières, les reins et la partie postérieure du castor étaient donnés aux femmes. Les autres parties comestibles étaient mangées par les adultes et les enfants des deux sexes.

ᐃᔨᓂᒥᒡ ᒦᒋᒻ ᒍᓐ ᒦᒐᓂᐳ ᒫᑯᓭᐎᔨᓐ ᐧᒫᑦ ᐊᓂᔅ ᐊᓪᐹᑦᒡ ᐅᑎᔖᐃᔅ ᑳ ᒪᓯᓂᒄ, ᐊᓂᒡ ᒫᒃ ᐧᐋᔥᑭᔅ, ᓐᑐ ᐃᐦᑎᑯᓐ ᐊᑯ ᒨᐸ ᓇᒻᑲ ᓃᐳ ᐧᐃᐦ ᓇᐯᑎᔖᐦᒋᒻ ᐅᐦᒋ ᐋᑦ ᒦᑎᓂᐧᐋᓂᐎ ᒥᔅᑖᔅ, ᐊᒥᐧᓴ, ᑭᔫᐦ ᐊᑎᐦᒁᓂᒫ ᐱᒋᓚᒥᑦ, ᐊᓂᔅᐦ ᓅᑲ ᐅᔅᔅ ᑭᔫᐦ ᐊᒥᔫᐦ ᐅᔑᑎᑲ ᐊᔭᐎᐃᐊᐦ ᐊᐸᐳᑭ ᐊᒃ ᐅ ᐊᔅᒥᑯᐳᐎᓐ, ᐊᑯᐦ ᐊᓂᔅ ᐅᑎᐦᒻ ᐅᔆᒻ, ᐅᑐᑎᐦᒻᑦᔪᐦᐦ, ᑭᔫᐦ ᐅᔅᒑᔅᐦ ᐊᔭᐅᐃ ᐃᔅᒑᐅᐦ ᒃᐢ ᒦᒋᒻᐦ ᐊᓂᔅ ᒫᒃ ᒍᑎᒋᔅᐦ ᐊᑎ ᐃᔥᒁᒡᔅᒡ, ᒥᔅᐧᐋ ᐊᐧᐋᓂᐦ ᓅ ᒦᒋᐅ ᑭᔫᐦ ᐊᐧᐋᔅᑎᔅᒡ.

FROM BARK TO BASKET

Minnie Matches furrows her brow in concentration as she pries a piece of bark off a black spruce tree. She stoops down and takes a handful of moss to wipe sap off the underside. Then she leaves the tree, which will be harvested later on for firewood or building material, and moves to another one.

Minnie and other women who are members of the Traditional Skills Group of Wemindji collect bark for making baskets anywhere from late May to July. They choose trees with as few branches as possible, and they favour black spruce over other species. "It's easier to work with," Minnie says, "because its bark isn't as thick." The basket makers also collect roots, usually of black spruce. They boil and peel them, and then use the pliable strands to lash the baskets.

"In the olden days, people didn't have special tools to make the baskets," Minnie points out. "They just folded the bark to get the shape that they wanted." Minnie and her fellow artisans allow themselves the luxury of a few modern amenities, including a framing square, box cutter, and clamps. They make baskets in an array of sizes and shapes, both traditional and non-traditional. They sell them in Wemindji and at craft shows and other outlets in Montreal and elsewhere, funnelling the proceeds into research on other Cree crafts that they are determined to perpetuate.

DE L'ÉCORCE AU PANIER

Sourcils froncés, Minnie Matches se concentre sur un morceau d'écorce qu'elle détache d'une épinette noire. Elle s'accroupit et ramasse une poignée de mousse qu'elle utilise pour essuyer la sève qui se trouve au revers. Ensuite, elle se dirige vers un autre arbre. Celui qu'elle laisse derrière elle sera coupé pour en faire du bois de chauffage ou de construction.

De la fin du mois de mai au mois de juillet, Minnie et les autres femmes faisant partie du Groupe des activités traditionnelles de Wemindji amassent de l'écorce pour faire des paniers. Elles choisissent des arbres ayant le moins de branches possible et elles préfèrent l'épinette noire à toute autre espèce. « Il est plus facile de travailler avec l'écorce de l'épinette noire, dit Minnie, car elle est moins épaisse. » Les vannières amassent aussi des racines, généralement de l'épinette noire, qu'elles font bouillir, qu'elles pèlent et dont elles utilisent les brins flexibles pour ligaturer les paniers.

« Jadis, les gens n'utilisaient pas d'outils particuliers pour faire des paniers, indique Minnie. Ils pliaient simplement l'écorce pour obtenir la forme voulue. » Minnie et ses consœurs se permettent le luxe de quelques commodités modernes comme des équerres de charpentier, des couteaux de précision et des pinces. Elles font des paniers de toutes tailles et de toutes formes, traditionnels ou non. Elles les vendent à Wemindji, lors de salons d'artisanat ou dans d'autres points de vente à Montréal et ailleurs. Les recettes leur servent à financer d'autres recherches sur l'artisanat cri qu'elles sont bien décidées à perpétuer.

Delores Blackned gathers up pieces of bark that she has collected for making a basket.

Delores Blackned ramassant les morceaux d'écorce qui lui serviront à fabriquer un panier.

ᑎᓛᕐᔅ ᐱᓛᒃᓄᑦ ᒫᑲᒃ ᒥᐋᐦᐁ ᑭᔐᐦᐋᐦᐋᐦ ᓂ ᐅᒍᐦᑦᑦ ᑭᔐᐦᐃᐦᐋᓇᐃᑎᕐᐦᵡ

Niels Jensen

Johnny Mark assists Minnie Matches in collecting bark. Trees are scored with an axe and a machete, and then the bark is removed with a thick wooden pry.

Johnny Mark aidant Minnie Matches à découper de l'écorce. Les arbres sont entaillés à l'aide d'une hache ou d'une machette, puis l'écorce est retirée au moyen d'un levier en bois épais.

ᐧᒋᓃ ᒫᕐᒃ ᐧᐃᒋᐦᐋᔨᐤ ᒥᓃ ᒫᒑᔅᑦ ᐋᐦ ᒫᓈᐧᐃᔨᒥᑦ ᑭᔅᑲᐦᐋᓂᐤ ᒃᐸᐦᐋᕆ ᑭᕐ ᐋᐦ ᒥᐦᒌᐱᔅᑎᒡ ᒨᑯᑕ ᐋᐱᑎᐦ ᐋᔨᑯ ᐋᑎ ᒫᒐᔐᐦᐋᕆᓂᐧᐃᐤ ᐊᓐ ᐧᐃᐦᐋᒑᔅᑦ ᐋᐦ ᓂᐸᒑᔅᒦ ᒥᔅᑎᒡ ᐋᐦ ᐋᐱᑎᐦᒡ

Niels Jensen

(Left to right) Cherilyn Mark (standing), Delores Blackned, Minnie Matches, and Valerie Atsynia collect roots for lashing the bark baskets that they make.

(De gauche à droite) Cherilyn Mark (debout), Delores Blackned, Minnie Matches et Valerie Atsynia ramassant des racines pour ligaturer leurs paniers d'écorce.

(ᓂᒥʺᓀ·ᐃᓂʺᑊ ᐊᓀᐨʺ ᓀʺᐃ·ᐃᓂʺᑊ) ᐊᓂᐟ ᐊᑎᐱᑊ ᑎᓬᓭᵑ ᒡᖳ (ᑳ ᓂᐳ·ᐃᖯ), ᑎ·ᒐᔈ ᐱᓣᑭᕐᐨ, ᒦᓂ ᒡᐱᔈ, ᑭᐟʺ ᐊᓂᓅ ᐊᑎᕑᓂᐟʺ ᒦ·ᑳᔈ ᒦᓂʺᐳ·ᐃᒃ ᐳᑎᓵʺ ᒡ ᐊᐱᕐʺᑐᐨ ᐊˢʺ ᓂᔈᐱ·ᐃʺᑐᐨ ᐊᓂᐟʺ ᑭᔈʺᓂᐳ·ᐊᓂ·ᐃᖳˣ

113

Niels Jensen

Valerie Atsynia, a new member of the Traditional Skills Group of Wemindji, works on her first bark basket.

Valerie Atsynia, un nouveau membre du Groupe des activités traditionnelles de Wemindji, faisant son premier panier d'écorce.

ᐯᓬᕆ ᐊᑎᓯᓈᖅ, ᐃᔅᐅ ᐊᔅ ·ᐃᒥ·ᐃ·ᐊᑦ ᐅᑦ ᐊ" ᒫᒋ·ᐃᔅᑯ ᐊᓂᔅ" ᐊ·ᐊᔅᐤ" ·ᐊ" ᒥᒥᒥᓂᒥᔅᐤ" ᐃᔅᔅᐅᐃᔅ"ᑎ·ᐃᓂᔅᵒ ᐅᑦ" ᐊᒥᓂᑦ"ᐤ, ᐊᐷ·ᐃᵈ ᓂᔅᑎᒥ ·ᖁᑦ"ᐅᑦ ᐊ" ᐅᔅ"ᑦᑦ ᑭᔅᑦ"·ᖁᓂ·ᐃᑎᔅᵒ×

Niels Jensen

Bark baskets of various sizes and styles are displayed by the Traditional Skills Group of Wemindji during the community's fiftieth-anniversary celebrations.

Paniers d'écorce de différentes tailles exposés par le Groupe des activités traditionnelles de Wemindji lors du cinquantième anniversaire de la communauté.

SUMMER GATHERINGS

Jim Blackned clambers out of a boat onto the wharf. He has the sun on his back, a pail of fish in his hand, and a grin on his face. Jim is a self-confessed "workaholic," but he is taking time off in early July to enjoy the gathering, or *maamuuwiitaau*, which he has helped to organize at Old Nemaska on Lake Nemiscau. Jim's two sons are close-by, playing in an inflatable raft. "They spend hours in the water every day," he says.

Elsewhere in Old Nemaska, several young men are learning how to make paddles, while several young women are learning how to clean, prepare, cook, smoke, and preserve sturgeon. Other people are relaxing outside their tents or cabins, chatting and laughing.

Traditionally, the Cree assembled every summer in large encampments on rivers and lakes to fish and socialize after hunting all winter in small family groups in the bush. Today they continue to hold communal celebrations and gatherings in the summer, often at onetime encampments or settlements, like this one at Old Nemaska. It is a time for them to reconnect with each other, with nature, and with their history.

LES RASSEMBLEMENTS ESTIVAUX

Jim Blackned débarque tant bien que mal d'un bateau. Le soleil lui réchauffe le dos, il tient un seau rempli de poissons et il a le sourire aux lèvres. Bien qu'il avoue être un bourreau de travail, Jim prend congé en ce début du mois de juillet pour jouir du rassemblement, ou *maamuuwiitaau*, qu'il a aidé à organiser au lac Nemiscau, à Vieux-Nemaska. Ses deux fils jouent dans un radeau pneumatique proche de là. « Ils restent dans l'eau pendant des heures, dit-il, tous les jours. »

Ailleurs à Vieux-Nemaska, de jeunes hommes apprennent à fabriquer des pagaies, tandis que de jeunes femmes apprennent à nettoyer, apprêter, cuire, fumer et conserver de l'esturgeon. D'aucuns se reposent devant leur tente ou leur cabane, bavardant et riant.

Traditionnellement, les Cris se rassemblaient tous les étés dans de grands campements au bord des rivières et des lacs afin de pêcher et bavarder après un hiver passé à chasser dans la forêt au sein de petits groupes familiaux. Aujourd'hui, ils continuent d'organiser des célébrations et des rassemblements communautaires estivaux, souvent là où il y avait des campements ou des établissements, comme celui-ci à Vieux-Nemaska. Ces périodes leur permettent de reprendre contact avec la nature, avec leur histoire et les uns avec les autres.

Niels Jensen

Old Nemaska.   Vieux-Nemaska.   ᐧᐊᔅᑲᐦ ᓇᒥᔅᑳᐤ.

Louise Abbott

Eric Rupert gives Anderson Snowboy Napash a ride during the summer gathering on Fort George Island.

Eric Rupert portant Anderson Snowboy Napash sur ses épaules lors du rassemblement estival sur l'île de Fort George.

Louise Abbott

Old Nemaska. Vieux-Nemaska. ᐊᔅᑭ ᓇᒥᔅᑯᐤ

119

Louise Abbott

Donovan and Joshua Diamond-Blackned (right) play with a friend at Old Nemaska.

Donovan et Joshua Diamond-Blackned (à droite) jouant avec un ami à Vieux-Nemaska.

Louise Abbott

Tyson Atsynia, Wemindji.	Tyson Atsynia, Wemindji.	ᑖᐃᓴᓐ ᐊᑦᓯᓂᐊ, ᐧᐄᒥᓂᒌ.

ROD AND REEL

Rocky Neeposh has cut the engine and is letting the boat drift as a fisherman aboard casts his line. "I've been guiding for five years or so," Rocky explains. "I love my job—that's all I can say about it." He flashes a smile. "Too bad it's just a summer job." A gust of wind blows strands of his long, glossy black hair into his face; he sweeps them back and continues. "This year it's four weeks. It depends on how many guests we have."

Rocky is a guide at Awashish Outdoor Adventures, a fishing camp that his uncle George Awashish operates on the Rupert River. It is one of several Cree-owned fishing camps in Eeyou Istchee. Sport fishermen come to the region from all over Quebec, as well as from elsewhere in Canada and the United States, to catch lake trout, northern pike, speckled trout, walleye, and other species. They release some of the fish, eat some pan-fried at "shore lunches," and take some home.

Recreational fishing is also highly popular among the Cree. "It's really relaxing," Rocky says. He stops talking as somebody shouts his name with glee. He looks over at a boat across the bay. His uncle George has just reeled in a big walleye.

LA CANNE ET LE MOULINET

Rocky Neeposh éteint le moteur et laisse le bateau dériver pendant qu'un pêcheur à bord lance sa ligne. « Je suis guide depuis à peu près cinq ans, explique Rocky. J'adore mon travail, c'est tout ce que je peux en dire. C'est dommage que ce soit juste un travail d'été », conclut-il en souriant. Une bourrasque balaye ses longs cheveux noirs luisants dans son visage. Il les repousse et continue : « Cette année, j'en ai pour quatre semaines. Ça dépend du nombre de clients. »

Rocky est guide pour les Aventures Plein-air Awashish, un camp de pêche sur la rivière Rupert appartenant à son oncle George Awashish. Il existe plusieurs camps de pêche cris en Eeyou Istchee. Les pêcheurs sportifs viennent de partout au Québec, au Canada et aux États-Unis pour pêcher du touladi, du grand brochet, de la truite mouchetée, du doré jaune entre autres espèces de poisson. Ils remettent quelques poissons à l'eau, en font poêler certains sur la rive et en rapportent d'autres chez eux.

La pêche récréative est aussi très appréciée des Cris. « C'est très relaxant », dit Rocky. Quelqu'un le hèle avec enthousiasme. Il se tait et regarde un bateau de l'autre côté de la baie : son oncle George vient de remonter un gros doré jaune.

Louise Abbott

Rocky Neeposh is seen here on the Rupert River in 2009.

Rocky Neeposh sur la rivière Rupert, en 2009.

ᐧᕉᑭ ᓂᐧᐸᔥ ᐧᐊᖵᐦᐄᑭᓲᔨᐅᔨᐱᒻ 2009 ᑳ ᐃᓯᑖᑐᒡ ᐊᑊ ᐱᐳᓂᒡ.

Louise Abbott

A northern pike gets hooked on the Rupert River.

Grand brochet à l'hameçon dans la rivière Rupert.

ᒥᓄᔾᔪ ᐅᑎᐱᐦᒐᓄᐅ ᐅᑖ" ᐧᐊᖅᐦᐃᖃᓱᔾᐅᔨᐱᒥ.

Niels Jensen

Like visitors, Cree sport fishermen travel to distant fishing sites by powerboat or by seaplane, like this one operated by Waasheshkun Airways in Mistissini.

Tout comme les touristes, les pêcheurs sportifs cris se rendent aux lieux de pêches éloignés en bateau à moteur ou en hydravion, comme celui-ci de la compagnie Waasheshkun Airways de Mistissini.

ᒦᓯᓈᕽ ᑭᖅ ᑳᐱᐚᒥᖅᒥᓂᔅᒃ ᐊᐱᔅᑖᐃᐁ ᑭᖅ ᐧᐃᔅᐊᐤ ᐃᔅᔅᐅᐟ ᐊᐦ ᐅᑎᐦᑎᑖᐤ, ᐅᔅ ᒫᐦ ᐊᑘᓲᐊ ᐁᐃᔅᐁᐊᔅ ᐱᒥᐱᔅᑖᐃᐁ ᐊᓂᒑᐦ ᒥᔅᑎᑦᓂᔪᒃ᙮

Louise Abbott

Rocky Neeposh fishes from shore on the Rupert River.

Rocky Neeposh pêchant sur la rive de la rivière Rupert.

ᒫᑲᓐ ᐅᕆᑳᑕᒧ ᐧᕖᑭ ᓅᐧᐸᓐ ᐊᓂᒡᐦ ᐊᑉᐊᐧᐋᕁᐊᑦ ᐧᐋᕁᐦᐄᑭᓂᑦᐄᐅᕌᐦᐊᐤ.

Rocky Neeposh fillets a northern pike for a shore lunch on the Rupert River.

Rocky Neeposh désossant un grand brochet pour un repas sur la rive de la rivière Rupert.

ᒫᑳᐃ ᐱᓐᑭᓲᐊᐤ ᐋᑭᐯ ᓈᐸᔅ ᒥᓓᔨᐦ ᐃ ᒨᐊᐃ ᑯᑎᐋᒉᐋ ᐊᓂᑎ ᔑᔑ ᐋᒃᐦᐃᑭᓂᔕᐅᐱᔨᐦ᙮

Louise Abbott

Louise Abbott

George Awashish prepares a shore lunch on the Rupert River.

George Awashish préparant un repas sur la rive de la rivière Rupert.

ᒫᐱᒄ ᑯᑎᐋᐤ ᐧᐃᔭᐤ ᐊᐧᐊᔑᔥ ᒨ ᓰᓵᑭᐃᐅᒡ ᓱᐧᓓ ᐧᐊᔥᑲᐦᐄᑭᓂᔅᑐᐦᑖᐤ.

Niels Jensen

Guides Norman Neeposh (foreground) and Richard Mianscum from Camp Louis Jolliet, a Cree-owned fishing camp on Lake Mistassini, relax after a shore lunch on the Rupert River.

Les guides Norman Neeposh (en avant-plan) et Richard Mianscum du camp Louis Jolliet, un camp de pêche cri sur le lac Mistassini, se reposant après un repas sur la rive de la rivière Rupert.

ᐧᓃᕐᒫᐣ ᓅᐧᐲᔥ (ᐊᔅᑎᒥᑖᐦ) ᑭᔾᐦ ᓂᒋᔅᑦ ᒥᔭᓯᑉᒫ ᐧᐊᑉᐧᐊᑉ ᒫᓂᒉᐦ ᐅᑖ ᑲᒥᐸ ᐧᐃᓕᔑ, ᐃᔨᔨᐅᑉ ᐊᐦ ᐱᒥᐸᐦᑎᒡᐤ ᐅᑎᐦᑭᓴᐅᐱᒥᒉᑯᐦ ᐅᑖ ᒥᔅᑎᓯᓂᐅᔥᑭᐦᐊᑉᐅᓅ, ᒫᑲᐤ ᐃᔅᐧᐊᔅᐋᐤ ᑲ ᓃᔑᑎᐧᐊᐤ ᐅᑎᐦ ᔾᔨᐤ ᐊᔥᑲᐦᐃᑭᓯᓈᔥᑭᒉᔾᐦᐤx

FROM RAWHIDE TO LEATHER

It is a sunny morning during the summer gathering on Fort George Island, and a gentle breeze is stirring. Outside a teepee Margaret Pachano tans a caribou hide, soaking it in a solution of oats, bear fat, and soap. "Before people could get oats," she points out, "they used animal brains." The hide will later be wrung, stretched, and dried. It will then be smoked in the teepee where Janie Pepabano and Minnie Shem demonstrate skills learned from older family members. A fire crackles in the hearth, and the two women keep small towels at hand to mop up the perspiration that runs down their flushed faces.

"You have to keep the fire going to keep the stones hot," Janie explains. She picks up a shovel and retrieves a stone from the hearth. She shovels it, along with a bit of sand and ash, into a metal pail, and then adds rotten black spruce wood to the mix. The pail sits on the ground enveloped by a piece of heavy fabric that has been sewn together in the shape of a tube. The top edge of the fabric is attached to a caribou hide that has been sewn into a sack, and has been suspended from a pole. The bottom edge of the fabric is tucked around the pail to keep smoke from escaping; Janie lifts the fabric cautiously whenever she checks the pail. "You have to keep close watch so that the wood doesn't catch fire. You just want smoke." The hide slowly changes colour as it is smoked.

A couple of hours later, Janie removes a small piece of tape covering a hole in the hide; the yellow that is revealed is the colour that she wants. She takes the hide outdoors to turn it inside out, and then heads back into the teepee to smoke the other side.

DE LA PEAU CRUE AU CUIR

Il fait soleil et une brise légère souffle en ce matin de rassemblement estival sur l'île de Fort George. Devant un tipi, Margaret Pachano tanne une peau de caribou en la faisant tremper dans un mélange d'avoine, de graisse d'ours et de savon. « Avant que l'avoine ne soit disponible, explique-t-elle, on utilisait de la cervelle d'animal. » Plus tard, la peau sera tordue, tendue et séchée. Elle sera fumée à l'intérieur du tipi où Janie Pepabano et Minnie Shem montrent les techniques qu'elles ont apprises des aînées. Un feu crépite dans le foyer, et les deux femmes essuient la transpiration qui coule le long de leur visage rouge de chaleur avec de petites serviettes.

« Il faut continuellement alimenter le feu pour que les pierres restent chaudes », explique Janie. Elle ramasse une pelle, sort une pierre du feu et la dépose, avec du sable, de la cendre et du bois d'épinette noire pourri dans un seau en métal entouré d'un tissu épais cousu en forme de tube. La bordure supérieure du tissu est fixée à une peau de caribou, cousue en forme de sac, et le tout est suspendu. La bordure inférieure du tissu est rabattue afin que la fumée ne puisse s'échapper et Janie soulève le tissu prudemment chaque fois qu'elle doit vérifier le seau. « Il faut être vigilant pour éviter que le bois ne prenne feu. Il doit seulement y avoir de la fumée dans le seau. » La fumée change la couleur de la peau lentement.

Quelques heures plus tard, Janie retire un petit morceau de tissu adhésif qui recouvre un trou dans la peau; le jaune qui apparaît correspond exactement à la couleur voulue. Elle sort du tipi pour retourner la peau et revient pour fumer l'autre côté.

Louise Abbott

Marion Cox carries a pole past a stretched hide drying on a line on Fort George Island.

Marion Cox transportant un poteau devant une peau mise à sécher sur l'île de Fort George.

Louise Abbott

Brandon Kitchen (left) and Sam Matthew wring a hide on Fort George Island.

Brandon Kitchen (à gauche) et Sam Matthew tordant une peau sur l'île de Fort George.

ᐱᔐᑎᓐ ᑭᒋᓐ ᑭᔾ" ᓃᒪ ᒫᑎᔪᐤ ᐋ" ᓰᓂᐹᑦᑯ"ᐙᑦ ᒦᔥᑎᑰᐦ, ᐆᓃᒡ ᓵᒡ ᒥᔥᑎᑯᒻᑦ.

132

Louise Abbott

(Left to right) Charlotte Bearskin, Brandon Kitchen, Emily Cox, and Warren Kanatewat stretch a hide on Fort George Island.

(De gauche à droite) Charlotte Bearskin, Brandon Kitchen, Emily Cox et Warren Kanatewat tendant une peau sur l'île de Fort George.

(ᓂᒥᑉᕖᐃᓂᒻᑲ ᐊᓂᑖ" ᐃᑎ ᓂ"ᐃ·ᐃᓂᒻᑲ) ᓅᕐᒐᑦ ᐯᕐᑭᓐᵃ, ᐱᕋᓐᑎᓐᵃ ᑭᑎᓐᵃ, ᐁᒥᓖ ·ᑲᐳᕐ ᑭᔅ" ·ᐊᓇᵃ ᑲ̇ᓇ̇ᐅᑎ·ᐊᑦ ᒫ·ᑲᵇ ᐅᑉᐱᓂ·ᐃᑉ, ᐅᑖ" ·ᐁᑯᑦ ·ᐃ,ᖁᑦ ᒥᓂᔅᑎᑯᑉᐠᵡ

Louise Abbott

Robbie Head fastens a hide onto a stretching frame on Fort George Island.

Robbie Head attachant une peau à un tendeur sur l'île de Fort George.

Louise Abbott

Rachel Salt observes Robbie Head as he beats a hide to soften and stretch it on Fort George Island.

Rachel Salt observant Robbie Head pendant qu'il bat une peau pour l'assouplir et la tendre sur l'île de Fort George.

ᐊᐦ ᓈᓈᑭᐦᒡᐋᑯᑦ ᔓᐱᕐᑦ ᐧᕌᓪᑦᒑᐦ ᕚᐱ ᐦᐁᑦ ᒫᐃᑳᐅ ᐅᑎᒑᐱᒡᐦᐧᐋᐤ ᒦᕐᑎᐦᑭᓐᐦ ᐊᑎᑎᐁ ᒫ ᔮᑭᒥᔑᓯᑲᐦ ᑭᔑᐦ ᐊᑎᑎᐁ ᒫ ᒥᔑᒥᔑᔨᓐᐦ ᒫᐱᒡ ᐅᑑᐦ ᐧᐁᔅᒡ ᐧᐋᒡᓇᐤ ᒦᓂᓐᑎᐅᒡ ᑳ ᐃᐦᒑᓂᐧᐃᐧᐃᐱᓯᒃ.

Louise Abbott

Janie Pepabano checks the hide that she is smoking on Fort George Island. The type of wood that is used and the duration of the smoking process determine the change in colour of a hide. It takes "two hours," Janie estimates, to smoke a small caribou hide, and "a whole afternoon" to smoke a large moosehide. Once the hide has been smoked, it is folded carefully and wrapped. Eventually it is hung outside to freshen; after that, it can be used for sewing.

Janie Pepabano examinant la peau qu'elle fume sur l'île de Fort George. Le type de bois utilisé et la durée du fumage déterminent la couleur finale de la peau. Selon Janie, il faut environ « deux heures » pour fumer la peau d'un petit caribou et « tout un après-midi » pour une grande peau d'orignal. Une fois fumée, la peau est soigneusement pliée et enveloppée. Plus tard, elle sera suspendue à l'extérieur pour la rafraîchir puis elle pourra être cousue.

ᑎᐃᓂ ᐱᐸᐱᓄᐤ ᓂᑎᐧᐋᐱᐋᐤ ᐊᓂᔫᐦ ᒑ ᐊᐸᐧᐃᓯᒋ ᒥᐢᑎᐦᑯᔾ, ᐧᐁᔡᒡ ᐧᐃᔭᐢ ᒥᐢᑎᐦᑐᒥᐦᒡ ᒪᑲ ᒑ ᒨᒪᐋᓭᓂᐊᐱᐢᔨᐧ ᐊᓂᔾ ᑳ ᐊᐸᐧᐋᑯᒋᒡ ᑭᔑᑭᓂᑎ ᑭᔭ ᐊᓂᔾ ᐊᔅᐱ ᐊᐧᐋᑲᐢᐃᒡ ᑯᑯᑎ ᒥ ᐄᒥᑭᔮᦏᑎᕒᔅ ᐄᐢᑎᐁ ᐊᐸᐧᐋᑯᒋᐦᒃ ᓂᐧᐄᔅᐧᐋ ᐱᒥᑭᐧᐋᐸᐧᐃᐅ, ᐃᑕᐦᑎᓂ ᑎᐃᓂ, ᐋᐦ ᐊᐧᐋᑲᐢᐃᒡ ᐋᐦ ᐊᐱᔑᔑᔅᒋ ᒥᐢᑎᐦᑯᔾ, ᑭᔾᐦ ᐊᐦᑎᐋᔔᓯᐊᐤ ᐱᒥᑭᐧᐋᐸᐧᐃᐅ ᒑ ᒥᔑᕒᔅ ᒪᒋᐦᑦ ᒑ ᒦᒋᑎᐧᐋᑭᕒᐃᒡ ᐋᐦ ᐊᐧᐋᑲᐢᐃᒡ, ᑯᑎᒡ ᓈᐊᐱᐧᐃᐋᐦᓂᐧᐃᒡ ᑭᔾ ᐧᐋᐦᐱᐢᐊᓂᐧᐃᒡ ᒥ ᐊᔅᐅᐦᑎᒥ ᐊᑲᔅᐧᐃᒡ ᐅᐧᐋ ᑭᐢᐃᒡ ᑎᓂᐧᐋᒥᕒᒡ, ᐋᑦ ᐊᔾᑦ ᐃᔾᐱᒋᒡ ᐋᐦ ᐅᔅᐦᑖᐧᐃᒡ ᓂᐧᐃᔅᐧᐋ.

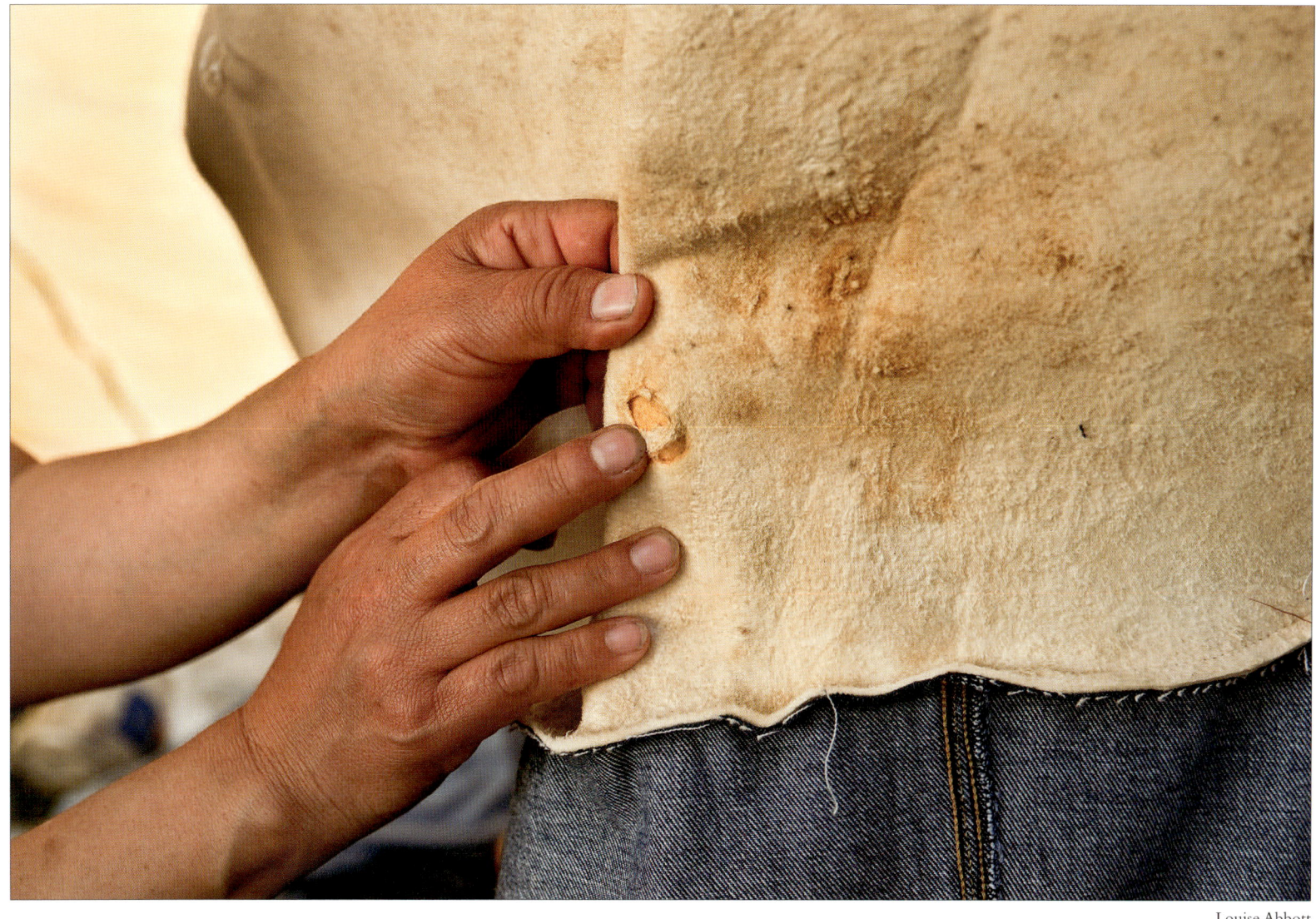

Louise Abbott

Janie Pepabano confirms that one side of the hide that she is smoking has reached the desired colour. Smoking also helps to soften the hide further, waterproof it, and make it repellent to insects. Holes in the hide are caused by bullets, by knives, and, in the case of caribou, by parasites. They are sewn together or patched with tape before a hide is smoked.

Janie Pepabano vérifiant qu'un côté de la peau qu'elle fume a atteint la couleur désirée. Le fumage aide aussi à adoucir la peau ainsi qu'à la rendre imperméable et insectifuge. Les trous dans la peau sont causés par des balles, des couteaux ou, dans le cas des caribous, par des parasites. Ils sont cousus ou rapiécés avec du ruban avant que la peau ne soit fumée.

Juliet Bearskin sews a moccasin during the summer gathering on Fort George Island.

Juliet Bearskin cousant un mocassin pendant le rassemblement estival sur l'île de Fort George.

ᒎᓕᐁᑦ ᐯᕐᔅᑭᓐ ᒧᒐᓯᓂᔨᐤ ᐁᓇᓇᑕᐌᓕᒫᑦ ᐹᑎᔨᐤᐦ ᒥᓂᔥᑎᑯᐦᒡ ᐁᐊᔮᓇᓂᐌᓕᒡ ᓃᐱᓂᒡ᙮

Louise Abbott

A pair of moosehide mittens hangs to dry at the Neeposh bush camp northeast of Nemaska. Beside them is a traditional Cree toy called a *taapihaachiwaan*.

Paire de mitaines en peau d'orignal séchant au campement de la famille Neeposh, au nord-est de Nemaska. À côté des mitaines, un jouet traditionnel cri nommé *taapihaachiwaan* est suspendu.

ᒧᔅᐧᐁᔅᑎᒀᓐ ᐊᑯᓯᓐ ᐋ ᐸᔅᓐ ᐊᓂᑳ ᐅᓄᔥᐅᐱᒥᑯᐧᐋᒳ ᓂᐧᐋᔅᑲᓐ ᐊᑎᒫᔨᒫᓐ ᑭᔅ ᐧᐋᐱᓈᒳ ᐄᒑᓈ ᐊᓂᑳ ᐅᐦᑎ ᓂᒦᔅᑮ ᐋᑯᑎᓐ ᐋᔭᑎᑲᒋᓐ ᑭᔅ ᑖᐱᐦᐋᒋᐧᐋᐧᐋ.

Niels Jensen

THE NET FISHERY

"Look, Victor, a sturgeon," George Awashish says to his young nephew, who sits at the back of the fishing boat. George is hauling in a gill net not far from his fishing camp on the Rupert River. In it lies a fish with a wedge-shaped snout and a long brown-backed body that weighs, George reckons, between thirteen and sixteen kilograms. "I normally catch four or five sturgeon—enough for a whole week. But with one sturgeon, I have what I need for today."

George motors back to his camp and guts the fish at a table on the beach. "The sturgeon doesn't have any bones—it's all cartilage," he says. "It's a very old species. In our territory, it's the most important fish, and I believe that my ancestors lived off it."

Cree throughout Eeyou Istchee once fished for sturgeon, whitefish, cisco, and other species for subsistence in the summer and early autumn. Today some native residents, such as George, still set nets at that time of year.

The Cree cook sturgeon in various ways, boiling, roasting or smoking it. According to George, smoked sturgeon is the most popular. "It takes a whole day or even a day and a half to smoke it. But I'm going to roast it. It should take an hour and a half at most."

George cuts the fish into steaks, runs a skewer through each one, and places them at the edge of an open fire. Once the fish has turned a deep red-brown, he is satisfied that it is fully cooked. "All that's left is to eat the sturgeon for supper." He carries the skewers into the camp kitchen.

LA PÊCHE AU FILET

« Regarde, Victor, un esturgeon », dit George Awashish à son jeune neveu assis à l'arrière du bateau de pêche. George remonte un filet maillant tout près de son camp de pêche sur la rivière Rupert. Dans le filet se débat un poisson à dos brun au rostre conique et au corps allongé pesant, selon George, entre treize et seize kilos. « Normalement, j'attrape quatre ou cinq esturgeons — assez pour une semaine complète. Mais un esturgeon me suffit pour aujourd'hui. »

George démarre le moteur, retourne à son camp et vide le poisson sur une table sur la plage. « L'esturgeon n'a pas d'os, ce n'est que du cartilage, dit-il. C'est une espèce ancienne. Sur notre territoire, c'est le poisson le plus important, et je pense que mes ancêtres vivaient de sa pêche. »

Jadis, les Cris d'Eeyou Istchee pêchaient l'esturgeon, le grand corégone, le cisco et d'autres espèces pour subsister. Aujourd'hui, certains résidents cris, comme George, installent encore des filets en été et au début de l'automne.

Les Cris préparent l'esturgeon de différentes manières : poché, grillé ou fumé. Selon George, l'esturgeon fumé est le plus prisé. « Ça prend une journée à une journée et demie pour le fumer. Moi, je vais le griller. Ça devrait prendre une heure et demie tout au plus. »

George coupe le poisson en darnes qu'il embroche et place sur le bord d'un feu à ciel ouvert. Lorsque la chair tourne à l'ocre foncé, le poisson est cuit. « Il ne nous reste qu'à le manger », dit-il en emportant les broches dans la cuisine du camp.

Louise Abbott

Harriet Wapachee checks on sturgeon being smoked at Old Nemaska during the summer gathering in 2009. Harriet and other Cree elders supervised a program for Cree youth and adults who wanted to learn about traditional and contemporary techniques for fishing sturgeon and for preparing and cooking the catch.

Vieux-Nemaska, 2009. Harriet Wapachee examinant l'esturgeon qu'elle fume lors du rassemblement estival. Harriet et d'autres aînés cris supervisent un programme permettant aux Cris, jeunes et adultes, d'apprendre les techniques traditionnelles et contemporaines de pêche, de nettoyage et de préparation de l'esturgeon.

"ᐊᓂᔅᒃ ᐗᐸᒋᐦ ᒫᐴ ᑯᐃᔑᑯ ᓇᓃᑭᒥᐧᐊᐤ ᐊᓂᔾ" ᐅᓂᒥᐅᒥᔅᑕᑯᓐ" ᐊᓂᑖ" ᐧᐊᔥᑭᐤ ᓇᒥᔅᑲᐦ ᑳ ᐃᐦᑖᓂᐧᐃᐧᐃᔑᐦ ᑳ ᓂᐱᓂᔅᑲᐦ 2009᙮ "ᐊᓂᔅᒃ ᒫ ᑭᔾ" ᑯᑎᒃ" ᒥᓯᒋᔅᔾᐅ" ᒃ" ᐧᐊᔨᐦᐊᑯ ᐊ" ᑭᓂᐧᐊᐱᐦᑎᒃ ᐊ" ᒥᔥᑯᑎᐧᐊᐸᓂᐧᐃᐧᐃᔑᐦ ᐃᔑᑐ ᐅᔅᒋᔕᔾᔪ" ᑭᔾ" ᑯᑎᒃ" ᐊᐧᐊᔾᐅ" ᐊ" ᓂᐸᐦᐊᐸᓂᐧᐃᐧᐃᔑᐦ" ᓂᒫ" ᑭᔾ" ᐊ"ᑐᐧᐊᐸᓂᐧᐃᐧᐃᔑᐦ" ᐊ" ᒦᒋᑕᐦᐱᐧᐊᐸᓂᐧᐃᐧᐃᔑᐦ" ᑭᔾ" ᐊ" ᑎᐱᔥᑭᐸᓂᐧᐃᐧᐃᔑᐦ"ˣ

141

Niels Jensen

George Stewart of Wemindji adds stones for sinkers as he prepares a fish net.

George Stewart de Wemindji préparant son filet de pêche. Il y ajoute des pierres qui serviront de plombs.

ᐧᓂᔥ ᓵᑎᐊᕐᑦ ᒫᑳᑦ ᐊᕈᐁᐱᐦᑎᐧᐊᖬ ᐅᑎᖬᐃᐦᖬ

Niels Jensen

Stone sinkers lie on a dock in Wemindji. Local fishermen catch several varieties of freshwater and saltwater fish at their traditional fishing grounds around the mouth of Old Factory River.

Plombs de pierre sur un quai à Wemindji. Les pêcheurs locaux attrapent plusieurs variétés de poissons d'eau douce et de mer dans leurs lieux de pêche traditionnels à l'embouchure de la rivière du Vieux Comptoir.

Louise Abbott

Moses Snowboy checks his gill net on the La Grande River near Fort George Island. Whitefish and cisco are the species most commonly caught in this area.

Moses Snowboy vérifiant son filet maillant sur la Grande Rivière près de l'île de Fort George. Le grand corégone et le cisco sont les espèces les plus pêchées à cet endroit.

Louise Abbott

Moses Snowboy's catch of trout and whitefish dries in the sun on Fort George Island. Air drying stiffens the fish to help prevent them from falling into the flames when they are cooked over an open fire.

La prise de Moses Snowboy, de la truite et du grand corégone, séchant au soleil sur l'île de Fort George. Le séchage à l'air durcit le poisson et l'empêche de tomber dans les flammes lorsqu'il est cuit au-dessus du feu.

ᐊᓂᔥᑊ ᒦᑊ ᑌᐦᑕᐅᔮᑭᐊᐣ ᒍᕐᔅ ᓰᓅᐚᐃ ᒥᔑᑯᐟᔥ ᑭᔥ ᐊᑎᐦᑭᒌ ᒫᐱᑲᐧ ᑲᐦᒥᔑᒻᐅᐣ ᐊᓂᑎ ᐋᐃᐧᐋᐃᑎᒥᐨ ᐋᐧ ᐊᑯᔨᒡᐠ ᒦ ᒥᔐᔥᐱᐧᐣ ᒦᑊ ᓂᔥᑎᐦᐋᑎᒃ ᑭᔥᒼ ᓂᒣ ᑭᑎ ᐱᓂᐱᑎᔑᐅᐧᐣ ᒫᐱᑲᐧ ᐋᐧ ᑎᑭᐋᐣᐨ ᐋᐧ ᓂᔥᑎᐦᐋᐨ ᑭᔥᒼ ᒦᑊ ᐋᐧ ᓂᒧᒐᐨᐱᒋᐨₓ

145

Louise Abbott

George Awashish prepares his gill net for fishing sturgeon on the Rupert River. Assisting him are Rocky Neeposh (right) and Isaiah Brien. The sturgeon fishery is only open to natives.

George Awashish préparant, avec l'aide de Rocky Neeposh (à droite) et Isaiah Brien, son filet maillant pour pêcher de l'esturgeon sur la rivière Rupert. Seuls les Autochtones ont le droit de pêcher l'esturgeon.

Niels Jensen

George Awashish hauls in a sturgeon, while his nephew, Victor Neeposh, looks on.

George Awashish ramenant un esturgeon sous le regard de son neveu Victor Neeposh.

ᒫᐸᑯ ᒫᐸ ᐊᐧᐦᔑᐸᑕᐅ ᐧᐃᔑ ᐊᐧᐊᔦᐤ ᐅᑎᐱᐦᑌᐦᑭᐸᐣ ᓂᒣᐦᐳ, ᒫᐸᑯ ᐊᐦ ᐋᐋᐸᒋᐦᐃᐦᑕᒡ ᐅᑐᓯᒫᐦ, ᐊᐦᑎ ᓂᐧᐋᐦᐦᐸ, ᐅᑎᐦ ᒫᐸ ᐃᐸᐸᐅᔑᐦᐦᐅ, ᐊᑯᑎᐦ ᒪᐅᐸ ᒥᔑᒥᔑᑎᐦ ᓂᒫᐅᐸ ᐊᓂᒑᐦ ᐊᑳ ᒍᐧᐊᐧᐋᐅᐊᔨᐤ ᐅᑎᐦ ᑲᐦᐋᒑᐦᐧ.

Rocky Neeposh makes a skewer out of black spruce wood.

Rocky Neeposh fabriquant une broche en épinette noire.

Niels Jensen

Victor Neeposh builds a fire for roasting sturgeon.

Victor Neeposh préparant un feu pour faire griller l'esturgeon.

ᒫᑯᑉ ᑯᑎᐧᐋᑭᐦᑎᐧᐋᐤ ᓂᒫᒃ ᒎ ᑎᔅᑎᐦᐊᑭᓂᐧᐃᐅᔅᐦ ᐊᑭᑎᓯ ᓈᐧᐯᔅᐦₓ

Niels Jensen

George Awashish stokes the fire and repositions the skewers occasionally as the sturgeon sizzles. "I really like cooking traditional style," he says. "I observed my mother and learned how these things are done."

George Awashish alimentant le feu et repositionnant au besoin les broches d'esturgeon grésillant. « J'aime vraiment faire la cuisine de façon traditionnelle, dit-il. J'ai appris la méthode en observant ma mère. »

ᐧᒌᔥᒃ ᐊᐧᐊᔫᓐ ᐧᐃᔔᐅᑭᐧᐊᓪ ᐃᓐᑐᑖᓄᐤ ᑭᔖᐧᔨᐳ ᑯᔐᑎᒑᑦ ᐊᓂᔔ ᓂᒦᔾ ᒫᑳᐤ ᐊᐧ ᑎᑭᔐᒋᒫᐧ ᐋᓐᑖᐧᐋᐧ ᓂᒥᔑᔅᑎᑦ ᐧᐊᔥᐳᐃ ᐸ ᐦ ᐃᑎᑭᔐᓇᐧᐃᓪ ᐃᔑᒌᒥᓪ, ᐃᔫᐤ, ᓂᐦᐧ ᐋᐋᑭᒋᐧᐊᓪ ᓂᑳᐃ ᑭᔾ ᐊᑖᐃ ᐅᔾᐧ ᐊ ᐋᐦᑐᑎᐧᔭ.

150

Niels Jensen

"When you roast sturgeon," George Awashish points out, "it's important is to cook the meat—and not the skin—first."

« Quand on fait griller l'esturgeon, explique George Awashish, il est important de faire cuire la viande en premier, et non la peau. »

ᐊ" ᒥᔥᑎᐦᐊᑭᓂᐃᒡ ᒫᑉ ᓂᒫᐢ, ᐃᔅ ·ᐃ"ᑎᒪ ·ᒍᖅᖴ, ᔔᓯᐨ ᐱᑎᒫ ᐊᓂᑎ" ᐊ" ᐅ"ᑳ·ᐃᒡ ᐊᑯᑎ" ᓇᐢᑎᒫ ᓇᑎ·ᐊᔒᒫᑭᓂ·ᐃᒡ ᒫ ᑎᑭᔑᒡ - ᓂᒍᐃ ᐊᓂᑎ" ᐊ" ᐅᔐᑳ·ᐃᒡ᙮

OCTOBER

Only a few fishing boats remain on the water in Eeyou Itschee. People's thoughts have turned to the land and to big game hunting. It is October—the rut, or mating season, for moose. Normally solitary bulls call to cows with grunts, and cows respond with wails. Cree hunters mimic these sounds with their voices or with store-bought moose callers. Some go to bush camps to hunt; others ride the roads outside of communities in search of moose.

The moose hunt remains so important in the Cree calendar that there is an official "moose break." Schools close, and community business slows down. When a hunter makes a kill, the news spreads quickly. The moose meat is cooked and shared; the hide is preserved for sewing.

Some hunters also track black bears in October, after the bears have fattened themselves up on berries in preparation for their winter hibernation.

Traditionally, hunters used some bones of animals that they had hunted and trapped for tools. They kept the skull and certain other bones, and hung them in a tree. Some hunters still hang animal bones in a tree or on a *mishtikuhkaan*, a pole that is usually decorated with streamers. Such displays are a sign of gratitude and respect that hunters hope will ensure a future abundance of game. The bones also give other hunters an indication of the kind of animals that have been killed in a particular area.

OCTOBRE

Seuls quelques bateaux de pêche restent encore à l'eau en Eeyou Istchee. Les gens se tournent maintenant vers la terre et la chasse au gros gibier. C'est le mois d'octobre — la période de rut des orignaux. Les mâles, normalement solitaires, appellent les femelles en grognant, et celles-ci leur répondent en gémissant. Les chasseurs cris imitent ces sons avec leur voix ou avec des appeaux commerciaux. Certains rejoignent leur camp de chasse, tandis que d'autres parcourent les routes aux abords des communautés à la recherche d'orignaux.

La chasse à l'orignal occupe encore une place tellement importante dans le calendrier cri qu'il y figure un « congé des orignaux » (*moose break*). Durant ce congé, les écoles sont fermées et les affaires ralentissent. Lorsqu'un chasseur tue un orignal, la nouvelle se répand rapidement. La viande de l'orignal est cuite et partagée, et la peau est gardée pour être cousue.

En octobre, certains chassent aussi les ours noirs qui ont alors accumulé beaucoup de graisse en vue de leur hibernation.

Traditionnellement, les chasseurs utilisaient certains os des animaux qu'ils avaient chassés pour en faire des outils. Ils gardaient les crânes et d'autres os qu'ils suspendaient dans un arbre. Certains chasseurs suspendent encore des os d'animaux dans les arbres ou sur un *mishtikuhkaan*, un poteau habituellement décoré de banderoles, en signe de reconnaissance et de respect. Ils espèrent que ces gestes leur garantiront des chasses abondantes. Les os indiquent aussi aux autres chasseurs quelle espèce animale a été tuée dans une zone en particulier.

Louise Abbott

The shoreline of the Maquatua River near Wemindji in October.

Berges de la rivière Maquatua près de Wemindji, en octobre.

Louise Abbott

Conrad Gilpin calls a moose in the vicinity of Eastmain.

Conrad Gilpin appelant l'orignal aux alentours d'Eastmain.

Louise Abbott

This type of polygonal building is popular in Eastmain, where it is typically located behind a home and is used for butchering moose, caribou or other game. In shape it echoes an eight-sided *kichiihchaaukimikw*, or Cree winter lodge.

Type de construction polygonale courante à Eastmain. Habituellement située à l'arrière des maisons, elle est utilisée pour dépecer les orignaux, les caribous et autres gibiers. Sa forme rappelle celle du *kichiihchaaukimikw* octogonal, l'habitation hivernale des Cris.

ᐅᔥ ᒫᒃ ᑳ ᐃᔑᓈᑯᓂᔨᒡ ᒋᒋᐙᐦᐱᑯ ᐊᐹᒋᔖᐦᑖᒡ ᐄᓰᒫᐅᐃᔅᑎᑯᒡ, ᐸᓪ ᐙᒋᐊᒫ ᐁᒥᒐᒡ ᑭᔭᐦ ᐊᑯᑎᐦ ᐙᔅᐙᒡ ᓈᐱᐋᒐᓐ ᒧᔅ, ᐊᑎᐦᒡ ᑭᔭᐦ ᐃᔭᐦ ᐊ ᐃᔑᐋᑯᓂᔨᒡ ᓂᔦᐅᐃᔨᐅ ᑭᒎᒪᐅᐸᒫᐦ ᐃᔑᐋᑯᑖᐱᐅ, ᑭᔭᐦ ᒫᒃ ᒥᔫᐦᑲᓂᐦ.

Louise Abbott

Animal bones are displayed not far from Eastmain.

Ossements d'animaux exposés près d'Eastmain.

ᐅᔅᑭᓐ ᐊᐦ ᓃᐦ ᐊᑯᑖᑭᓂᐎᐦ ᐹᓄᑦ ᐃᔅᒫᓂᐦᒡ.

Louise Abbott

A Cree camp outside of Eastmain.   Campement cri près d'Eastmain.   ᐄᔨᔫ ᓂᑑᐦᐅᑦᒐᑦ ·ᐊᔾ·ᐄᑎᒪ ᐄᓯᓂᒃᵤₓ

Niels Jensen

George Kudlu, a resident of Wemindji, collects firewood on one of the Walrus Islands in James Bay. George hails from the Inuit community of Salluit in northern Quebec but has lived among the Cree since 1992. He has a camp on an island in the Cape Hope archipelago, south of Old Factory, and he likes to visit other islands in the vicinity. "I've done that all my life—gone from island to island," he explains. "When I want something to eat, I can hunt."

George Kudlu, résident de Wemindji, ramassant du bois de chauffage sur l'une des îles Walrus dans la baie James. George vient de Salluit, une communauté inuite située au nord du Québec, mais vit avec les Cris depuis 1992. Il possède un camp sur une île de l'archipel de Cape Hope, au sud de Vieux-Comptoir, et aime visiter les îles avoisinantes. « J'ai voyagé d'une île à l'autre toute ma vie, explique-t-il. Quand j'ai faim, je chasse. »

Louise Abbott

Tea—made from cranberries picked by George Kudlu—brews over an open fire. Kettles were introduced to Eeyou Istchee by early fur traders, but black tea and sugar did not arrive as trade items until the latter half of the nineteenth century. Traditionally, the Cree drank broth or herbal tea made from Labrador tea—a low shrub with aromatic evergreen leaves and tiny, highly fragrant white flowers. Labrador tea was a refreshing beverage and also a medicine.

Thé — fait de canneberges cueillies par George Kudlu — infusant au-dessus du feu. Les bouilloires furent introduites en Eeyou Istchee par les premiers marchands de fourrures, mais le thé noir et le sucre ne firent leur apparition qu'à la fin du dix-neuvième siècle. Autrefois, les Cris buvaient des décoctions ou des infusions de thé du Labrador — un petit arbuste aux feuilles aromatiques persistantes possédant de minuscules fleurs blanches très odorantes. Le thé du Labrador était une boisson rafraîchissante et un médicament.

Niels Jensen

The Eastmain River at sunset in October.

La rivière Eastmain au coucher du soleil, en octobre.

ᐊᐅᒃ ᐃ ᐃᓯᓈᐅᔨᐲ ᐊ" ᐱ"ᑕᔑᒍᑦ ᐊᓯᒫ ᒫᐸᒃ ᐋᐃᓇᑯᐱᓯᒫ ᐊ" ᐊᑯᑎ"ᑲ˟

Louise Abbott

George Kudlu spends as much time as he can out on the water and on the land. His late wife, Louisa, grew up in an Inuit camp in the Cape Hope archipelago and got to know Cree from Old Factory. "The Cree hunted seal with the Inuit sometimes," George says. The federal government relocated the Cape Hope Inuit north to Kuujjuarapik in 1960. Later in life, Louisa hankered for Cape Hope, so she and George moved to Wemindji and spent part of each year on the island where George continues to hunt.

George Kudlu passe le plus de temps possible à l'extérieur, que ce soit sur l'eau ou dans la forêt. Sa défunte femme Louisa grandit dans un camp inuit de l'archipel de Cape Hope et apprit à connaître les Cris de Vieux-Comptoir. « Parfois, les Cris chassaient le phoque avec les Inuits », dit George. Puis, en 1960, le gouvernement fédéral déplaça les Inuits de Cape Hope vers le nord, à Kuujjuarapik. Lorsque plus tard Louisa s'ennuya de Cape Hope, George et elle déménagèrent à Wemindji, passant une partie de l'année sur l'île où George chasse encore.

ᐧᒎᕐᒋ ᑯᑎᓗ ᒥᔅᔨᔅᒦᑎᓪ ᐅᑖᐦ ᐋ ᐄᔥ ᓂᑐᐦᐅᑦ ᐅᑖᐦ ᐧᐃᓂᐹᑯᒥᒡ ᑮᒡᐦ ᐅᑖᐦ ᐋᔨᑎᔅᑭᒥᑎᐦ ᐋᓂᔥᐦ ᒫᒃ ᑳ ᐧᐃᐅᐧᐃᑦ, ᒎᐃᓴ, ᐋᑖᑦᐦ ᐅᑖᐦ ᐧᐋᓂᐹᑎᒧᐦ ᑳ ᐱᒫᑎᓰᓯᑦ ᑭᔮᐦ ᒌ ᒥᔅᑎᔨᒥᐋᑎᐦ ᐄᔨᔨᐤᐦ ᐅᑖᐦ ᑳᐦᒋᐋᔅᐤ ᐋᑉᒥᔅᒎᐋᐦᒋᐦ. ᒌᐦ ᐧᐃᓂᐧᐃᐤ ᒫ ᐄᔨᔨᐤᐦ ᓂᒧᐧᐃᔨᒦᐱᔥᑦ ᓂᔅᓂᑐᔮᐦ", ᐄᔅᐤ ᐧᒎᕐᒋ. ᒌᐦᐋᑦᑦ ᑎᐸᔨᐦᒋᒉᓯᐤ ᑮ ᐋᑎᐦᐋᐤ ᐋᓂᔥ ᐄᔨᔨᐤᐦ ᐅᑖᐦ ᐋᔨ ᐊᑎᒫᔅᔭᒥᐦ ᒎᕆᐋᔥᐋᐦ 1960 ᑳ ᐋᐸᒫᓯᐦ ᐋᔨ ᐱᔪᓂᐋᒥᐦ ᒎᐦ ᒫᒃ ᐸᐋᑎᐦ ᒪᒋᐤ ᐋᐤ ᑮ ᐅᔥᐱᔅᑎᐦᐃᓕᐦ ᒎᐃᓴᐤ ᐋᑖᑦ ᐣᒍᐤ ᐋᐤ ᑮ ᐋᐦᑦᐣᑦ ᐋᑦ ᕐᒪ ᑳ ᐅᑖᐦ ᐋᑎᒧᐱᒫᐤ ᑳ ᐄᔨ ᐋᕐ ᐄᔨᑦᐋᔨ ᓂᔅᓂᑐᐧᑐᐋᐤ ᐋᑦᑦ ᑳ ᑭ ᐄᔨᑦᐋᐤ ᐅᑖᐦ ᐧᐃᓂᐹᑯᒥᐦ ᐧᒎᕐᒋ ᑮᒡᐦ ᐋᓂᔥᐦ ᐧᐃᐦᐤ ᐋᓂᔥᐦ ᐋᓂᔥᐦ ᐋᓂᔥᐦ ᓂᑐᐦᐅᑦ ᐧᐃᓂᐹᒪ.

161

WINTER IN THE BUSH

"In my younger days," Eddie Pash recalls, "we didn't have any vehicles. In the winter, we travelled on snowshoes and pulled our toboggans. I would move around all the time. I would make my own shelter—a tent. The longest I'd stay in one place was a week."

Eddie was born in the bush in Eeyou Istchee and has spent much of his adult life there. As the owner of Nouchimi, an outfitting camp that is situated east of Chisasibi near Lake Katatipawasakamaw, he continues to spend much of the winter in the bush. It is the place, he says, where he feels best.

Many Cree echo Eddie's sentiment. Some adults stay at their bush camp all winter, hunting and trapping. Others take their families to the bush on weekends or whenever else they have the opportunity. Cultural camps sometimes operate during the winter, bringing the bush experience to the community by presenting traditional winter activities and serving beaver, caribou, and other country food.

L'HIVER EN FORÊT

« Quand j'étais jeune, se souvient Eddie Pash, nous n'avions pas de véhicule. L'hiver, nous nous déplacions en raquettes en tirant nos toboggans. Je déménageais tout le temps et je montais mon propre abri — une tente. Je ne restais jamais plus d'une semaine au même endroit. »

Eddie est né dans la forêt d'Eeyou Istchee et y a passé le plus clair de sa vie adulte. Propriétaire de Nouchimi, un camp de pourvoirie situé à l'est de Chisasibi près du lac Katatipawasakamaw, il passe une grande partie de l'hiver dans la forêt. C'est là qu'il se sent le mieux, dit-il.

De nombreux Cris ressentent la même chose qu'Eddie. Certains restent à leur campement tout l'hiver pour chasser et trapper du gibier, tandis que d'autres amènent leur famille dans la forêt la fin de semaine ou à la première occasion. Des camps culturels ont parfois lieu en hiver afin de partager l'expérience de la vie en forêt avec la communauté. Ces camps proposent des activités hivernales et l'on y sert du castor, du caribou et d'autres plats traditionnels.

Louise Abbott

Eddie Pash goes hunting in early December. During the winter, Cree hunters search for hibernating bears, as well as for caribou and moose.

Eddie Pash allant à la chasse au début du mois de décembre. En hiver, les chasseurs cris cherchent des ours en hibernation, ainsi que des caribous et des orignaux.

ᐊᑎ ᐅᖕᑫᑎᓂᖖᓗ" ᒥᑯᓅᐦᑭᕑᓂᐋᕑᒪ" ᐋᑯᑎ" ᖃ"ᑐᖅᐊ
ᐁᐱ ᐹᕐᖕₓ ᒫ·ᑳᐱ ᐋ" ᐱᐳᓂᖖᒥ ᐋᑯᑎ" ᓂᖃᓂᑐᒐᖖᑳ·ᑳᒪ
ᓂᑐ"ᐅᐃᐋᑦᑦᐅᒪ, ᑳᑐᑎ"·ᑳᒪ ᑭᖅ" ᑳᑐᒍᑦᑦᒪₓ

163

Niels Jensen

A bear skin is stretched and dried at the Neeposh bush camp northeast of Nemaska.

Peau d'ours tendue et séchée au campement de la famille Neeposh au nord-est de Nemaska.

ᐅᒡᐦ ᒦᑉ ᓂ·ᐸᔊᑉ ᐊᒻ ᐃᔊᐦᑖᒎ ᒡᐦ ᒥᒋᐱᒐᑭᓄᐅ ᒥᐢᑲᑕᔊᐊ ᑭᔊᐦ ᐸᑎᐲᑭᓄᐅ ᐅᒡᐦ ᐊᑎᒫᐱᕈ ᑭᔊᐦ ᐧᐊᐱᓕᒡᐦ ᐃᑖᒦ ᓂᒥᔊᐦᐢ ᐊ ᐃᐦᑎᑯᓂᔨ ·ᐁᕆ·ᐊᐤₓ

Louise Abbott

Trapper David Bearskin outside of Chisasibi.   Le trappeur David Bearskin aux alentours de Chisasibi.

Niels Jensen

Philip Neeposh hunts moose on the family trapline northeast of Nemaska.

Philip Neeposh chassant l'orignal sur le territoire de trappe familial, au nord-est de Nemaska.

Niels Jensen

(Left to right) Joy Jolly, Cherish Wapachee, and Angel Jolly toboggan at the Neeposh bush camp northeast of Nemaska.

(De gauche à droite) Joy Jolly, Cherish Wapachee et Angel Jolly glissant en toboggan au campement de la famille Neeposh, au nord-est de Nemaska.

Louise Abbott

Sherman Herodier walks on the shore of James Bay near Chisasibi.

Sherman Herodier marchant sur la rive de la baie James près de Chisasibi.

Louise Abbott

As the tourism coordinator for the Chisasibi Mandow Agency, Sherman Herodier enjoys guiding visitors and taking them out on the land.

Coordonnateur touristique pour l'agence Chisasibi Mandow, Sherman Herodier aime guider les visiteurs et leur faire connaître la région.

ᐊᐳᑦ ᒫᑲ ᐊ᙮ᑲᓂᓯᑭᒻᑲ ᐊ" ᐆᒥᓯᓈᐊᓂ᙮ᐃ᙮ᐃᔨᒃ ᑎᔨᐱᒻ ᒪᓐᑖ ᐁᐃᓯᒻ ᑲ ᐃ᙮ᓯᓂᒃᑳᒃ, ᒥᔨᔓᑦ ᔐᕐᒪ "ᐁᑭᑎᐊᔅ ᐊ" ᐆᒥᓯᓈᐊᑦ ᑭᔨ" ᐊ" ᐊᐱᒻᑎᔨᒃ ᒪᓐᑖᒻ ᐃᔨᐊᐳᒃᓯᑕᓱ ᐊᑎ ᐃᑎᓯᒥᑲᔅᓭ᙮

Louise Abbott

Allen Matoosh lives in Chisasibi but spends part of each winter at Camp Kiskimaastakin, which serves caribou hunters and winter fishermen, and is located about sixty-five kilometres north of the Laforge-1 hydroelectric generating station. "My father-in-law, Robert Kanatewat, is one of the camp owners, so that's how I ended up here," Allen explains. "I do guiding and a bit of maintenance, and I really enjoy it all. Some of our visitors come from Quebec, but most come from the States or from France."

Allen Matoosh vit à Chisasibi, mais passe une partie de l'hiver au camp de Kiskimaastakin, un camp pour les chasseurs de caribou et les pêcheurs hivernaux situé à environ 65 kilomètres au nord de la centrale hydroélectrique Laforge-1. « Mon beau-père, Robert Kanatewat, est l'un des propriétaires du camp. C'est pourquoi je suis ici, explique Allen. Je suis guide et je fais aussi un peu d'entretien. J'aime ce que je fais ici. Certains visiteurs viennent du Québec, mais la plupart viennent des États-Unis et de France. »

ᐊᓓᓐ ᒫᑑᔥ ᒫᒃ ᒋᓵᓰᐱᒡ ᐎᐦᑭᐤ ᒥ ᒫᒃ ᐅᔥ ᐅᑖᐦ ᑭᔅᑭᒫᔅᑖᑭᓂᒡ ᐃᔥᐲᑯ ᐋ ᐱᐳᓂᓯᑦ, ᐅᑖᐦ ᐊᒥᑎᓂᐤ ᑎᐦᑐᐱᔅᑖᐤᒃ ᐑᑎᒫᒥᒡ ᐋᒡᐦᒦ ᒣ ᐙᔅᑯᓪ-1 ᐊᔥᑎᑯᓯᒡ ᐱᒪᔅᒋᐅᐸᒥᑯᐦᒡ ᑭᔮᐦ ᐊᐧᑎᐦ ᐙᐦᒋ ᐱᒪᔅᒋᐅᐸᓂᐙᒡ ᓅᑑᐅᐸᒥᒡ ᑭᔮᐦ ᐅᒡᐦᑲᔪᐅᐸᒥᒡ ᐋ ᐱᐳᑦ, ᓂᑦᔥ, ᐑᐸᔥᒡ ᑳᓇᐅᑦᐙᑦ, ᐋᐳᐊ ᐋᔨᐊ ᐅᔥ ᑦᐋᔨᐦᑎᒡᐦ, ᐋᐳᐊ ᒫᒃ ᐙᐦᒋ ᐊᔥᐦᒋᒋᐦᐋ ᓂᔥ ᐅᑎ", ᐃᔮᐤ ᐋᓓᓐ ᓂᐲᐙᐃᐦ ᒫᓂᑖᐤ ᑭᔮᐦ ᐊᐧ ᐧᐊᐊᔥᓅᒋᒋᐦᐋ ᒫᐦᐸ ᐊᐅᐊ ᐊᑦᐊᐱᑎᓯᒋᐦᐋ, ᑭᔮᐦ ᐊᒡᑖᐧᐊᒡ ᓂᓰᔮᔥᑖ ᒥᓯᐊ ᐳ ᐊᔥᐦᑐᒫᐊ, ᒡᑎᐱ ᐊᐧᐊᓂᒫ ᐅᑎ" ᑯᐧᑲ ᐅᔥᓰᐤ, ᒥ ᒫᒃ ᐅᔥ ᒥᔅᒍᒦᓂᓯᔥᒡ ᐊᒡᐊᡅ ᑭᔮᐦ ᐙᒡᔥ ᑭᔮᐦ ᐅᔥ ᐱᔥᑎᐱᔅᔥᐅᔥᒡ ᐱᔅᓅ.

Louise Abbott

Allen Matoosh (centre) and a fellow guide from Camp Kiskimaastakin show a visitor around by snowmobile.

Allen Matoosh (au centre) et un collègue du camp de Kiskimaastakin guidant un visiteur en motoneige.

Niels Jensen

At the Elders' Camp outside of Chisasibi, Cree and non-natives alike can witness traditional activities and enjoy traditional cooking.

Au camp pour les aînés, aux alentours de Chisasibi, Cris et non-Autochtones peuvent assister à des activités traditionnelles et savourer des plats typiques.

Sarah Sealhunter makes bannock at the Elders' Camp outside of Chisasibi where country food was being offered to local citizens and visitors during Diabetes Awareness Month.

Sarah Sealhunter faisant de la banique au camp pour les aînés situé aux environs de Chisasibi. Lors du mois de la sensibilisation au diabète, des plats traditionnels étaient offerts aux résidents et aux visiteurs.

ᓴᕋ ᓰᓪᐦᐊᐱᑕ ᒫᑲᑯ ᐊᐃᐦᑫᓂᑑ ᐅᑖ ᑕᐅᑕᐊᓅ ᐧᐃᕆᐊᔭᐤ ᐊᔭᐦᑎᓯᓇᑊ ᐧᐃᕆᐊᑎᒫ ᑭᔮᕕ ᐃᐦᐃᐊᓯᐤ ᐊᓯᑎᐦ ᒪᒥᓈᐧᐃᐤ ᒪᐁ ᐃᔅᑫᑎᒪ ᐊᐦ ᐊᔅᒪᑭᐅᐃᐤ ᐊᐧᐊᓯᐣ ᑭᔰᐦ ᐊᓯᐣ ᐱᔅᑭ ᒪᓂᑖᐅᐃᐤ ᒪᑲᑯ ᑲ ᒥᐦᑭᔥᐱᑎᓂᐃᐤ ᐸᔥᑭᔨᕆᒫ ᐊᐦ ᓀᑲᐅᐸᒫᓂᐃᐤ ᐊᐦᑐᑖᒥᐊᑯ.

Louise Abbott

THE WINTER WALK

A helicopter lands on the ice on the northern edge of Cabot Lake, northeast of Nemaska. An elderly couple—Kitty and Tommy Neeposh—disembark, travel a short distance in a sled pulled behind a snowmobile, and then enter a large tent, where their bed rolls and other gear await them. Over the next few days, they are joined by many family members and close friends. It is their last time together on the Neeposh trapline, targetted for partial flooding by a hydroelectric project. "I wanted to do this for my father," Johnny Neeposh, the coordinator of this trip, explains. "I wanted to show how he survived off the land, show the younger generation the history of their people. It's a memory trip, and it's a healing trip for us, too, because part of the land that we love so much is going to be underwater."

The participants carry out the activities that the Cree customarily carried out when they lived full time in the bush, and elders tell stories of bygone days. After a week or so, a smaller group of family members head out on a four-day snowshoe walk on the trapline, setting up a new camp every afternoon. For some, snowshoe travel is unfamiliar. When they end their journey, the walkers are sun- and wind-burned, tired, emotional, and proud of their accomplishment. They look forward to a feast, a fitting end to an unforgettable experience.

Organized winter walks have been taking place in Eeyou Istchee more and more in recent years. They reflect the desire of the Cree to renew their ancestral bond with the land and renew their sense of hope and purpose in the face of sometimes-painful change.

LA MARCHE HIVERNALE

Un hélicoptère atterrit sur la glace, sur la rive septentrionale du lac Cabot, au nord-est de Nemaska. Un couple âgé en descend. Kitty et Tommy Neeposh parcourent une courte distance dans un traîneau tiré par une motoneige, puis entrent dans une grande tente où ils retrouvent leur sac de couchage et leur équipement. Les jours suivants, ils sont rejoints par des proches et de nombreux membres de la famille. C'est la dernière fois qu'ils se rassembleront sur le territoire de trappe familial, car celui-ci doit être partiellement ennoyé dans le cadre d'un projet hydroélectrique. « Je voulais le faire pour mon père, explique Johnny Neeposh, l'organisateur de l'excursion. Je voulais montrer aux jeunes la manière dont il vivait de la terre et leur enseigner l'histoire de leur peuple. Nous faisons ce voyage pour nous souvenir et pour guérir, car une partie de la terre que nous aimons tant sera sous l'eau. »

Les participants répètent les activités auxquelles les Cris se livraient lorsqu'ils vivaient dans la forêt à temps plein, et les aînés racontent des histoires d'antan. Une semaine après, environ, un petit groupe part pour une excursion de quatre jours en raquettes sur le territoire de trappe. Chaque après-midi, ils installent un nouveau campement. Pour certains, voyager en raquettes est étrange. À la fin de l'expédition, les marcheurs sont brûlés par le soleil et le vent, fatigués, émus et fiers de leur réalisation. Ils ont hâte de participer au festin, la conclusion parfaite pour cette expérience inoubliable.

Au cours des dernières années, de plus en plus de marches hivernales ont été organisées en Eeyou Istchee, car elles reflètent le désir des Cris de renouer avec la terre ancestrale et de retrouver un espoir, un sens à leur vie, face à des changements qui sont parfois douloureux.

Tommy Neeposh (1912-2008) waits for a helicopter ride to view his family trapline northeast of Nemaska for the last time.

Tommy Neeposh (1912-2008) attendant le décollage de l'hélicoptère qui lui permettra de revoir une dernière fois son territoire de trappe familial, au nord-est de Nemaska.

·Ċᒥᓂᐤᓐᔕᔨ (1912-2008) ᐊᓯᓂᐊᐦᑖ ᑲ·ᐊᐱᐳᔑ·ᐃᐱᔐᐱᓰ ᒥ ·ᐊᐱᐦᑎᑫ ᐅᑎᒻ ᐅᐦᒋ ᐃᑭᐱᒋᔐ ᐅᓂᒎᐦᔅᑲ·ᐊᐤ, ᐊᑎᒫᐸᒧ ᑭᔅᐤ ·ᐊᐱᔑᑖᓐᒻ ᐊᒡᒋᒦ ᐅᐦᒋ ᐊᒥᔅᑯᒻᒻ, ᐊᔪᐃᐪ ᒥᑫ ᒦᓱᓂᒻ ᒥ ·ᐊᐱᐦᑎᑫ.

Niels Jensen

175

Niels Jensen

Snow is packed around the outside walls of the tent to insulate it during the Neeposh Family Winter Walk.

Neige tassée contre les parois extérieures de la tente pour isoler celle-ci, lors de la marche hivernale de la famille Neeposh.

Louise Abbott

Johnny Brien collects spruce boughs for the Neeposh tent. The boughs are usually picked when the weather is relatively mild; in cold temperatures, they tend to break apart.

Johnny Brien ramassant des branches d'épinette pour la tente des Neeposh. Habituellement, les branches sont cueillies quand le temps est plutôt doux, car lorsqu'il fait froid, elles ont tendance à casser.

Niels Jensen

Wood-burning stoves provide heating for the Neeposh tent, and, at certain times of the day, a gas-powered generator provides power for an electric stove and other appliances.

Des poêles à bois réchauffent la tente, et, à certains moments de la journée, une génératrice à essence alimente une cuisinière et d'autres appareils ménagers électriques.

Snowshoes hang outside a storage tent next to the Neeposh sleeping tent. When snowshoes are not in use, the Cree generally display them in front of a bush camp. In foul weather, they take them indoors to an unheated storage tent to keep them dry. At the end of the season, they wrap them in material to keep them clean.

Raquettes suspendues à l'extérieur d'une tente-entrepôt située près de la tente communautaire des Neeposh. Lorsque les raquettes ne sont pas utilisées, les Cris les exposent généralement à l'entrée du campement. Si le temps est mauvais, ils les gardent dans une tente-entrepôt non chauffée afin de les garder au sec. À la fin de la saison, ils les enveloppent dans du tissu afin qu'elles restent propres.

·ᐃᔨ·ᐃᑎᒥᖕ ᐊᑯᕈᑲ ᐊᔨᒥᑲ ᐊᓂᑊ ᓂ·ᑲᔨᔪᑲ ᐅᒪᖕᑭᒋ·ᐊᖕᑊₓ ᒪ·ᑲᑲ ᒪᑊ ᐊᑫ ᐊᐱᑎᔪᑲ ᐊᔨᒥᔪ, ᐊᓂᑊ ·ᐃᔨ·ᐃᑎᒥᖕ ᐊᑯᑎᖕ ᐊᑯᔨᑭᓂᐅ·ᐃᖕₓ ᐊᑫ ᒪᑊ ᒪᖕᕐᔪᑲᑲ ᐊᓂᐨᖕ ·ᐊᖕᖕᑲᖕᑭᓂᔪᖕᖕ ᐊᑯᐨ ᐊᖕᓂᔨᑭᓂᐅ·ᐃᑲ ᐊᑫ ᒪ ᓂᐱᐅ·ᐃᖕₓ ᒪ·ᑲᑲ ᒪᑊ ᐊᑫ ᐊᐱᑎᖕᐊᑭᓂᐅ·ᐃᑲ ᐊᖕ ᐱᐅᓂᔪᖕ, ·ᐃᔨᑊᑭᔨᓴᑭᓂ·ᐃ·ᐃᔨᑲ ᐊᑫ ᒪ ᓂ ᒎ ᒥᑎᔨᑲₓ

Niels Jensen

Niels Jensen

Kenny Neeposh.

Kenny Neeposh.

ᑭᓂ ᓃᐳᔥ

Louise Abbott

Mary Shecapio (left) delights in the presence of her daughter, Francine Petawabano, and her grandson, Lazarus, during their visit to the Neeposh bush camp.

Mary Shecapio (à gauche) se réjouissant de la présence de sa fille, Francine Petawabano, et de son petit-fils, Lazarus, au campement des Neeposh.

ᒣᓕ ᔅᑳᐱᔪ (ᓂᒥᖢᐃᓂᖕ) ᔥᐊᖕᒦᓪ ᐅᑖᓯᖕ, ᐱᓴᓂᔪᐊ ᐸᑕᐋᐱᓇᖕ, ᑭᖏ ᐅᔅᔅᒥᐢ ᓬᓭᓛᓴ, ᒫᑳ ᐊᒥ ᐸᑭ ᑭᓯᒥᑯᓪ ᐊᓇᑖᒥ ᐅᓂᒋᑖᐢᑳᐋᒥᓅ.

181

Niels Jensen

Nancy (Neeposh) Wapachee (left) and Maggie Blacksmith in the Neeposh tent.

Nancy (Neeposh) Wapachee (à gauche) et Maggie Blacksmith dans la tente de la famille Neeposh.

ᐱᙱᑦ ᐊᓂᑖᓐ ᒫᖅᒥᑦ ᐃᙶᕓᐃᑦ ᓈᓱᔭ (ᓂᐳᔅ) ᐧᐊᐸᔩ (ᓂᒥᙱᓂᑦ) ᑭᔅᓐ ᒫᑭ ᐱᓛᑭᓯᒥᕐₓ

Niels Jensen

Anita Gunner and her son, Nicolas, in the Neeposh tent.

Anita Gunner et son fils, Nicolas, dans la tente de la famille Neeposh.

WORKING HIDES

Inside the tent during the Neeposh Family Winter Walk, Charlotte Swallow applies just enough pressure with her sharp knife to scrape hair off a moosehide without making any holes. Younger Neeposh family members observe her closely and follow her lead. The hide is suspended from a pole, and the shorn hair drops down onto a tarpaulin on the ground, soon forming a thick mat.

Dinah (Neeposh) Loon later scrapes flesh off another moosehide with equal deftness and patience. She uses a technique called "wet-scraping," which leaves no tool marks and tends to make fewer and smaller holes. After soaking the hide in water for a couple of days, she pulls it over a wooden stretcher, and then scrapes it with a drawknife.

Scraping off the hair and flesh are laborious processes that are necessary to prepare the hides of caribou or moose for tanning and smoking, and then eventually for sewing or for lacing snowshoes. Women have traditionally shouldered these tasks, often working collectively to ease the burden.

TRAVAILLER LA PEAU

Dans la tente, lors de la marche hivernale de la famille Neeposh, Charlotte Swallow ébourre, à l'aide d'une lame aiguisée, une peau d'orignal avec juste assez de pression pour ne pas la percer. Les jeunes membres de la famille l'observent attentivement et suivent son exemple. La peau que Charlotte travaille est suspendue et les poils tombent en tapis épais sur une bâche étendue sur le sol.

Dinah (Neeposh) Loon détache la chair d'une autre peau d'orignal avec autant d'adresse et de patience. Elle utilise une technique d'écharnage humide qui marque moins la peau et qui a tendance à y laisser des trous moins nombreux et moins gros que les autres techniques. Après avoir laissé tremper la peau dans de l'eau pendant quelques jours, Dinah l'étire sur un tendeur en bois et en gratte la chair à l'aide d'un couteau à écharner.

L'ébourrage et l'écharnage sont des processus laborieux, mais nécessaires pour préparer la peau de caribou ou d'orignal au tannage et au fumage avant de s'en servir en couture ou pour en faire du lacis de raquettes. Traditionnellement, les femmes accomplissaient ces corvées en groupe pour alléger la tâche.

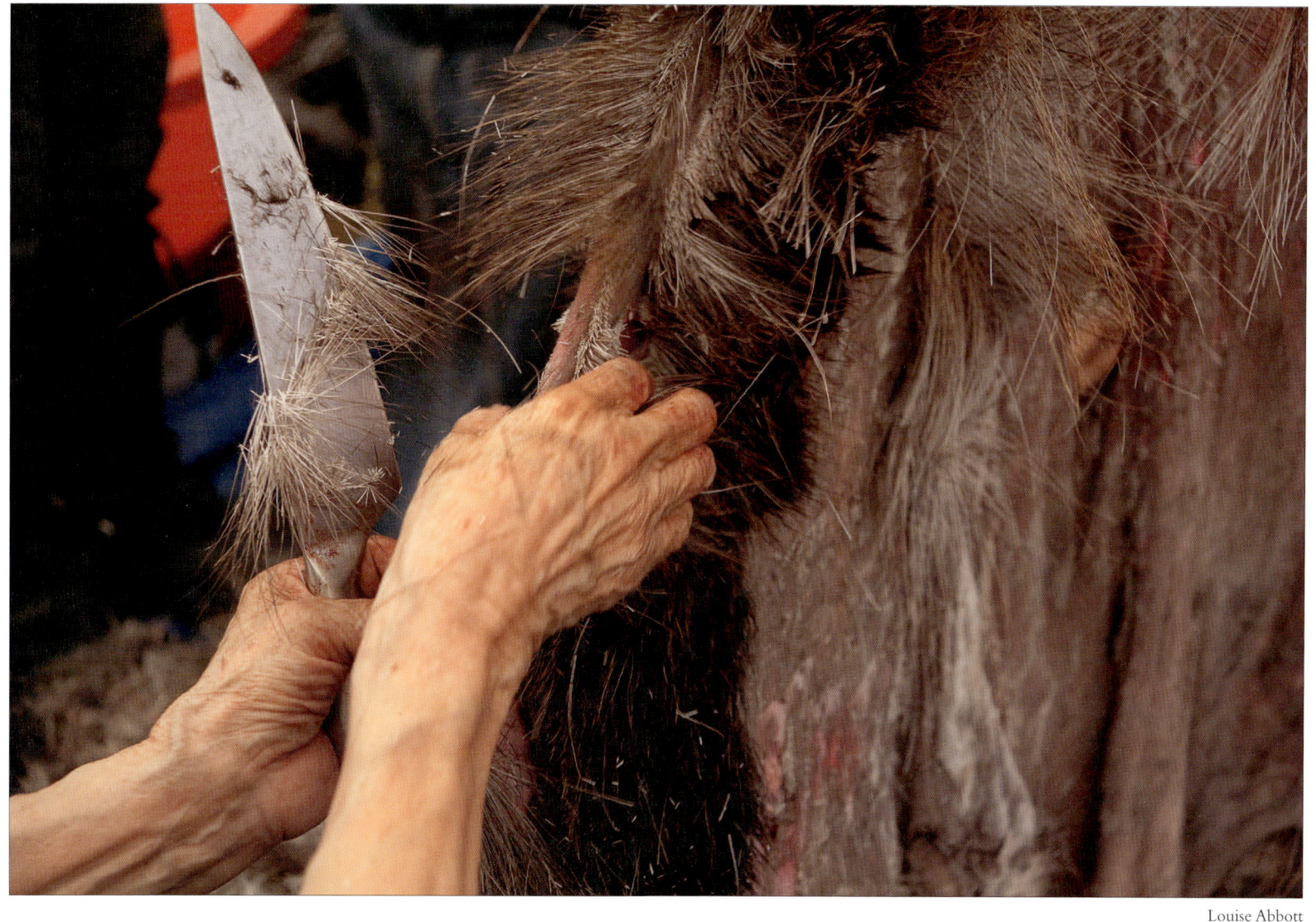

Louise Abbott

Charlotte Swallow scrapes hair off a moosehide.　　Charlotte Swallow ébourrant une peau d'orignal.　　ᒫᐹᑊ ᐱᔑᑯᐦᐋᐤ ᓂᔅᑕᑦ ᓯᐊᐧᓫᐅ ᒧᔫᓭᐦᐧ

Louise Abbott

(Left to right) Nancy (Neeposh) Wapachee, Charlotte Swallow, and Annie Neeposh scrape hair off a moosehide.

(De gauche à droite) Nancy (Neeposh) Wapachee, Charlotte Swallow et Annie Neeposh ébourrant une peau d'orignal.

Dinah (Neeposh) Loon scrapes flesh off a moosehide.

Dinah (Neeposh) Loon écharnant une peau d'orignal.

ᑖᐄᓇ (ᓃ·ᐸᔥ) ᓗᐊ ᒫ·ᑲᑌ ᒥᓂᑎᔥᐲᔅᐦ·ᐊᐅ ᒧᔖᐧᐊᐦ

Louise Abbott

Niels Jensen

Bella Jolly (left) and Charlotte Swallow cut strips of caribou hide for lacing snowshoes.

Bella Jolly (à gauche) et Charlotte Swallow coupant des lanières de cuir de caribou pour en faire du lacis de raquettes.

Niels Jensen

Bella Jolly (left) and Charlotte Swallow fill snowshoes with lacing of caribou hide as Tommy Neeposh, Melina Neeposh, and Amelia Neeposh look on.

Bella Jolly (à gauche) et Charlotte Swallow tressant des raquettes avec du lacis fait de cuir de caribou sous le regard attentif de Tommy Neeposh, Melina Neeposh et Amelia Neeposh.

THE SNOWSHOE

Mario Neeposh voices his exasperation as he stumbles in the snow. His snowshoes keep twisting around. At four years old, he drives his own snowmobile, but he has never travelled any distance on snowshoes before. Within a short time, he has found his stride and keeps up with the adults around him; at the end of the four-day family snowshoe walk, he is asked to break the trail and lead the group to the final camp.

For hundreds of years, the snowshoe was the principal means of winter transportation in Eeyou Istchee. In the late nineteenth century, Cree in coastal areas adopted Inuit-style dogsleds; they hunted seals to feed the dog teams. But many inland inhabitants continued to rely on snowshoes and on handdrawn toboggans to haul meat or other provisions, including trade goods. Although snowmobiles have been popular for winter travel for upwards of forty years, the snowshoe remains a potent symbol of Cree ingenuity and resiliency.

Children still participate in a ceremony called the First Snowshoe Walk, which symbolizes their readiness to travel with adults without being carried. Parents or grandparents prepare the snowshoes and accompany the young snowshoe walkers as they make a circle on a frozen lake or pond, and then return to a communal lodge, where friends and relatives join in a feast. Traditionally, the walk would be held when a family moved to their winter quarters.

LA RAQUETTE

Trébuchant dans la neige, Mario Neeposh est exaspéré : ses raquettes s'emmêlent constamment. À quatre ans, il peut conduire sa propre motoneige, mais c'est la première fois qu'il se déplace aussi loin en raquettes. Il trouve rapidement sa cadence et parvient à suivre les adultes. À la fin de la marche familiale de quatre jours, on lui demande de prendre la tête du groupe et de frayer le chemin jusqu'au dernier camp.

Pendant des centaines d'années, la raquette a été le principal moyen de transport hivernal en Eeyou Istchee. À compter de la fin du dix-neuvième siècle, les gens vivant dans les régions côtières ont adopté les traîneaux à chiens des Inuits, chassant le phoque pour nourrir les attelages de chiens. Par contre, de nombreux Cris habitant à l'intérieur des terres ont continué d'utiliser les raquettes et les toboggans pour transporter la viande et autres provisions, y compris les produits d'échange. Bien que la motoneige soit un moyen de transport hivernal prisé depuis plus de quarante ans, la raquette demeure un symbole puissant de l'ingéniosité et de la résilience des Cris.

Les enfants participent toujours à la cérémonie nommée « la première marche en raquettes » qui symbolise le fait qu'un enfant est prêt à voyager avec les adultes sans être porté. Les parents ou les grands-parents préparent les raquettes et accompagnent les enfants qui effectuent un tour sur un lac ou un étang gelé. Après la marche, parents et amis les rejoignent au gîte communal pour un festin. Selon la tradition, la marche avait lieu lorsqu'une famille déménageait à son campement d'hiver.

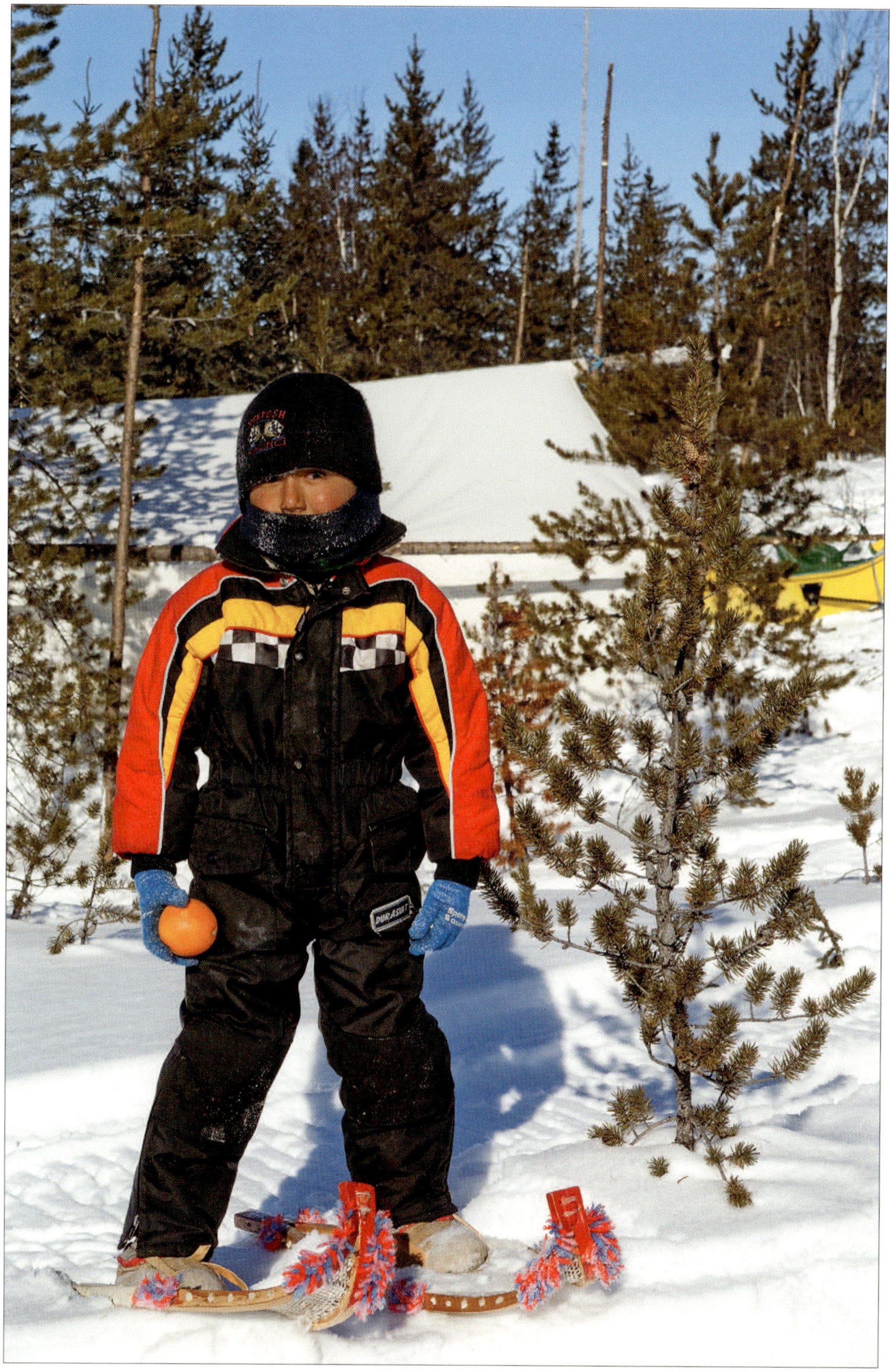

Niels Jensen

Mario Neeposh.

Mario Neeposh.

ᒫᓇᔨᐤ ᓃᐧᐹᔥ᙮

Niels Jensen

To convey their toboggan during the Neeposh snowshoe walk, Philip Neeposh pulls, while his wife, Lillian, pushes. According to Elijah Cox of Chisasibi, "Long, pointed snowshoes were introduced by other native groups that the Cree met out on the land." This style of snowshoe is especially well suited for travelling long distances.

Philip Neeposh et sa femme, Lillian, tirant et poussant respectivement leur toboggan lors de la marche hivernale. Selon Elijah Cox de Chisasibi : « Les raquettes longues et pointues ont été introduites par les groupes autochtones que les Cris rencontraient sur le territoire. » Ce type de raquette convient particulièrement aux longs déplacements.

ᒦᑳᑉ ᒦᑉ ᐊ" ᐱᒍ·ᐃᑕᑦᑊ ᑲ ᐱᒥᐱᓂᓯ·ᐃ·ᐃᔭᑊ, ᐃᓂᐸ ᓂ·ᐊᔅᑌ ᐅᑖᐸᐤ, ᐊᑯ" ᐊᓂᒃ" ᐎᐁ" ᑕᑕᐢᑌ", ᔅ"ᑲᑐ"ᐊᑐᔮᐤ ᐅᑖᐸᓂ·ᐁᐤ ᐊᑯᑦ" ᒦᑊ ᑲ ᐊᔅ ᐎ"ᑎᑊ ᒥᔦᐱᐊᐅᔦᔨᐤ ᐃᓗᐃᐱ ᑲᑊᒃ, ᐎᒎᐱᑉ ᐊᓂᑖ" ᐊ" ᐱᐊᕋᔮᑊ ᐊᔨᔨᐤ ᐊᑯᑦ" ᑲ" ᓂᑲᓂᐎ·ᐊᑊ ᑎᑎ" ᐃᔨᔨᔥ" ᐅᔨ ᐊ" ᐅ ᐃᔨᐊᑎᓂᔥ" ᐅᑎᔨᑉ·ᐃᔨᔥ" ᐊᐊᑊ ᐁᔨ" ·ᐃᔨ·ᐊᔨ ᑲ ᐃᔑᐊᑎ"ᐊᔨ ᐅᔨ ᒦᑊ ᐊ ᐃᔨᐊᑎᓂ ᐊᔩᓂ ᒥᔾᐊ·ᐃᔨ ᐊᐅᐤ ᐊ" ᐱᒍ"ᑦᑦ ᐊ·ᐊᐤ ᐊ" ᐊᐱᓯ"ᐊᑦˣ.

Julianna Neeposh sits next to her snowshoes. The Cree steam-bend wood to make frames for snowshoes; they prefer tamarack because it is more pliable than other trees that grow in Eeyou Istchee. The back ends and upturned tips are often painted and decorated. The moccasins worn with snowshoes are often decorated, too. Both snowshoes and moccasins were traditionally believed to be invested with spirits that led the hunter to his prey and kept his legs from tiring. They were beautified to please those spirits.

Julianna Neeposh assise près de ses raquettes. Les Cris traitent le bois à la vapeur et le plient pour former le cadre des raquettes. Ils préfèrent le mélèze laricin, car il est plus flexible que les autres arbres poussant en Eeyou Istchee. Le nez relevé et la queue sont souvent peints et décorés. Les mocassins portés avec les raquettes sont aussi souvent décorés. Traditionnellement, on croyait que les raquettes et les mocassins étaient habités d'esprits qui guidaient le chasseur vers sa proie et qui empêchaient ses jambes de fatiguer. Les raquettes et les mocassins étaient enjolivés pour faire plaisir à ces esprits.

ᒎᓖᐋ ᓃ·ᐳᔥ ᐅ"ᐱᒐ ᐊᔅ"ᓐᑦ ᐊᒥᔅ" ᐅᑎᔅᐦ"ᵡ ᐅᔅ"ᐋ·ᐃᵇ ᐃᔅᔅᐅᵇ ᐊ" ·ᐊᕐᐊᵇ ᐊᓯᔾ" ᐊᒡᒡ"ᑎᵈ" ᐊ" ᒋᔖᑦᒑᔅᵇ ᓂᐱ"ᵘ ᐊ" ᐊᑯ"ᒌᵇ; ᐊᔷ·ᐃᑯ" ᒫᔅᐊᑯᵇ ·ᐊᕐᑳᵖ" ᐊ" ·ᐊ"ᒋᐱᔅᔅᵇ ᐊ" ·ᐊᕐᐊᵇ ᐊ"ᑎᔅᵇ ᐃᔅ"ᵘ ᐊ ᐁᕐᒡᑎᔅᵇ ᒥᔥᑎᵈ" ᐅᒼ ᐁᔅᔅᐅᵕ"ᵘ ᓚ"ᑦᐅᕐᔅᵘᵡ ᒫ"ᒑᐅᐋᒡᐦᑫᐅᐃᵇ ᐊᐋᒡ ᐅᒼ, ᑭᔾ" ᐊᓂᑎ" ᐊ" ·ᐃᓂᑉᑲᓀ ᓃᓐᒋᑕ"ᵘᵡ ᐊᓯᔾ" ᒫ ᒎᔾᔅᓃᕐᓯ" ᒪᔅᒥᐱᵘ ᐊ" ᒌᑭᒫᓖ ᓂᔅᓂᑐᓃ" ᒦᕐᔅᐦ"ᐋᐳᓂ·ᐃ·ᐃᔅ" ᑭᔾ" ᒫ ᒥᔅᓂᐦ"ᐋᐳᓂ·ᐃᔅ"ᵡ ᐊᓯᔾ" ᒫ ᐊᔅᵘ" ᑭᔾ" ᒎᔾᔅᓃᕐᓯ" ᑳ" ᒑ·ᐋᐳᐦᐊ"ᒡᒡᐃᓂᔅ ᐊ ᐁ"ᑎᓃᔅᵇ ᐊᓯᐱ ᒫ·ᐦᑳ ᒫ ᐁᑐ"ᐋᒡᑦ ᐊᐊᵉ ᒫ ᑳ ᐅ"ᒋ ᓂᐱ"ᒑᑦ ᒥᒋᑎᵕ ᑭᔾ" ᒥᐅᵇ ᐊᵇ ᒫ ᐁᔾᔅ·ᐃᵡ ᐊᔷᐊᵈ ·ᐊ"ᒋ ᑳ" ᒥᔾ·ᐃᒑᒪ"ᑦᵇ ᐅᒌᑯᒥ·ᐊᐊ" ᒫ ᒥᔾ·ᐃᓂᒪᔅᵇ ᓂᔾ"ᐅ·ᐃᓂᔅᵘᵡ

Niels Jensen

George Neeposh, the steward, or *uuchimaau,* of the Neeposh trapline, puts up a tent with the help of his sister, Charlotte (Neeposh) Blacksmith, during the snowshoe walk.

George Neeposh, le maître de trappe (*uuchimaau*) du territoire des Neeposh, montant une tente avec sa sœur, Charlotte (Neeposh) Blacksmith, lors de l'expédition en raquettes.

·ᒌᖅᐤ ᓂ·ᐸᖕ, ᐊᒥᖕᑯᒌᖪ ᐅᑖ ᓂ·ᐸᖕ " ᐅᓂᓅᑊᐅᖈᐠ·ᐊᖕᮉ, ·ᐃᖂᐳ·ᐃᖕᑖᖪ ᐅᒫᑊᑭᒥ·ᐊᖪ ᐊ" ·ᐃᖃᑊᐃᑯᑦ ·ᐃᑎᖦᘒᖳ, ᖗᖅᓕᖌ (ᓂ·ᐸᖕ) ᐱᒦᑭᒋᖪ, ᒫ·ᑫᒍ ᖃ ᐱᒥᐱᑦᖳᓂ·ᐃ·ᐊᖅᒗ.

Niels Jensen

It takes several hours to create the kind of winter campsites that the Neeposhes stayed in during their snowshoe walk. Trees must be cleared away, and snow must be packed down. Trees must be limbed, peeled, and cut to length for tent poles and for firewood.

La construction d'un campement d'hiver, comme ceux utilisés par les Neeposh lors de leur expédition en raquettes, prend plusieurs heures. Il faut enlever des arbres et tasser la neige. Puis, il faut émonder, écorcer et couper les arbres pour en faire des poteaux de tente et du bois de chauffage.

ȧᐅᐧᔨᓐ ⌋ᑭ ᐱᒣᕵᑭᓂᐅ ᐱᐳᕆᒉᑯ ᐊᑉ ᐅᒍᒋᒉᓂᐦᐅ ᐊᑉ
ᑖ ᐊᐱᑎᑉ ᐱᒥᐱᔮᓂᐅᒉ ᑎᐦᐅᑫᒣᐃᒉᓯᑊ, ᐱᔨᑫᐦᐅᓈᓯᐅ,
ᑭᔮᐦ ⌋⌋ᑕᒉᔦᕵᓂᐅ. ᒐᑲᐧᑎᐧᐊᒣᐧᐊᕵᐅᐃᒉᐅ ᒣᒉᑎᑊ,
ᐸᐱᑕᒪᒉᒣᐧᐊᕵᓂᐅᒉ, ᑭᔮᐦ ⌋⌋ᔥ ȧᔑᑲᒐᒣᐧᐊᕵᓂᐅᒉ ᑖ
ᐊᐱᓰᐅᒉ ᑭᔮᐦ ᑖ ᒥᐦᑎᐅᒉ.

Niels Jensen

THE CARIBOU HUNT

A shot rings out, and then another follows in rapid succession. Caribou have been spotted crossing Cabot Lake near the Neeposh bush camp, and several family members kneel in the snow, shooting .30-30 rifles. They bring down four caribou in all, and then skin and butcher them skillfully.

One is a pregnant female. "You always have to be careful with the womb of any animal—to show your respect to it, you know," Johnny Neeposh says. He cuts out the fetus and places a bit of the mother's intestinal fat—*wiikw*, it is called in Cree—in its mouth. "This is the fat that he's surviving on from his mother, so this is what we do to show respect."

The Cree consume all edible parts of the caribou that they hunt, including the head, which is boiled. They would consider it wasteful to discard comestibles and also disrespectful to the animal that has "given" itself to the hunter.

When a child bags a caribou for the first time, a ceremonial meal is held, and everyone in attendance receives a piece of the caribou meat. Upon tasting it, they close their eyes for good luck.

If a child's first kill is small game, fish or fowl, the same sort of ceremony is held to mark the successful hunt.

LA CHASSE AU CARIBOU

Un coup de feu retentit, puis un autre. On a aperçu des caribous traversant le lac Cabot près du campement de la famille Neeposh. Plusieurs membres de la famille sont agenouillés dans la neige et tirent avec des carabines de calibre .30-30. Ils abattent quatre caribous en tout, puis les dépouillent et les dépècent habilement.

Un des caribous est gravide. « Il faut toujours faire attention à l'utérus d'un animal — en signe de respect, vous savez », dit Johnny Neeposh. Il enlève le fœtus et met un peu du gras intestinal (*wiikw*) de la mère dans sa bouche. « Le fœtus vit de ce gras, c'est ainsi que nous témoignons notre respect. »

Les Cris mangent toutes les parties comestibles de leur prise, y compris la tête qui est bouillie. Jeter des parties comestibles serait du gaspillage ainsi qu'un manque de respect envers l'animal qui s'est « donné » au chasseur.

Quand un enfant tue un caribou pour la première fois, un repas cérémoniel a lieu où tous les convives reçoivent un morceau de viande du caribou. Lorsqu'ils y goûtent, ils ferment les yeux en signe de chance.

Si la première prise d'un enfant est un petit gibier, un poisson ou une volaille, le même type de cérémonie a lieu pour souligner la chasse fructueuse.

Niels Jensen

George Neeposh skins a caribou on the shore of Cabot Lake. Despite the loss of parts of the family trapline to flooding, George intends to continue to hunt and trap. "That's how my father raised me," he says. "I never went to school—I got my education in the bush."

George Neeposh dépouillant un caribou sur la rive du lac Cabot. Bien qu'une partie du territoire de trappe familial ait été ennoyée, George veut continuer à chasser et trapper. « Mon père m'a élevé ainsi, dit-il. Je ne suis jamais allé à l'école; j'ai reçu mon éducation dans la forêt. »

ᐧᒋᔅ ᓂᐧᐯᔥ ᐱᐦᑯᓈᐤ ᐊᑎᐦᑰ ᔖᔥ ᑳᐱᐨ ᓰᑭᐦᐄᑭᓂᓈᐦ ᐊᑎ ᑮᐦ ᐊᔨᑌᐸᑖᔮᓐ ᐱᐧᓗ ᐊᓂᔮ ᐅᐊᔔᐦᑌᐅᔥᐧᐋᔨᐤ, ᐧᒋᔅ ᐊᔭᐱᔨᐤ ᓂᒧ ᐧᐋ ᐳᓂᔔᔮᔮ ᐧᐋᐦ ᓂᔐᐦᐅᑦ ᑭᔮᐦ ᐧᐃᓇᐦᐅᐋᒥᑦᒡ ᐊᑯᐨ ᑳ ᐄᐱ ᐅᐦᐱᒋᓰᐦ ᓅᐦᑖᐧᐄ, ᐊᔭᐤ, ᓂᒧ ᒨᐦ᦯ᓈᐊᐦᑦᒡ ᓂᑎᓯᑎᔮᑎᑲ, ᐧᐋᑎᐦ ᐅᑎᐨ ᑳ ᓂᔐᐦᐅᔮᔨᓭ ᓂᔔᐦᐅᔥᐧᐋᔨᐤ.

Niels Jensen

Nancy (Neeposh) Wapachee roasts caribou guts outside the Neeposh tent.

Nancy (Neeposh) Wapachee faisant rôtir des entrailles de caribou près de la tente familiale.

ᓇᓐᓯ (ᓂ·ᐸᔅ) ·ᐊᐸᒉ ᑎᑭᓯᒪ ᐊᑎᒍᑎᓯᔅᐦ ·ᐃᔨ·ᐃᑎᒥᕐᑲ ·ᐃᓯ·ᐊᕐᑲ ᐊᓂᑕᐦ ᓂ·ᐸᔅ ᐅᓂᔭᐦᐱᔨᔨᕐᑲ ᑲᐱᒋ ᓯᑭᕐᐃᓯᓂᕐᑲ.

Niels Jensen

Neeposh family members roast caribou meat during their snowshoe walk.

Des membres de la famille Neeposh faisant rôtir de la viande de caribou lors de leur marche en raquettes.

ᓂ·ᐸᔅၳ ᒫᑉ ᒄᓴᑎᐊᒍᑉ ᐊᑎᒡᑐᔨᕐᐤ ᒫ·ᑊᑯ ᑲ ᐱᒥᐱᒋᓂ·ᐃ·ᐃᔅᑊˣ

Niels Jensen

Johnny Swallow removes the bone from a caribou leg in the Neeposh tent at Cabot Lake.

Johnny Swallow retirant les os d'une patte de caribou dans la tente de la famille Neeposh au lac Cabot.

ᒥᓂᖃᔪᓪ ᐊᓂᒃ ᐊᑎᖅᑲᑎᓇᓯᐅ ᐸᓐ ᓯᐊᒍ ᐊᓇᑦ ᐯᓯᐊᒻ ᑲᐱᑦ ᓯᑭᒻᐃᖃᓂᒻ ᓇᕙᓐ ᐅᓄᒍᐅᖅᓯᐊᖓᒻ.

Niels Jensen

These caribou leg bones will be split apart, and the marrow will be extracted. The Cree consider the marrow a delicacy and eat it uncooked.

Ces os de pattes de caribou seront fendus pour en extraire la moelle. Considérée comme un met délicat, la moelle est mangée crue.

ᐅᐦᐃ ᒣᐟ ᐊᑎᐦᑲᐱᒡ ᑭᐸ ᑖᕽᑭᐹᐃᐱᓂᐅᐦ, ᑭᔮᐦ ᒫ ᒣᐋᐦᐅᐋᓂᐁᐧᐃᐧ ᐊᐁ ᐧᐃᐋᐁᐧ ᐊᓂᓯ ᒣᐟ ᐧᐃᓂᔅᐅ ᐋᐦᒐᐧᐋᐦ ᒣᔥᐦᐦ ᐊᒑᔒᐦᑎᒎ ᐃᔨᔥᐅᐧ ᑭᔮᐦ ᒥᑭᐧᐃ ᐊᐦᐸ ᑎᑭᔾᐦᒡᐦ₌

TRAPPING

On a late November afternoon, Reggie Hester parks his snowmobile at the edge of the road outside of Waskaganish. Reggie is a well-known trapper with an intimate understanding of animal behaviour and habitat. He knows just where to set his traps; how to camouflage them with earth, snow, and boughs; what kind of bait to use; and how to cover his scent on the site.

He walks into the woods to check one of his snares, which is set on an animal runway. He has caught a red fox. He resets the trap and then packs the fox onto the sled behind his snowmobile. Having finished inspecting all his traps, he goes home to store the fox in a shed alongside other fur-bearing animals that he must soon skin, scrape, stretch, and dry.

Like fishing and hunting, trapping remains central to bush life for the Cree. The Cree Trappers' Association has five thousand members. They sell their furs at auction in Ontario, and are vulnerable to the vicissitudes of the international fur market. But the Cree Hunters and Trappers Income Security Program helps to keep trapping viable, offering financial assistance to those who "spend at least 120 days conducting harvesting and related activities in the bush."

LA TRAPPE

Un après-midi de la fin novembre, Reggie Hester stationne sa motoneige sur le bord de la route près de Waskaganish. Reggie, un trappeur de renom, connaît parfaitement le comportement et l'habitat des animaux. Il connaît le meilleur endroit pour placer ses pièges, la manière de les camoufler avec de la terre, de la neige et des branches, le type d'appât qu'il doit utiliser, et la manière de masquer son odeur.

Il entre dans la forêt pour vérifier l'un des collets qu'il a placés à un endroit où les animaux passent souvent. Il a piégé un renard roux. Il retend le piège et met le renard sur le traîneau derrière sa motoneige. Après avoir inspecté tous ses pièges, il rentre et met le renard en réserve dans une cabane avec d'autres animaux à fourrure qu'il devra bientôt dépouiller et dont il devra gratter, tendre et sécher la peau.

Tout comme la pêche et la chasse, la trappe reste un aspect essentiel de la vie en forêt pour les Cris. L'Association des trappeurs cris compte cinq mille membres. Ils vendent leurs fourrures aux enchères en Ontario et sont vulnérables aux fluctuations du marché international de la fourrure, mais le Programme de la sécurité du revenu des chasseurs et piégeurs cris aide à maintenir la trappe viable en offrant de l'aide financière à ceux qui ont consacré « un minimum de 120 jours dans le bois à pratiquer des activités d'exploitation et des activités accessoires ».

Louise Abbott

Reggie Hester resets a snare in the vicinity of Waskaganish. Silver fox, white fox, and cross fox are all found in Eeyou Istchee, but the red fox is the most populous.

Reggie Hester retendant un collet aux alentours de Waskaganish. Bien que le renard roux soit l'espèce la plus nombreuse en Eeyou Istchee, on y trouve également des renards argentés, des renards blancs et des renards croisés.

Niels Jensen

Philip Neeposh sets a marten trap on the family trapline northeast of Nemaska in March. The Cree trap more than one dozen species of fur-bearing animals, including lynx, mink, muskrat, otter, squirrel, weasel, and wolf.

Philip Neeposh tendant un piège à martre sur le territoire de trappe familial au nord-est de Nemaska, en mars. Les Cris trappent plus d'une douzaine d'espèces d'animaux à fourrure, notamment le lynx, le vison, le rat musqué, la loutre, l'écureuil, la belette et le loup.

ᒫᐦᑲᐸ ᐘᐱᔥᑖᓂᐘᐃᓂᐦᐃᑲᓄ ᐱᓚᐸ ᓃᐸᐢ ᐊᓇᑕᐦ
ᐅᓂᔾᐦᐃᑭᔾᐘᒻ ᐊᐧᓛᐱᒥ ᑭᐢ ᐘᐱᔕᑐᒻ ᐃᑖᐦᒡ
ᓇᒥᐢᑲᐤ ᒫᐦᑲᐸ ᒥᒋᐅᐱᐦᑎᒻ ᐘᐦ ᐊᑯᓂᐤᐦᑎᐦ.

Niels Jensen

Snowshoe rabbits have long provided both meat and fur for the Cree. They are caught in snares, like this one on the Neeposh trapline.

Depuis longtemps, les Cris trappent le lièvre d'Amérique pour sa viande et sa fourrure au moyen de collets comme celui-ci, placé sur le territoire de chasse des Neeposh.

Niels Jensen

After tapping the ice to find tunnels leading to a beaver lodge on Cabot Lake, Sandy Matoush sets a trap under the ice at the entrance to the lodge. He attaches a snare to a pole and to a birch branch, which serves as bait. Nicolas Gunner observes Sandy as he works. Cree children have customarily learned skills in the bush by watching older people and by trying things for themselves.

Une fois qu'il a trouvé, en cognant sur la glace, un tunnel vers une hutte de castor au lac Cabot, Sandy Matoush tend un piège sous la glace à l'entrée de la hutte. Il attache un collet à un poteau et à une branche de bouleau qui sert d'appât. Nicolas Gunner l'observe. Traditionnellement, les enfants cris acquièrent leur savoir-faire en observant les plus vieux et en essayant.

ᒧᐧᣳᐦᐋᒡ ᓴᐪᐃ ᒫᑐᔥ ᐊᓂᑎ ᑳᐱᔅ ᓯᑭᐦᐃᑭᓂᐧᒡ ᑮᔫ ᓂᓯᑎᐦᑎᐧᐋᐅ ᐊᓂᔾ ᐊᑌᐋᐱᔐᣳ ᐊᓂᔾ ᒥᔅᑯᔤ ᐊᓂᑎ ᒌ ᐊᑯᑎᑖᑦ ᐊᓂᔾ ᐅᑎᒥᔥᑯᐃᓂᐦᐋᐱ ᐊᓂᑎ ᐊ ᐃᣳᐦᒑᒥᐃᓂ ᐧᐃᣳᐃᔅᐅₓ ᐊᒥᣳᑯᐧᑳᓂᐅ ᑮᔾ ᐧᐃᐅᑯ ᐊᓂᑎ ᐧᐃᣳᐦᐋᐅ ᐊᒥ ᐅᑯᔮᔮᒡ ᓂᑳᓯ ᑲᓂ ᓇᑫᕕᐧᐋᐅ ᓴᐪᐃₓ ᐊᒡᒡᒋ ᑳ ᐃᔾ ᑭᔅᑎᓂᑖᒥᔥ ᐃᣳᐱᐅ ᐊᐧᐋᔅᒃ ᓇᣳᑎᒡ ᐊᒡ ᓇᣳᑯᔩᐧᐋᐃ ᐊᐧᐋᔅᐅᓯ ᐊ ᐃᣳᑐᑎᒥᐃᣳ ᓂᑳᐃᐅ ᐊᒥ ᐃᔾᐅ ᑮᔾ ᐧᐃᔅᐧᐋᐅ ᑳᣳ ᑯᑎᣳᑊ₀ₓ

Trappers cover beaver traps with boughs as insulation to keep the hole that they have dug in the ice from freezing over. Beavers are highly sensitive to noise and may flee one lodge for another if they hear trappers at work, returning to the original lodge hours or even days later.

Les trappeurs recouvrent les pièges à castor de branches afin d'isoler le trou qu'ils ont creusé dans la glace et l'empêcher de se refermer. Les castors sont très sensibles au bruit et peuvent s'enfuir vers une autre hutte s'ils entendent les trappeurs, ne retournant à la première hutte que des heures, voire des jours, plus tard.

ᐊᓂᒃᐅ ᒥᑉ ᐅᑎᒥᔅᑯᐊᓂᐦᐋᑭᓂᐙᐅ ᐧᐃᓇᐦᐋᐲᒉᐯᑦ
ᐊᑯᓂᐦᐊᒍᒥ ᔅᐦᑦᐦᑐᐊᐦ ᐊᐦ ᐊᐱᒥᐦᐊᒻ ᐊᑭ ᑭᔭᐸᐸ ᒪ ᐃᔅ
ᐊᔅᑕᑭᐱᑎᓂᔅᐦ ᐊᓂᒃᐅ ᐅᐧᐃᓇᐦᐋᐲᒉᐯᐦ, ᐊᑦᔕᐧᒉᐦ
ᓂᐦᐋᑎᒻ ᐊᒥᔅᑯ ᐱᔭᐦ ᐊᓄᒉᐦ ᐊᔅ ᐊᔅᐅᐱᔭᐦ ᑯᑎᐲᔭᐦ
ᐧᐃᦈᐲᔭᐦ ᐱᔭᔅᑎᒃ ᒣᐸᐸᔭ, ᐸᑎ ᐊᒡᔭᔅᑎᒃ ᐊᑭ
ᐃᔭᐦᒐᓂᐧᐃᐧᐃᔅᐃ ᐊᔭᑯ ᒪ ᐧᐃᐊᐱᔅ ᐊᓄᒉᐦ ᐊᔅ ᐧᐃᔭᒥᐦ
ᐅᐧᐃᦈᐲᔨ ᐱᔭᐦ ᓂᔭᓇᑐᔭᐣᐦ ᐋᐅᔪᔅ ᐱᔭᐦ ᒥᔥᒍᐣᒀᐦ
ᓂᒥ ᦐᐊᐱᔭᐦ.

Niels Jensen

Mary (Neeposh) Swallow skins a beaver during the Neeposh Family Winter Walk.

Mary (Neeposh) Swallow dépouillant un castor lors de la marche hivernale de la famille Neeposh.

ᒫᐱᐤ ᐱᐦᑐᓯᒥᐦᑳᐤ ᑎᓐ (ᓃᐳᔥ) ᓯᐊᓗ ᒫᐱᐤ ᑳ ᐱᒫᑎᐦᐄᐙᐱᔥᐨ ᓂᐳᔥ " ᐋ" ᐸᔪᑕᐅᔦᦥᐦ᙮

Louise Abbott

Charlotte Swallow scrapes a beaver skin in the Neeposh tent.

Charlotte Swallow grattant la peau d'un castor dans la tente des Neeposh.

ᒫᑲᐞ ᒪᑎᐦᐁᐧᐊᓂ ᐊᒥᔅᑯᔭᐣᐦ ᓂᔥᑕᒡ ᓰᐧᐊᔓ ᐊᓂᒌᐦ ᐱᐦᒡ ᐅᒫᐦᒥᐧᐋᐦᒡ.

Louise Abbott

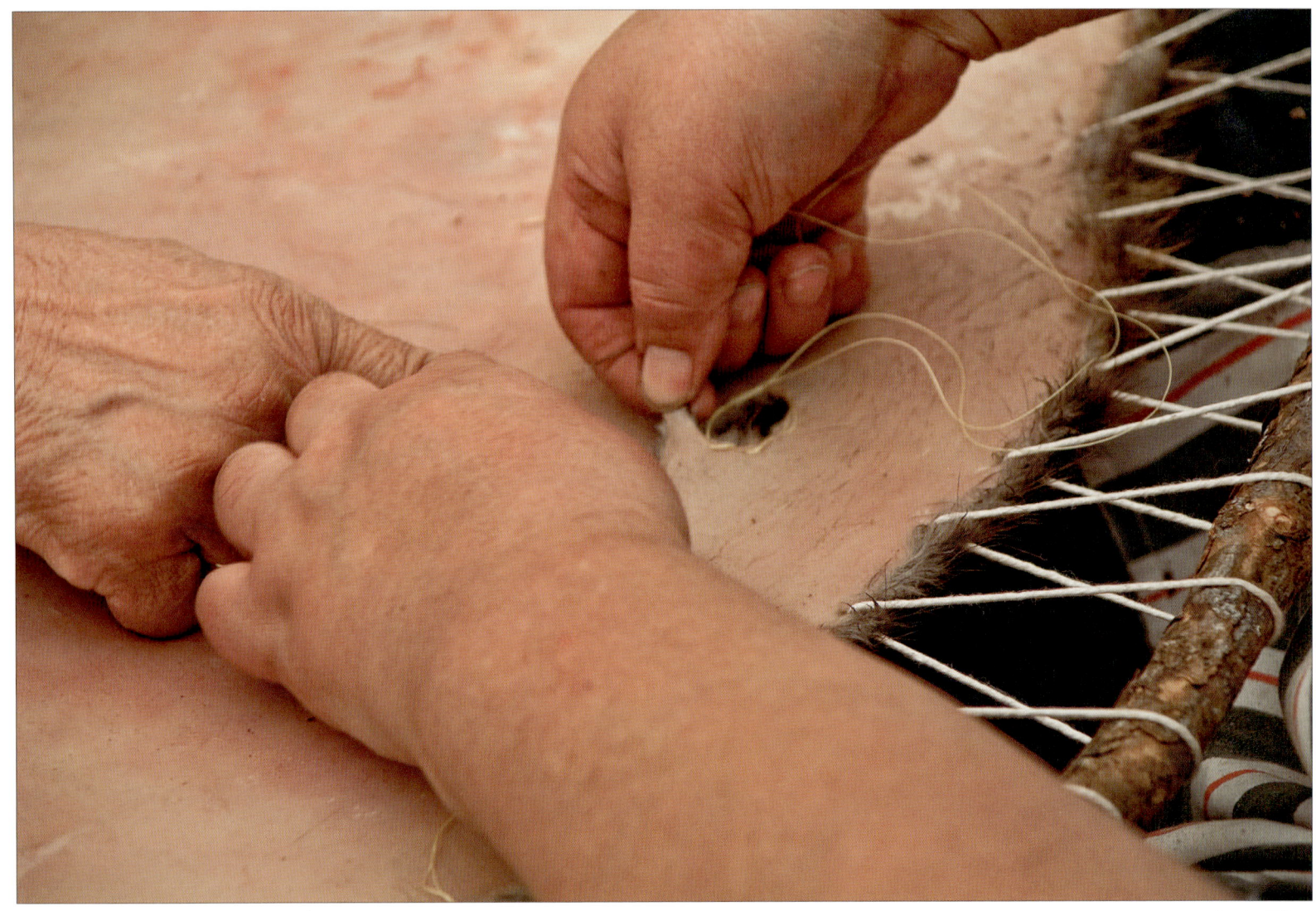

Louise Abbott

Joyce Neeposh closes up a hole in a beaver pelt with a helping hand from Mary (Neeposh) Swallow.

Joyce Neeposh rapiéçant un trou dans une peau de castor avec l'aide de Mary (Neeposh) Swallow.

ᒫᐱᑯ ᑎᐳᐸᑖᐅ ᐊᒥᔑᑎᔮᐦ ᐘᐱᐟ ᓂᐎᐸᔥ ᑐᓀ (ᓂᐎᐸᔥ) ᓱᐊᓗᐦ ᐊᐦ ᐘᑎᐦᐄᐊᑦ ᑭᔭᐦ ᐊᐦ ᑎᔥᑎᒫᑦᑦ.

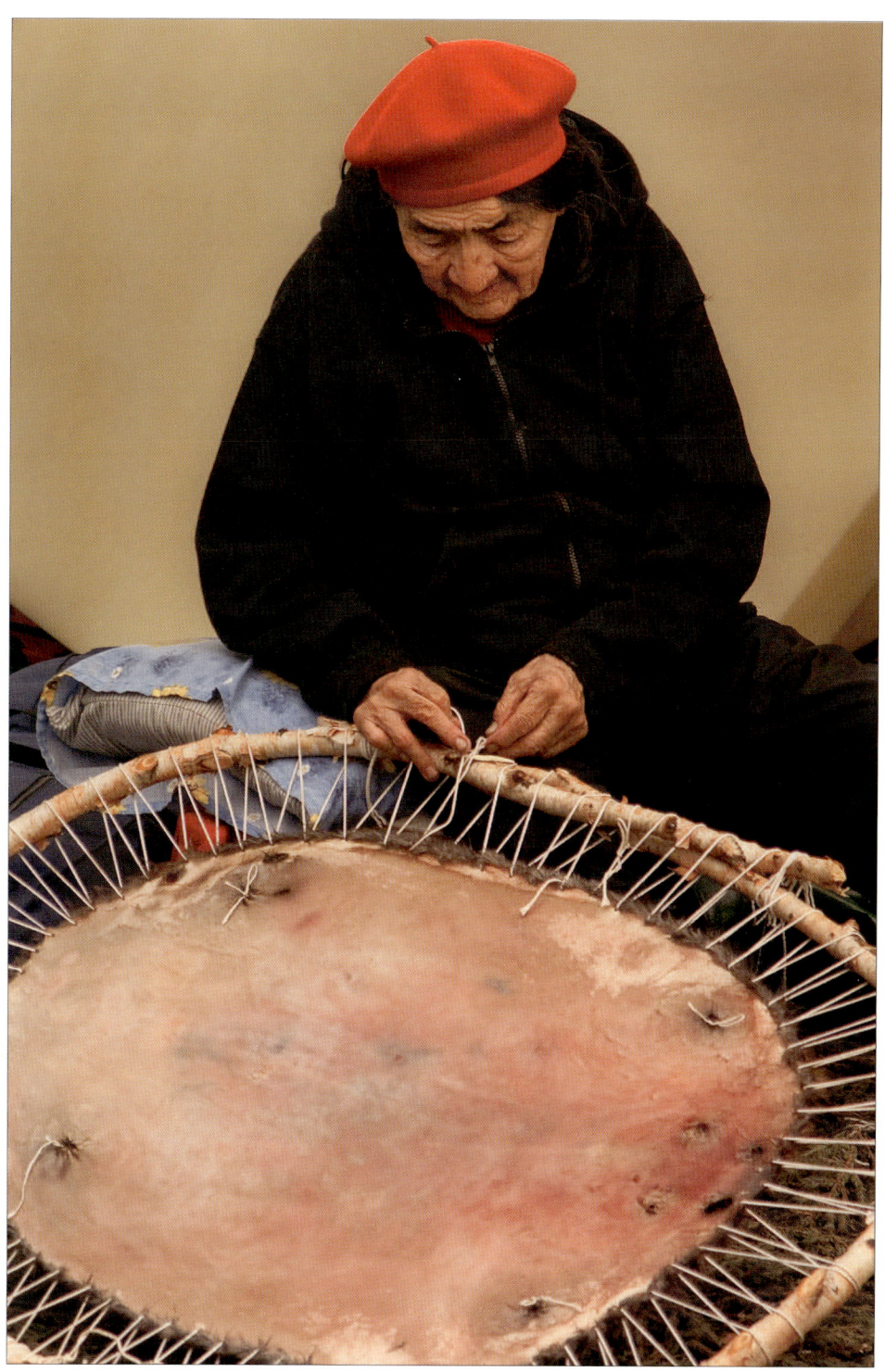

Charlotte Swallow fastens a beaver pelt to a stretching frame.

Charlotte Swallow attachant une peau de castor à un tendeur.

ᒫᓈᒃ ᓯᑭᐱᑕᐤ ᐊᒥᔅᑯᔮᓐ ᐅᔅᓰᑦ ᓯᐊᒍᒡ᙮

Niels Jensen

Abel Swallow makes a stretching frame for a beaver pelt outside the Neeposh tent.

Abel Swallow fabriquant un tendeur pour une peau de castor, proche de la tente des Neeposh.

ᐊᒥᔉᐦᑐᕂᐤ ᐅᔅᐦᑖᐤ ᐁᐃᔐ ᓰᐊᔮ ·ᐁᐢ·ᐃᑎᒥᐦᑲ ·ᐃᐸ·ᐋᑦᒃₓ

Niels Jensen

212

Louise Abbott

Beaver pelts and a bearskin dry outdoors on stretching frames at the Neeposh bush camp northeast of Nemaska.

Trois peaux de castor et une peau d'ours séchant à l'extérieur sur des tendeurs, au campement de la famille Neeposh, au nord-est de Nemaska.

ᐊᒥᔅᑯᔮᓃᒡ ᑭᔭᐦ ᒥᔅᑯᔮᓃᐦ ᐊᑯᓂᒡ ᓂ ᐹᑯᓂᒡ ᐊᓂᑖᐦ ᐙᐃᔮᐃᑎᒥᐦᒡ ᓇᐧᐹᔑᒡ ᐙᐃᔅᐋᐦᐧ ᐊᓂᒑᐦ ᐆᓂᒎᐦᐅᔅᑭᐧᐋᐦᐧ ᐊᑎᒫᔨᒥ ᑭᔭᐦ ᐧᐋᐱᓲᒑᐦᐧ ᐃᒑᐦᓂ ᓇᒥᔅᑳᐦᐧ.

Niels Jensen

The Cree have always caught snowshoe rabbits year-round but used only the white winter fur for making blankets and garments.

Les Cris trappent le lièvre d'Amérique à longueur d'année, mais n'utilisent que la fourrure blanche d'hiver pour fabriquer couvertures et vêtements.

ᒨᓐ ᒫᒃ ᐃᔅᑭᓂᐱᔪᖕᐊᓐ ᓂᐱᐦᐋᐯᐅᐊᐧᐃᐅ ᐋᔭᔅᐱᐅᐤ ᐧᐋᐧᐊᔥᐦ ᒥᑦ ᒫᒃ ᐊᓂᒫᒥᐦ ᐋᓐ ᐱᔪᓯᔑᐅ ᑳ ᐅᐱᐦᐋᐧᐋᐃᐅ ᐋᔦᐧᐊᐃᑎᐊᓐᓐ ᑳᐦ ᐋᐱᑎᐦᐋᐧᐋᐅ ᐋᓐ ᓂᑦᐋᐯᓂᑦᑭᐅ ᑭᔦᐦ ᓂᐦᐋᐧᐦᐳᐅ ᐋ ᐋᔪ ᐧᐃᔾᑦᐯᓂᐧᐃᐧᐃᔅᐦᐦᔥᐦ.

Kitty Neeposh cuts a rabbit skin in a spiral to create one long strip for making twine.

Kitty Neeposh découpant une peau de lapin en spirale pour en tirer une longue bande avec laquelle faire de la ficelle.

ᑭᑎ ᓂ·ᐸᔅ ᒫᑲᒃ ᐊᔫᐸᐤ ᐘᐅᔭᓐ ᓅ ᐊᐱᔅᐊᒡ ᐊᔅ ᐅᔑᐦᑖᑦ ᓈᐸᕐᐤ.

Niels Jensen

215

Niels Jensen

Kitty Neeposh makes rabbit twine. One person holds one end of the strip of rabbit skin, while another holds the other end. Each twirls the strip with a wooden pin. The Cree traditionally braided rabbit twine and then used it for sewing. "To make a blanket for two people," Kitty explains, "you would need about two hundred rabbit skins."

Kitty Neeposh fabriquant de la ficelle à partir d'une bande de peau de lapin. Deux personnes tiennent chacune une extrémité de la bande et la font tourner sur elle-même à l'aide d'une épingle en bois. Traditionnellement, les Cris tressaient la ficelle de lapin et l'utilisaient en couture. « Il faut à peu près deux cents peaux de lapin pour faire une couverture pour deux personnes », explique Kitty.

ᐙᐳᔥᐚᐤ ᑭᓐ ᓂᐧᐯᔥ ᐧᐊᐳᓚᔭᓐᕽ ᐸᔦᑯ ᐊᐧᐊ ᒥᓛᐦᑑᐦ ᐊᓂᒑᐦ ᓂᐱᒉᐦ, ᐋᑯᐦ ᐊᐧ ᑯᑎᒃ ᐊᓂᒑᐦ ᓂᐱᒉᐦ ᐧᐋᐦᑎᐦᑖᐃᒄ ᐊᑯᐦ ᑎᔥᒑᐹᐧᐋᑦ ᒥᔥᑯᑖᓂᔦᐦᐳ ᐊᐦ ᐊᐱᑎᐦᒑᑦᕽ ᐧᐋᐳᔨ ᐊᓂᒑᐦ ᐯᐦ ᐊᐱᐦᒃᒑᑖᓂᔕᐤ ᐊᓂᔥ ᐧᐊᐳᓚᔭᐦ ᐃᔾᔨᐅᒃ ᑭᔥ ᐁᔨᑯ ᐸ ᐅᑎᐦᒑᑖ ᓘᑲᔾᐤ ᐊᐦ ᐧᐊᔥᑎᓕᐤ ᑭᔥ ᓌ ᐅᐧᐊᔨᔦᓄᕽ ᐊᐦ ᐅᑎᐦᒑᑭᓄᐧᐊᑦ ᐧᐊᐳᓚᐧᐸᐦ ᓂᔑ ᐊᐧᐊᐦᒡ ᓈ ᒑᑎᓯᕽᒋᑐᒡ, ᐃᔾᐦ ᑭᓐ, ᐋᔨᐧᐊ ᓂ·ᓕᐦᐤ ᒫᒑᑐᑎᓯᐦᐤ ᐧᐊᐳᓕ ᓂᑎᐧᐊᐦᒑᑦᔨᐧᐃᔨᕽ

Cherish Wapachee wears a rabbit-skin jacket for her first snowshoe walk at the Neeposh bush camp northeast of Nemaska. The jacket was made by Cherish's great-grandmother, Suzanne Wapachee.

Cherish Wapachee portant un manteau en peau de lapin pour sa première marche en raquettes au campement de la famille Neeposh, au nord-est de Nemaska. Le manteau a été confectionné par son arrière-grand-mère, Suzanne Wapachee.

ᐙᐯᓅᔥᐋᐦ ᑭᒋᔥᐹᔪ ᑎᓈᓂ ᐙᐸᐦᐆ ᐋᐦ ᐱᒍᐦᑖᑦ ᓂᔥᑎᒥ ᒎ ᑭᐱᒫᒡ ᐅᑖᐦ ᓈᐯᐦᔥ ᐅᓅᒍᐦᔑᑭᔮᓐ ᐋᑎᒫᔨᑭ ᑭᔭ ᐙᐸᓅᒡᐦ ᐃᑖᓂ ᓂᒥᔥᑯᐦ᙮ ᐋᓂᔭ ᒫ ᐅᐙᐯᓅᔥᐋᐦ ᐅᑖᓂᔥᐤᐃᔥᐦ ᔖᔭ ᐙᐸᐦᐆ ᓐ ᐅᔅᐦᐋᐳᐦ᙮

Louise Abbott

FISHING UNDER THE ICE

Setting a gill net under the ice is a tricky manoeuvre. But the Neeposh brothers all mastered it many years ago in the bush. "When the game is scarce," Jimmy Neeposh explains, "that's when people do this." It is a cold, dazzling day in March, and Jimmy and his brothers are out on Cabot Lake along with other family members. They make a series of holes in the ice, first scooping out snow with handmade wooden shovels and then breaking through the ice with ice chisels. They attach a blue nylon line to a long pole and thread it under the ice, using a shorter pronged pole at each hole to help guide it through.

When the long pole surfaces at the fourth and final hole, it snaps as Jimmy removes it. He cries out in surprise, and a wave of dismay ripples through the onlookers. Then Jimmy calmly rolls up his sleeves and plunges his hands into the frigid water. He is able to retrieve the broken end of the pole with the blue line attached to it.

The gill net is attached to the blue line, and then it is let down gradually into the water and stretched out under the ice by Jimmy's pulling on the far end of the blue line. "We usually leave the net for two or three nights," he says, as everyone prepares to go back to the camp on the edge of the lake.

LA PÊCHE SOUS LA GLACE

Tendre un filet maillant sous la glace est une manœuvre délicate, mais les frères Neeposh l'ont maîtrisée il y a bien longtemps dans la forêt. « Quand le gibier se fait rare, explique Jimmy Neeposh, on pêche. » C'est une journée froide de mars. Le soleil est éblouissant. Jimmy et ses frères sont sortis sur le lac Cabot avec d'autres membres de leur famille. Ils font une série de trous dans la glace, en creusant tout d'abord la neige avec des pelles en bois faites à la main, puis en perçant la glace avec des ciseaux à glace. Ils attachent une corde de nylon bleue à une longue perche qu'ils glissent sous la glace, la guidant à chaque trou au moyen d'un bâton fourchu.

Au quatrième et dernier trou, la perche se brise quand Jimmy tente de la sortir de l'eau. Ce dernier pousse un cri de surprise, et une vague de consternation s'abat sur l'assistance. Jimmy retrousse ses manches calmement et plonge ses mains dans l'eau glaciale. Il parvient à récupérer le bout cassé de la perche et la corde bleue qui y est attachée.

Le filet maillant est attaché à la corde bleue, glissée petit à petit dans l'eau puis tendue sous la glace par Jimmy qui tire sur l'autre extrémité de la corde bleue. « Habituellement, nous laissons le filet pendant deux ou trois nuits », dit-il comme tout le monde se prépare à retourner au campement sur le bord du lac.

Niels Jensen

Cabot Lake is renowned for its lake trout. Indeed, the Cree call it "Kuukimaausaakihiikin," or "Lake Trout Lake." But it also contains other species, like walleye.

Le lac Cabot est renommé pour son touladi. En effet, les Cris le nomment Kuukimaausaakihiikin, littéralement « lac aux touladis », mais on y trouve aussi d'autres espèces, comme le doré jaune.

ᐊᓂᑖᐦ ᒫᒃ ᑳᐱᒡ ᑳᑭᐦᐋᑭᓂᓪ ᐊᑯᑎᐦ ᐊᓈᐤ ᐧᐊᔭᐅᑎᕆᒡ ᑯᑭᒫᐦ ᐊᔫᐃᐁ ᒫᒃ ᐧᐋᐦᑎ ᐃᓴᓂᐦᑲᑎᓪ ᐃᔅᔭᑑ ᐅᔅ ᑳᑭᐦᐋᓂᔨᐤ ᑯᑭᒫᐅᔅᑭᐦᐋᑭᓐᐦ ᒥᑦ ᒫᒃ ᐃᐦᒑᐧᐁᐤ ᑭᔭᐦ ᐃᔭᐦᐧ ᐊ ᐃᒃᐋᐤᑎᓪ ᓂᒫᔅᑎᓪ, ᐱᑯᓂ ᐅᒡ ᐊᒫᐦᓈᒫ ᑳ ᐱᑎᐦᐋᐤ ᐅᑳᐅᑎ.

Niels Jensen

George Neeposh readies the long pole that must be threaded under the ice with a long line attached to it before a gill net can be set. Nicolas Gunner watches the proceedings.

George Neeposh préparant la perche à laquelle sera attachée une longue corde et qui sera glissée sous la glace afin d'étendre le filet. Nicolas Gunner l'observe.

ᐃᔅᑭᐧᐄᐅ ᐏᔅᑲ ᓂᐧᐋᔅ ᐅᒋᑎᐧᐊᑮᐧᐊ ᐃ
ᐊᐱᔒᐧᐊᒡ ᐋᐦ ᐱᐸᐦᐃᐧᐋᒡᐧ ᓂᑯᓛᔅ ᑲᓂᒡᐧ
ᐊᐊᑮᒋᐦᐃᑯᐧ.

220

George Neeposh holds a pronged birch pole used for guiding the long pole that must be threaded under the ice. Kenny Neeposh hunches over the next hole, awaiting the long pole. Jimmy Neeposh can be seen at left, Nicolas Gunner, at right.

George Neeposh tenant un bâton en bouleau fourchu pour guider la longue perche sous la glace. Kenny Neeposh est recroquevillé près du prochain trou, guettant la perche. On reconnaît Jimmy Neeposh à gauche et Nicolas Gunner à droite.

·ᒡᑕ ᓇ·ᐸᢥ ᒫᑊ ᑎᐦᑦᐅᓬ ᐅᒥᐢᐃᐧᐨ·ᐊᐦᐃᐸᐊ ᐊᓇᑊ ᒪ ᐊᐱᒥᐦᐨᐨ ᑯᐃᢦᐊ ᒪ ᐱ ᐃᣆᐱᢦᣆ ᐅᒥᐦᐦᐊᐸᐊ ᐊᓇᐨ ᐃᐨᒥᣵᵈₓ ᑫᓇ ᓇ·ᐸᢥ ᓇ·ᐊᐻ ᐊ ᐊᑐᓇ·ᐊᐦᐨᐨ ᐊᓇᑊ ᒥᐦᐦᐊᐸᐊ ᒪ ᐤᑯᣵᣴᣵₓ ᒥᐸ ᓇ·ᐸᢥ ᒫᑊ ·ᐃᢦ ᐅᐨᐦ ᓂᒥᐦᣵ·ᐃᐦᐦᐨᴼ, ᓂᐸᒪᢥ ᑲᓇᣵ ·ᐃᢦ ᐅᐨᐦ ᓂᐦᐃ·ᐃᐦᐦᵘₓ

Niels Jensen

Niels Jensen

Jimmy Neeposh retrieves the long pole at the final hole with the assistance of his brothers Johnny (left) and Kenny. Nicolas Gunner looks on.

Jimmy Neeposh récupérant la longue perche au dernier trou avec l'aide de ses frères Johnny (à gauche) et Kenny sous le regard attentif de Nicolas Gunner.

ᒋᒥ ᓀ·ᐸᔥ ᐅᒋᐱᑎᒧ ᐅᒋᐦᑎᐦᐊᐸᑲ ᐊᓂᐦ ᒫᒋᑲ ᐊᐦ ᐱᑖᓂᔮᔨᒃ ᐊᐦ ·ᐃᒋᐦᐃᑯᒡ ·ᐃᐦᐃᔨᓯᐧᐦ ·ᑎᓱᐦ (ᓂᒥᐦᓂ·ᐃᓯᐧᐦ) ᑭᔭᐦ ᒐᓂᐦ× ᓂᑲᓗᔅ ᑲᓇᐢ ᑭᔭᐦ ᓇᐦᑲᑭᐢᐦᐋ·ᐊᐧ×

Niels Jensen

Jimmy Neeposh pulls a lake trout out of the gill net. Kenny Neeposh stands next to him.

Jimmy Neeposh retirant un touladi du filet maillant. Derrière lui se tient Kenny Neeposh.

ᒋᒦ ᓃᐧᐹᔥ ᑯᑭᒫᔥ ᐱᑎᐦᐅᔮᐤ᙮ ᑫᓃ ᓃᐧᐹᔥ ᐧᐄᒋᑳᐳᐧᐃᔥᑎᐧᐋᐤ᙮

GOOSE BREAK

Elijah Sheshamush pulls on a hooded white coat over his winter parka and climbs into a white wooden blind on the ice at the edge of open water. Canada geese have begun to fly over his bush camp one hundred or so kilometres northeast of Whapmagoostui during their annual spring migration. They will veer off if they perceive any unexpected presence in the snowy landscape.

Elijah looks up and sees a flock in the distance. He blows on the goose caller that hangs around his neck, and then crouches down quickly. The geese approach overhead, drawn by the honking and by numerous decoys bobbing in the water. Elijah fires. A member of the flock drops down out of the sky, landing in the water with a loud splash. Elijah gets out of the blind and wades into the water in his rubber boots. He grasps the dead bird by the upper neck and carries it back to shore. "One goose at a time," he says. He lays the goose down on the ice beside the blind and then crawls back in to try to down another one. Last year the snow melted fast, and the geese hurried north. This year the temperatures are below freezing, and the annual goose hunt promises to be better.

The official "goose break" in Eeyou Istchee starts in late April or early May, depending on the arrival of the geese, and lasts two weeks. The communities empty, and families go out on the land. Bush radios crackle with reports of goose sightings, and smoke issues from teepees where geese are being plucked, gutted, and smoked.

LE CONGÉ DES OIES

Elijah Sheshamush revêt un manteau blanc à capuchon par-dessus son parka d'hiver et grimpe dans un affût en bois blanc installé sur la glace, au bord de l'eau libre. C'est la migration printanière et les Bernaches du Canada ont commencé à survoler son campement à environ 100 kilomètres au nord-est de Whapmagoostui. Elles changeront de direction si elles sentent une présence inattendue dans le paysage enneigé.

Elijah lève les yeux et aperçoit une volée au loin. Il souffle dans l'appeau qui pend à son cou puis s'accroupit rapidement. Les Bernaches s'approchent, attirées par l'appel et par les nombreux leurres dansant sur l'eau. Elijah tire. Un membre de la volée s'abat dans l'eau avec un plouf retentissant. Elijah quitte l'affût et s'avance dans l'eau avec ses bottes de caoutchouc. Il saisit l'oiseau mort par le haut du cou et le rapporte sur la berge. « Une Bernache à la fois », dit-il. Il met la Bernache sur la glace près de l'affût dans lequel il se cache de nouveau pour essayer d'en abattre une autre. L'année dernière, la neige a fondu rapidement et les Bernaches ont vite volé vers le nord. Cette année, les températures descendent en dessous de zéro et la chasse annuelle promet d'être meilleure.

Officiellement, le congé des oies (*goose break*) en Eeyou Istchee commence à la fin avril/début mai, selon l'arrivée des Bernaches, et dure deux semaines. Les radios de brousse grésillent de rapports de Bernaches qui auraient été aperçues, et la fumée s'échappe des tipis où l'on plume, vide et fume les Bernaches.

Louise Abbott

In addition to hunting during goose break, Elijah Sheshamush and his wife, Sarah (Masty) Sheshamush, set fish nets if weather conditions allow. Here they paddle out to check a net near their camp about sixty-five kilometres east of Hudson Bay. Elijah is the *uuchimaau* of the Sheshamush trapline, and he and Sarah spend several months a year in the bush.

En plus de chasser pendant le congé des oies, Elijah Sheshamush et sa femme, Sarah (Masty) Sheshamush, tendent des filets de pêche si le temps le permet. Dans cette photographie, ils s'en vont vérifier en canoë un filet qu'ils ont installé près de leur campement, situé à environ 65 kilomètres à l'est de la baie d'Hudson. Elijah est le *uuchimaau* du territoire de chasse de la famille Sheshamush, et il passe plusieurs mois par année dans la forêt en compagnie de Sarah.

Louise Abbott

During goose break at the Sheshamush camp, there can be a blizzard one day, and shirtsleeve temperatures the next.

Pendant le congé des oies au campement de Sheshamush, températures printanières et blizzards peuvent se succéder.

ᒫᑲᑦ ᒫᒃ ᐊ" ᒨᒋᐱᔦᐧᐊᓂᐊᑦ ᐅᑖ" ᓀᓅᒥᕐᔪᑦ ᐊ ᐃ"ᑖᑦ, ᐊᑦ ᐊᑉ"ᑳ"ᒪ ᓐ ᓂ".ᑳᒋ.ᐊᑎ"ᒪ, ᐊᓐ ᒥᐊ ᐊᑎ .ᐊᐱ"ᒃ" ᐊᒃᐳ° ᒥᑭ ᓐ" ᐃᔅᐊᑯᐊ ᐊᓐᒥ ᐊ" ᓐᔭ.ᐊᔾᑉ×

Louise Abbott

The bleached bones of this *mishtikuhkaan* at the Sheshamush camp testifies to past hunts.

Les os blanchis suspendus à ce *mishtikuhkaan* au campement de Sheshamush témoignent d'anciennes chasses.

ᐅᐦᐋ ᒫᒃ ᐅᔅᑭᓈᐦ ᓅᔑᒡ ᔕᔥ ᐋᐦ ᐙᐱᑖᒡᐦ ᐊᓂᑎᐦ ᒥᔑᑎᑯᐦᑳᓂᐦᒡ ᐋᑯᑖᒡᐦ ᐋᑯᑎᐦ ᐚᐦᒋ ᒋᔅᒌᔨᐦᑖᑯᐦᒡ ᐅᑖᐦ ᐄᔑ ᐅᑖᐦᒡ ᑖᓐ ᑳ ᐄᔑ ᓂᓂᐱᐦᑖᑭᓂᐍᒡ ᒌᐘᑳᓐ᙮

Niels Jensen

Jeannie Mamianskum and Joshua Kawapit keep on the lookout for Canada geese.

Jeannie Mamianskum et Joshua Kawapit à l'affût de Bernaches du Canada.

Louise Abbott

The Cree once crafted goose decoys out of wood or other natural materials. Today they use plastic decoys that they reposition from time to time to ensure a realistic appearance in the face of changing wind, water or snow conditions.

Jadis, les Cris fabriquaient les leurres d'oies avec du bois et autres matériaux naturels. Aujourd'hui, ils utilisent des leurres en plastique qu'ils replacent périodiquement afin que ceux-ci conservent une position naturelle malgré le vent, la neige et la pluie changeants.

Louise Abbott

"When I see the geese, I call," Emily Sheshamush says. "They turn and come." She learned to call simply by "listening to the geese."

« Quand je vois les Bernaches, je les appelle, dit Emily Sheshamush. Elles tournent et s'approchent. » Elle a appris à faire ça en « écoutant les Bernaches », tout simplement.

Niels Jensen

Jeannie Mamianskum watches Joshua Kawapit test fire his shotgun. Cree women traditionally hunted small mammals, small birds, and fish close to bush camps, while men went farther afield to hunt big game. Today gender roles have changed, and women freely engage in various kinds of hunting and fishing.

Jeannie Mamianskum regardant Joshua Kawapit essayer sa carabine. Traditionnellement, pendant que les hommes partaient chasser le gros gibier, les femmes chassaient les petits mammifères, les petits oiseaux et pêchaient le poisson près du campement. Aujourd'hui, les rôles ont changé et les femmes participent librement à toutes sortes d'activités de chasse et de pêche.

Louise Abbott

Elijah Sheshamush retrieves a goose. In the foreground at left is the wooden body of a decoy that he handcrafted.

Elijah Sheshamush récupérant une Bernache. En avant-plan, à gauche, on peut voir un leurre en bois qu'il a confectionné.

Elijah Sheshamush ties the wings of a goose partly to facilitate transport by preventing the wings from spreading, and partly, he says, as a sign of respect for the bird.

Elijah Sheshamush attachant les ailes d'une Bernache, en partie, pour les empêcher de se déployer lors du transport et, en partie, dit-il, en signe de respect pour l'oiseau.

ᐄᓖᐞᔮ ᔅᐆᔑᒣᔥ ᒋᒥ·ᐚᒧᐱᒋᐦᐤ ᐅᓂᔅᑌᒻ ᓐ ᒥᔦᐱᑕᒡ ᐊᑦ ·ᐋᐅᔂᒄ ᑭᔥ ᐊᒡᒑᒻ ᐊᔅ ·ᐄᒻᑎᒻᑊ ᐊᒻ ·ᐄᒻ ᔓᒡᒻᒌᒄ ᐊᒻ ᒡᔅᒑᐲᒄ ᐊᓂᔥᒻ ᓂᔥᑊₓ

Louise Abbott

Jeannie Mamianskum and Joshua Kawapit bring geese into a teepee for plucking, gutting, and smoking.

Jeannie Mamianskum et Joshua Kawapit apportant des Bernaches dans un tipi pour les plumer, les vider et les fumer.

ᐲᐦᑎᑲᐦᐋᐧᐊᐤ ᓃᔥ ᒪᒥᔭᓂᔅᑯᒻ ᑭᔾᐦ ᐙᔥᐘ ᑲᐧᐊᐲᐦ ᒦᒋᐘᐦᒍᔾᓕ ᓂ ᐱᓐᑕᐯᓯᐘᐃᐧᐊᔨᓕᒡ, ᓂ ᐱᒍᐯᓯᐘᐃᐧᐊᔨᓕᒡ ᑭᔾᐦ ᓂ ᒐᓐᑕᑖᐊᑲᑕᐯᓯᐘᐃᐧᐊᔨᓕᒡ᙮

Louise Abbott

Three generations of the Sheshamush family pluck geese: (left to right) Elijah, Sarah, Stephanie, and Cynthia.

Trois générations de la famille Sheshamush plumant des Bernaches : (de gauche à droite) Elijah, Sarah, Stephanie et Cynthia.

ᓂᔅᑐᑖᓂᐤ ᐊᓂᔅᒃ ᐊᑎᔅᑲᑐᒡ ᐆᒃ ᓂᔖᒥᔕᔅᒡ ᐊ"
ᐱᔅᑯᓂᒡᒡ: (ᓂᒥ"ᑭᐃᐧᓂᑦ ᐊᓄᑖ" ᐃᔅ ᓂ"ᐃᐃᐧᓂᑦ)
ᐃᓖᐃᒡ, ᓭᕋ, ᔅᑕᐱᓂ, ᑭᔑ" ᓯᐋᑎᔕ.

235

Louise Abbott

Brenda Sheshamush plucks a goose while her mother, Sarah Sheshamush, singes a goose to remove any remnants of feathers.

Brenda Sheshamush plumant une Bernache alors que sa mère, Sarah Sheshamush, flambe une Bernache pour en retirer les plumes restantes.

ᐳᓀᑦ ᔑᔑᒥᔫ ᒫᑲ ᐱᔅᑯᓂᓕᐤ ᐊᑯᐦ ᐊᓂᔨᐦ ᐅᑳᐎᐦ, ᓴᕋ ᔑᔑᒥᔫ ᐦ, ᐱᐦᑖᔮᐦ ᓂᔅᑲᐦ.

Louise Abbott

Sandra Sheshamush (left) and Amanda Masty work in a cooking teepee, where goose and caribou meat are hung for smoking.

Sandra Sheshamush (à gauche) et Amanda Masty travaillant dans un tipi-cuisine où de la viande de Bernache et de caribou est suspendue et fumée.

Louise Abbott

Husky puppies play after a snowfall at the Sheshamush camp.

Chiots Husky jouant après une chute de neige au campement des Sheshamush.

ᐋᑦ ᐧᐃᑊᕻᐃᑐᒃ ᐊᑭᒍᒡᒃ ᑊ ᒥᒃᐳᓂᑦᓴᑦ ᐊᓂᑖᑊ ᓀᓅᒥᐸᑊᑊ ᐅᑎᕻᑖᐃᓂᐧᐊᔅᑊ×

Louise Abbott

Deverick Sheshamush poses for a portrait with a husky puppy.

Deverick Sheshamush posant avec un chiot Husky.

ᑌᐱᕆᒃ ᓯᓴᒥᒋᔭᓐ ᒥᕈᐊᐱᖅᒻᐊᑭᓄᐅ ᐅᒥᒥᒻ ᐊᒻ ᑎᒻᑫᓂᑦˣ

Louise Abbott

Elijah Sheshamush splits firewood, a chore that he must do almost daily at his bush camp.

Elijah Sheshamush fendant du bois de chauffage, une corvée presque quotidienne au campement.

ᒪᐸᑦ ᑕᓀᑉᖁᐃᖏ ᐃᒉᐃᑭ ᓅᓅᒥᓚᐢ, ᓛᑉᑕ ᒫᑭ ᐊᔅᑎᒥᓕᑦᑲᑉᐊᐁ ᐃᑕᐱᑎᓰᐢ ᐅᐣ ᐊᓂᑕᐟ ᐅᐁᓅᐢᑭᒥᑎᐊᐧᐃᒃ ᐊᐢᑕᑕᐢ.

Louise Abbott

Jonas Sheshamush shaves a pole with a crooked knife. Such traditional tools are much in evidence in Cree bush camps, where they are used for whittling and carving all manner of wooden objects.

Jonas Sheshamush écorçant un tronc d'arbre avec un couteau à lame courbe. Les outils traditionnels comme celui-ci sont tout particulièrement utilisés dans les campements cris pour tailler et sculpter toutes sortes d'objets en bois.

ᒍᓂᔅ ᓭᓴᒥᔥᐦ ᒎᑕᑎᒫ ᒥᔥᑎᑯᔨᐤᵡ ᐅᕻᐁ ᒫᑲ ᒎᑕᑕᑫᐊᐦ ᐊᓂᑖᐦ ᓅᔥ ᒎᔥ ᐙᔥᑭᐤ ᓈᑕᐋᐦ ᑲᐦ ᐸᑎ ᐊᐱᑐᐦᑲᐤ ᐃᔅᔅᐅᑲ ᐊᑕᐅᐦ ᓇᐦᔥ ᐅᑯᐦᔥ ᐊᓂᑖᐦ ᓂᑎᐁ ᐊ ᐃᐦᑲᐤ ᐊᐧᐊᓂᔨ, ᐊᐦ ᒎᑕᑕᐱᐤ ᑭᔦᐦ ᐊᐦ ᐅᔅᐦᑕᐦᐱᐤ ᓂᐋᐦᑰ ᐃᐧᐸᔨ ᒥᔥᑎᑯᐦ ᐊᐦ ᐅᔅᐦᑕᑫᓂᐋᐃᐦᓯᐤᵡ

Louise Abbott

Sarah and Elijah Sheshamush draw water for their bush camp. Cree men and women now share many such tasks.

Sarah et Elijah Sheshamush puisant de l'eau pour le campement. De nos jours, les hommes et les femmes cris partagent plusieurs tâches comme celle-ci.

ᓴᕋ ᑭᔮᓐ ᐄᓓᐃᔾ ᓯᔖᒥᔑᓐ ᐙᑲᐦᐄᐊᐧ ᐊᓂᒉ ᐅᓂᒎᐦᐅᑭᐦᐊᒻᵘₓ ᓇᐯᐤ ᑭᔮᓐ ᐃᔅᑲᐧᐤ ᒥᓯᐊᐤ ᐃᔅ ᐋᐙᐃᕐᐦᐄᒍᐃᐤˣ

Louise Abbott

A sled sits unused on the shore of James Bay in late May.

Fin du mois de mai. Traîneau abandonné sur la rive de la baie James.

ᐊᓂᑖ" ᐊᖅᑯᐋᔾᕐᑭ ᒥᖅᒃᐱᐋᖕᑎᑯᕈ° ᐊᑯᑎ" ᐊᐱᑦ
ᐊᒡ·ᐃᑕᒡ·ᐋᕈᕋ ᒪ·ᑲᒃ ᐊᑲ ᐊᐱᑎᕕᑦ ᐅᑕ" ᑎᐃᕐᑭ ᐸᐃ"
ᒪᑲᑦ ᐊᒡ" ᐊᑎ ᐃ"·ᑲᑎᒥ"ᑲ ᐊᔾ·ᒪᑯᐃᕐᒃᐟ.

THE WALKING-OUT CEREMONY

Early one morning in July, five dead geese are put on display outside a newly constructed shaapuhtiwaan in Wemindji; they are propped up on stakes with strings attached. Inside the shaapuhtiwaan five infant boys and a few infant girls dressed in traditional Cree clothing sit with a group of elders while awaiting a ceremony known as "Walking-Out." This rite of passage varies from place to place, but it always serves to introduce the young participants to their roles in traditional Cree society and to the communal and spiritual nature of that society. It takes place around sunrise, a time of day that symbolizes bright prospects.

The boys and girls are guided by a parent or grandparent across the threshold of the shaapuhtiwaan, and their feet touch the earth for the first time. Each girl circles around with assorted miniature items, like wood bundles and bannock sticks, to indicate her future as a homemaker. Each boy takes aim at one of the dead geese with a toy bow or shotgun, and a family member pulls the string on the stake to knock the bird down. The boy then retrieves it, and thus indicates his future as a provider. After the ceremony, relatives lavish affection on the children and promise to help them become good people. A feast, which includes the five geese, follows.

Although Cree life has changed radically in the past few decades, traditions such as the Walking-Out ceremony have retained their meaning. "The old ways keep us balanced," Bradley Georgekish of Wemindji points out. "They show us where we've been, and we need to know where we've been to know who we are and where we're going."

LA CÉRÉMONIE DES PREMIERS PAS

Tôt, un matin de juillet, cinq corps de Bernaches sont exposés à l'extérieur du nouveau *shaapuhtiwaan* à Wemindji, maintenus debout par des bâtons à chacun desquels est attachée une ficelle. Dans le *shaapuhtiwaan*, des enfants en bas âge, dont cinq garçons et quelques filles, portant des vêtements traditionnels cris sont assis avec un groupe d'aînées et attendent la cérémonie dite « des premiers pas ». Ce rite de passage varie d'une place à l'autre, mais il sert toujours à introduire les enfants à leur rôle dans la société crie traditionnelle et à l'aspect communautaire et spirituel de cette société. La cérémonie a lieu au lever du soleil ou juste après, un moment de la journée qui symbolise un avenir heureux.

Les garçons et les filles franchissent le seuil du *shaapuhtiwaan*, guidés par un parent or un grand-parent, puis ils foulent le sol extérieur pour la première fois. Chaque fille marche en cercle en portant divers objets usuels miniatures, comme des fagots de bois et des bâtons pour banique, symbolisant son avenir en tant que responsable du foyer. Chaque garçon vise un des corps de Bernache avec une carabine ou un arc jouet, et un membre de la famille tire sur la ficelle nouée au bâton pour le faire tomber. Le garçon va ensuite le chercher, symbolisant son avenir en tant que pourvoyeur. Après la cérémonie, les parents couvrent les enfants d'amour et promettent de les aider à devenir de bonnes personnes. Un festin lors duquel les cinq Bernaches sont servies a lieu plus tard dans la journée.

Bien que la vie des Cris ait changé de façon importante au cours des dernières décennies, des traditions comme la cérémonie des premiers pas ont conservé tout leur sens. « Les traditions nous permettent de rester équilibrés, indique Bradley Georgekish de Wemindji. Elles nous rappellent d'où nous venons, et nous devons savoir d'où nous venons pour savoir qui nous sommes et où nous allons. »

Niels Jensen

For the Walking-Out ceremony, Darcie Hudon wears the kind of tartan shawl that the Cree adopted generations ago.

Pour la cérémonie des premiers pas, Darcie Hudon porte un type de châle tartan adopté par les Cris il y a plusieurs générations.

Louise Abbott

Harrison Shashaweskum wears skin clothing and moccasins for the Walking-Out ceremony.

Harrison Shashaweskum portant des vêtements en peau et des mocassins pour la cérémonie des premiers pas.

Louise Abbott

Darcie Hudon and her older sister, Dominique, await the start of the Walking-Out ceremony.

Darcie Hudon et sa sœur aînée, Dominique, attendant le début de la cérémonie des premiers pas.

ᑖᕐᓯ "ᒍᑖᐊ ᑭᔈ" ᐅᒥᔑ, ·ᑕᒥᓂᖃᑉ", ᐊᔨᓂ·ᐊᔨᐅ·ᐃᑊ ᒫ ·ᐃᔅ·ᐃᑊᑊ"ᐊᐅᔑᓂ·ᐃ·ᐃᔅᑊ.

Keaton Atsynia retrieves a goose with the help of his mother.

Keaton Atsynia ramassant une Bernache avec l'aide de sa mère.

ᑭᑎᐊ ᐊᒡᓯᓈᕽ ᓂᑎᐊᐱᒧ ᐅᓂᒡᒥᐦ ᐅᑳᐃᐦ ᐊᐦ ᐧᐄᒋᐦᐃᑯᑦ˟

Darcie Hudon has a miniature tea kettle hanging from her waist and a small bundle of spruce boughs strapped to her back during the Walking-Out ceremony.

Darcie Hudon portant une théière miniature à la ceinture et un petit fagot de branches d'épinettes sur le dos pendant la cérémonie des premiers pas.

ᑖᓯ "ᒨᑕᐦ ᓂᐅᖅᑎᖅᑯᓯᑉᓄ ᑭᖅ" ᑎᐦᑐᓃ ᑭᖅ" ᐧᐃᐅᔪᓐ ᔪᐦᑖᦅᑯᓐ" ᐅᓂ ᑲᔪᑲᓂ ᐧᐊᔭᐧᐃᑕ.

Niels Jensen

Louise Abbott

Harrison Shashaweskum and his mother, Gail, go to retrieve a goose. At the entry to the shaa-puhtiwaan is Richard Blackned and his mother, Delanna.

Harrison Shashaweskum et sa mère, Gail, s'apprêtant à ramasser une Bernache. À l'entrée du *shaapuhtiwaan*, on distingue Richard Blackned et sa mère, Delanna.

"ᐁᕆᓯᐊ ᓈᔥᐘᔅᑿᒧ ᐚᒋᒻᐃᑯ ᐅᑳᐧᐃ", ᑫᐃᓬ", ᐋ" ᓂᑎᐋᐱᒫᑦ ᐅᓂᔥᒡᒻ"ᐧ ᐋᣯ ᑳ ᐸᒡ ᒋᐱᐳᐧᐃᐤ ᓛᐳ"ᑎᐋᓂᓬ ᓬᑎᔅᑦ ᐱᓛᑭᓄᑦ ᑭᔭ" ᐅᑳᐧᐃ", ᑎᓛᓈ"ᐧ

Niels Jensen

Harrison Shashaweskum gets a hug from his mother after the Walking-Out ceremony.

Harrison Shashaweskum embrassé par sa mère après la cérémonie des premiers pas.

ᐙᐳᕐᓂᑯ "ᐁᔑᔐᐦᒃᒻ ᓂᔅᐋᔑᑭᒫ ᐅᑳᐃ" ᐊᓂᒼ ᑲᔐᑳᔨ ᑳ ᐙᐱᐙᑦ.

SELECTED BIBLIOGRAPHY

BIBLIOGRAPHIE SÉLECTIVE

ᐱᔅᒃ ᒥᓯᓂᐦᐃᑲᓐ ᑳ ᐊᐱᑎᔅᑖᒃ

Much of the text of *Eeyou Istchee* is based on firsthand observation and on interviews in person or by phone or correspondence. I also found the books and web sites listed below particularly helpful for background information.

Le texte d'*Eeyou Istchee* est basé en grande partie sur des observations personnelles et des entrevues effectuées en personne, au téléphone ou par correspondance. J'ai également trouvé beaucoup d'information de fond dans les livres et sites Web énumérés ci-dessous.

ᒥᔅᒡ ᒫᒃ ᒥᓯᐊ ᐆ ᐊᔨᐧᐃᐦᑎᒽ ᐆᒡ ᐄᔨᔨᐅᒡ ᐋᐦᐃᔨᐤ ᓂᐦᐃ ᐧᐊᐸᐦᑖᓐ ᑭᔮᐦ ᐊᐧᐊᓂᒌ ᐊᐦ ᒌᐦ ᐊᔨᒥᐦᐋᑎᐧᑖᓐ ᐋᐦᐃᔨᐤ ᑭᔮᐦ ᐊᐦ ᒌᐦ ᒥᒐᐦᑎᐧᐋᐸᓐᐅᐦᐊᔨ ᑭᔮᐦ ᒫᒃ ᒥᓯᓂᐦᐄᐦᐊᔮᐸᓐᐅᐦᐊᔨᐦ ᓂᐦᐃ ᐧᐋᐦᐅᐦᐃᐦᑲᐧᐋᑦ ᑭᔮᐦ ᒥᓯᓂᐦᐃᑲᓐ ᑭᔮᐦ ᐊᓂᑖᐦ ᑲᒪᔅᒡᐋᓐᒉᐸᔨᔡᒃ ᐊᐦ ᐊᐱᒌᐦᒐᐤᒡ ᐆᒡ ᒍᓂᐦ ᓂᐸᓑ ᐧᐊᐦ ᒌᐦᑌᓰᑎᓛᐧᒃ.

Anderson, Bruce, David Covo, and Dan Corsillo. *Fort George*. Montreal: Faculty of Education, McGill University, 1981.

Berkes, Fikret. *Sacred Ecology.* New York: Routledge, 2008.

Carlson, Hans M. *Home is the Hunter: The James Bay Cree and Their Land*. Vancouver: UBC Press, 2008.

Counts, David R., and Dorothy A. Counts, eds. *Coping with the Final Tragedy: Cultural Variation in Dying and Grieving*. Amityville, New York: Baywood Publishing Company, 1991.

D'Astous, Natalie, René Dion, and Quentin van Ginhoven. *Québec-Labrador Caribou: From Science to Communities*. Montreal: Cree Regional Authority, 2004.

Désy, Jean, and François Huot. *La Baie James des uns et des autres : Eeyou Istchee*. Québec: Les Productions F.H. Inc., 2009.

Farrington, John, ed. *Wemindji Turns 50: A Community Where Tradition Lives On*. Milton, Ontario: Farrington Media, 2009.

Francis, Daniel, and Toby Morantz. *Partners in Furs: A History of the Fur Trade in Eastern James Bay 1600-1870*. Montreal: McGill-Queen's University Press, 1985.

Georgekish, Fred. *Iiyiyuu Miichiwaahp-h: Traditional Architecture of the Wemindji Cree*. Wemindji: Cree Nation of Wemindji and Cree Regional Authority, 1996.

Gnarowski, Michael, ed. *I Dream of Yesterday and Tomorrow: A Celebration of the James Bay Crees*. Ottawa: Golden Dog Press, 2002.

Morantz, Toby. *The White Man's Gonna Getcha: The Colonial Challenge to the Crees in Quebec*. Montreal: McGill-Queen's University Press, 2002.

Richardson, Boyce. *Strangers Devour the Land*. White River Junction, Vermont: Chelsea Green Publishing, 1989.

Salisbury, Richard F. *A Homeland for the Cree: Regional Development in James Bay, 1971-1981*. Montreal: McGill-Queen's University Press, 1994.

Siy, Alexandra. *The Eeyou: People of Eastern James Bay*. New York: Dillon Press, 1993.

Tanner, Adrian. *Bringing Home Animals: Religious Ideology and Mode of Production of the Mistassini Cree Hunters*. St. John's, Newfoundland: Memorial University Press, 1995.

www.creetourism.ca (Cree Outfitting and Tourism Association/Association Crie de pourvoirie et de tourisme)

www.gcc.ca (Grand Council of the Crees and Cree Regional Authority/Le Grand Conseil des Cris et Administration régionale crie)

CANCELLED

Township of Russell Public Library
Bibliothèque publique du canton de Russell